『지식과 믿음』은 20세기 중·후반부터 지금에 이르는 분석철학 및 기독교철학 전통에서 가장 탁월한 철학자 가운데 한 사람으로 손꼽히는 앨빈 플랜팅가가 자신의 종교철학에서 다룬 핵심 논의들을 이전보다 한결 쉬운 언어로 풀어낸 책이다. 특별히 저자는 믿음과 지식의 관계 및 신앙의 합리성을 다루고 신의식을 정당화하기 위해 아퀴나스/칼뱅 모델을 도입하면서 역사 비평, 종교 다원주의, 악의 문제같이 신앙을 뒤흔드는 강력한 문제들에 응답하는 가운데, 전투적이고 맹목적인 호교론에 빠지지 않으면서도 신앙을 정당하게 보증하는 길이 무엇인지 탁월하게 보여 준다. 신앙의 합리성과 기독교의 난제들을 깊은 사유와 논증을 통해 이해하고자 하는 모든 사람에게 이 책을 추천한다.

김동규 서강대 생명문화연구소, 인문학&신학연구소 에라스무스 연구원

앨빈 플랜팅가가 쓴 걸작 『보증된 기독교 믿음』은 지난 세기에 종교적 믿음의 인식론을 다룬 가장 중요한 작품 가운데 하나였다. 그 위대한 작품의 핵심 사상을 여기서 더 간결하고 누구나 읽을 수 있는 글로 만나게 되니 가슴이 뛴다. 『지식과 믿음』은 즐겁게 읽을 수 있는 작품으로, 종교적 믿음의 합리성에 관하여 가장 영향력 있는 플랜팅가의 사상을 탁월하고도 매력 있게 소개할 것이다.

마이클 리 Michael Rea 노터데임 대학교

플랜팅가가 그의 주저 『보증된 기독교 믿음』에서 제시한 주요 논지를 아주 명쾌하고 이해하기 쉬우며 매력적으로 제시한 책이 나왔다. 플랜팅가는 기독교 믿음이 철저히 합리적이기 위해 대다수 사람이 동의하는 전제를 사용한 논증의 지지를 받아야 할 필요는 없으며, 어떤 논증으로도 기독교 믿음이 거짓으로 증명될 수 없다고 하는 전통적인 입장을 현대 인식론의 여러 도구를 사용하여 변호한다.

리처드 스윈번 Richard Swinburne 옥스퍼드 대학교

앨빈 플랜팅가가 쓴 『보증된 기독교 믿음』은 기독교 믿음의 합리성을 변증한 기념비 같은 작품이다.…그의 주저에서 제시한 내용을 일반 독자와 철학을 전공하지 않는 학생도 쉬이 읽을 수 있도록 아주 훌륭하게 축약한 『지식과 믿음』으로 맞이하게 되어 반갑기 그지없다. 플랜팅가의 겸손함과 탁월함을 그대로 드러내는 이 책을 읽는 사람은 누구라도 영혼이 새로워지며 지성이 도전받을 수밖에 없을 것이다.

윌리엄 에이브러햄 William J. Abraham 퍼킨스 신학교

탁월한 책이다. 오랜 세월에 걸쳐 앨빈 플랜팅가는 인습에 따른 편견을 줄이고 유신론 믿음들을 변호해 왔다. 『지식과 믿음』은 그가 하나님, 신앙, 역사 비평, 다원주의 및 다른 많은 핵심 주제에 관하여 전개한 종교철학의 주요 사상을 담고 있다. 이 책만이 가진 장점은 플랜팅가가 자신의 논지를 명쾌하게 제시하고 전개하는 데 있다.…그의 사상을 탁월하게 집약한 작품이다.

프랜시스 쉬슬러 피오렌자 Francis Schüssler Fiorenza 하버드 대학교 신학대학원

현존하는 가장 위대한 종교철학자 가운데 한 사람이 쓴 『지식과 믿음』은 분명히 당장 고전 반열에 오를 책이다. 이 책은 그가 지난 50여 년 동안 아주 열심히 그리고 꼼꼼하게 발전시켜 온 그의 가장 탁월한 사상을 간결하면서도 누구나 쉬이 읽을 수 있는 글로 제시하는데, 곧 유신론과 기독교 믿음은 논증에 기초하지 않고도 지식에 이를 수 있다는 사상이다.

마이클 버그만 Michael Bergmann 퍼듀 대학교

기독교의 종교적 인식론을 다룬 플랜팅가의 주저 『보증된 기독교 믿음』을 아주 잘 축약한 『지식과 믿음』은 누구라도 읽을 수 있으면서 동시에 박식하면서도 매력 있는 철학을 담은 작품으로, 그 지적이고 영적인 깊이 때문에 두고두고 반복하여 읽을 가치가 있다.

토머스 크리스프 Thomas M. Crisp 바이올라 대학교

지식과 믿음

IVP(InterVarsity Press)는
캠퍼스와 세상 속의 하나님 나라 운동을 지향하는
IVF(InterVarsity Christian Fellowship)의 출판부로
생각하는 그리스도인을 위한 문서 운동을 실천합니다.

Copyright ⓒ 2015 by Alvin Plantinga
Originally published in English under the title *Knowledge and Christian Belief*
by Wm. B. Eerdmans Publishing Co.,
4035 Park East Court SE, Grand Rapids, MI 49546, USA.
All rights reserved.

Used and translated by permission of Wm. B. Eerdmans Publishing Co.,
through rMaeng2, Seoul, Republic of Korea.

This Korean translation edition ⓒ 2019 by Korea InterVarsity Press
156-10 Donggyo-Ro, Mapo-Gu, Seoul 04031, Republic of Korea.

이 한국어판의 저작권은 알맹2 에이전시를 통하여 Wm. B. Eerdmans Publishing Co.와
독점 계약한 IVP에 있습니다. 신 저작권법에 의하여 한국 내에서 보호받는 저작물이므로
무단 전재와 무단 복제를 금합니다.

지식과 믿음

기독교 신앙은 신뢰할 만한가

앨빈 플랜팅가 | 박규태 옮김
강영안 해설

IVP

차례

서문		9
1장	우리가 하나님에 관하여 말하고 생각할 수 있을까?	19
2장	무엇이 질문인가?	31
3장	하나님에 관한 보증된 믿음	69
4장	확장된 아퀴나스/칼뱅 모델	93
5장	신앙	115
6장	우리의 마음에 인치다	135
7장	반론들	153
8장	역사적 성경 비평이 파기자인가?	167
9장	다원주의가 파기자인가?	199
10장	악이 파기자인가?	213
	찾아보기	233
	해설	239

서문

내 책 『보증된 기독교 믿음』(*Warranted Christian Belief*)[1]이 세상에 나온 지 10년이 훨씬 넘었다. 나는 지금도 내가 그 책에 썼던 내용을 거의 그대로 주장한다. 그러나 그 책이 너무 길고 전문가나 이해할 법한 내용이 여러 곳 있다고 내게 말해 준 이들이 있었다. 나는 내키지 않아도 그 말을 수긍할 수밖에 없었으며, 그런 것을 바로잡고 싶었다. 그 결과가 바로 이 책 『지식과 믿음』(*Knowledge and Christian Belief*)으로, 『보증된 기독교 믿음』을 더 줄이고 (바라기는) 독자가 더 친근히 느끼게 만든 책이다. 강조점의 변화와 다른 종류의 변화가 몇 군데 있지만, 나는 『보증된 기독교 믿음』의 윤곽을 대부분 그대로 따르면서 여기저기에 내용을 조금 추가했고 상세한 내용을 크게 덜어 내기도 했다. 나는 『보증된 기독교 믿음』에서 어려운 부분은 뺐지만, 그런 경우

---

1 New York: Oxford University Press, 2000.

가 아니라면 그 책에 있는 말을 가능한 한 많이 이 책에서 사용했다. 나는 이 결과물이 『보증된 기독교 믿음』과 동일한 생각을 더 간결하면서 읽기 쉬운 방식으로 제시하게 되기를 바란다.

이 책이 주로 다룬 주제는 기독교 믿음(belief)이 **합리적인가**(rationality), 혹은 **이치에 맞는가**(sensibleness), 혹은 **정당화되는가**(justification)에 대한 물음이다. 물론 이 문제는 기독교가 시작되었을 때로 거슬러 올라갈 정도로 아주 오랜 세월 중요한 물음이었으며, 18세기 계몽주의 이후에는 훨씬 더 뜨거운 문제가 되었다. 이 물음은 소위 새로운 무신론자들이 등장하면서 훨씬 더 중요한 쟁점이 되었다. 이 무리의 중심인물은 무시무시한 네 기사인데, 요한계시록에 나오는 네 기사도 아니고, 전설 같은 노터데임(Notre Dame)의 네 기사[노르웨이계 미국인 미식축구 코치인 크누트 로크니(Knute Rockne, 1888-1931)가 노터데임 대학교 미식축구부를 지도하던 시절에 맹활약했던 네 명의 미식축구 선수—옮긴이]도 아닌, 무신론의 네 기사 리처드 도킨스(Richard Dawkins), 대니얼 데닛(Daniel Dennett), 샘 해리스(Sam Harris), 고(故) 크리스토퍼 히친스(Christopher Hitchens)다. 그들은 종교적 믿음을 깔아뭉개는 데 목표를 둔 것으로 보인다.

철학만 놓고 말하자면 새로운 무신론자가 옛 무신론자[가령 버트런드 러셀(Bertrand Russell), C. D. 브로드(Broad), J. L. 맥키(Mackie)]보다 분명 뒤떨어지지만, 일으킨 소음만큼은 훨씬 큰 것 같다. 혹자는 새로운 무신론자들이 내용보다 문체에 치중한다고 말할지 모르나, 문체도 별반 나을 게 없다. 이들이 선호하는 문체는 진지한 학술서의 문체라기보다 팸플릿과 격렬한 비난에 쓰는 문체 같다. 이들은 나쁜 날씨와 충치를 제외한 모든 안 좋은 일이 종교 탓이라고 비난한다. 당장 20세기에 현대 무신론 이데올로기—예를 들면, 국가사회주의(Nazism)와 마르크스주의(Marxism)—가 가져온 고통과 죽음이 인류 역사 전체를 통틀어 종교가 가져온 고통과 죽음보다 훨씬 많았다는 사실을 제멋대로 무시하고서 말이다. 이들의 문체는 독설, 신랄한 비판, 욕설, 조롱, 모욕, "적나라한 경멸"을 강조한다.[2] 하지만 설득력 있는 논증이 없다.

그럴지라도 이들이 던진 질문 가운데는 대답이 필요한 것이 일부 있다. 이들의 주장 가운데는 널리 종교적인 믿음, 그중에서도 특히 기독교 믿음이 비합리적이고, 사리에 맞게 주장하기가 불가능하며, 교육을 제대로 받고 생각이 바른 사람이라면 당연히 거부할 수밖에 없는 것이라는 주장이 있다. 가령 도킨스는 "종교의 비합리성은 뇌 속에 박힌 어떤 특별한 비합리성 메커니즘의 부산물이다"라고 말한다.[3] 대니얼 데닛은 "신이라는 기능"(god faculty)이 "허구를 만들어 내는 기묘한 장치"라고 말한다.[4] 데닛은 **신앙**(faith)이 이성과 별도로 지식의 근원이거나 지식의 근원일 수 있다는 생각을 장려하지 않는다.

만일 여러분이 암암리에 널리 퍼져 있는 이런 신앙 이해가 사람들끼리 서로 당황하고 체면이 깎이는 일을 피하려고 사회가 사용하는 모호한 정의보다 어쨌든 낫다고 생각한다면, 여러분은 어떤 철학자보다 훨씬 깊

---

2 리처드 도킨스의 이 말을 보라. "나는 실상 이 문제를 오랫동안 혹은 꼼꼼히 고찰한 적이 없는 기회주의자들에게 더 관심이 많습니다. 나는 이들이 적나라한 경멸을 받으면 흔들릴 가능성이 높다고 생각합니다. 비웃음받기를 좋아하는 사람은 아무도 없습니다. 누구도 경멸의 표적이 되기를 원하지 않습니다." 도킨스가 블로그 *RichardDawkins.net*에서 제리 코인(Jerry Coyne)의 글 밑에 쓴 말. 2009년 4월 22일 수요일, 오전 4:32, #368197.
3 *The God Delusion* (London: Bantam, 2006), p. 184. 『만들어진 신』(김영사).
4 *Breaking the Spell: Religion as a Natural Phenomenon* (New York: Viking, 2006), p. 110. 『주문을 깨다』(동녘사이언스).

이 이 문제를 파고들었거나(여태까지 아무도 이를 뒷받침할 좋은 변증을 내놓지 못했기 때문에), 혹은 여러분 자신을 속이는 것이다.[5]

그렇다면 우리는 이 불만을 정확히 어떻게 이해해야 할까? 대체 기독교 믿음이 정확히 어떤 점에서 비합리적이며 지성인이 보기에 엉터리라는 것인가? 기독교 믿음이 비합리적이라는 이 주장이 정확히 무슨 의미인지 간파하기가 쉽지 않으며, 따라서 나는 이 주장이 말하려는 의미를 더 정확히 파악하는 것도 목표의 일부로 삼았다. 이 주장이 정확히 무슨 뜻인지 파악하고 나면, (1) 종교적 믿음이 비합리적이라는 이런 비판 혹은 주장이 전혀 설득력이 없다는 것, (2) 하나님을 믿는 믿음, 그리고 정녕 기독교 신앙의 총체를 믿는 믿음 전체가 철저히 합리적이고 이치에 맞으며 정당화될 뿐 아니라, 사실은 지식이 있음을 증명하는 사례라는 것, (3) 기독교 믿음이 합리적이지 않고 이치에 맞지 않다는 이런 반론이 어떤 설득력을 가지려면 기독교 믿음이 거짓이라는 가설에 근거해야 한다는 것을 논증해 보겠다. 내가 옳다면, "글쎄, 난 기독교 믿음이 참인지 거짓인지 몰라. 그런 걸 누가 알겠어? 하지만 기독교 믿음이 합리적이지 않다거나, 정당화되지 않는다거나, 이치에 맞지 않다거나, 생각이 있는 사람이 가질 만한 것은 아니라는 것쯤은 알지!"라고 말하는 사람들이 틀린 셈이다.

본론에 앞서 다룰 쟁점이 있다. 어떤 사람들은 아주 기이하게도 기독교 믿음 같은 것이 사실은 없으며, 하나님을 믿는 믿음 같은 것도 사실은 없다고 주장하는 듯하다. 이를테면, 논리실증주의자들은 "하

---

5 *Darwin's Dangerous Idea* (New York: Simon & Schuster, 1995), p. 155.

나님이 우리를 사랑하신다" 혹은 "하나님이 세상을 창조하셨다" 같은 문장이 "경험으로 확증할" 수 없으므로 공허하며 알맹이가 없다고 주장한다. 그런가 하면 우리가 사용하는 개념이 하나님께 적용되지 않는다고 주장하는 사람들도 있다. 하나님이 우리보다 훨씬 위에 계신 분이므로, 또는 하나님이 궁극의 실재이시며 우리가 사용하는 개념이 궁극의 실재에 적용되지 않으므로 말이다. 그러나 우리가 사용하는 개념이 하나님께 적용되지 않는다면, 우리는 하나님에 관한 어떤 믿음들(beliefs)도 갖지 못한다.

따라서 우리가 1장에서 가장 먼저 다룰 질문은, 하나님을 믿는 믿음 같은 것이 있는가 하는 점이다. 기독교 믿음 같은 것이 있는가? 이런 것들이 없다면, 기독교 믿음이 합리적인가 혹은 타당한가 하는 질문은 당연히 다룰 필요도 없을 것이다. 나는 우선 칸트에게 영감을 얻은 이런 생각을 고찰해 보고, (이 책 제목을 보고) 짐작하겠지만, 기독교 믿음 같은 것이 실제로 있다는 결론을 내릴 것이다.

그리스도인이 실제로 그들이 믿는 듯 보이는 것들을 믿고 있다면, 2장에서는 기독교 믿음이 슬프게도 어떤 면에서는 결함이 있다는 주장―곧 비합리적이라거나, 정당화되지 않는다거나, 어린아이나 믿을 만한 것이라거나, 이 시대 사람들(우리 시대의 훌륭한 학식을 가진 사람들)이 믿을 만한 게 못 된다거나, 지성이라는 관점에서 봐도 어쨌든 결함이 있다는 주장―을 바로 잡으려고 애쓸 것이다. 그렇다면 정확히 무엇이 문제라고 봐야 하는가? 몇 가지 가능한 답이 있다. 하나는 어떤 것의 정당화가 지적인 임무 및 의무와 관련된 것이라면 기독교 믿음은 정당화되지 않는다는 답이다. 이런 생각은 르네 데카르트(René Descartes, 1596-1650)와 존 로크(John Locke, 1632-1704)가 주장했던 고전적 토대주의(foundationalism)까지 거슬러 올라간다. 나는 그리스도인이 자신의 믿음을 주장하는 것이 곧 지적인 임무를 어기는 것이 아니며(또는 그런 주장이 필연적으로 그런 임무를 어기는 것이 아니며), 이를 누구라도 쉽게 알 수 있음을 논증할 것이다. 또 다른 생각은 기독교 믿음이 설령 지적인 임무나 의무를 어기지 않을지라도 또 다른 의미에서 보면 역시 비합리적이라는 것을 누구나 인식할 수 있다고 본다. 나는 이것도 사실이 아님을 논증하겠다.

세 번째 주장은 지그문트 프로이트(Sigmund Freud, 1856-1939)와 칼 마르크스(Karl Marx, 1818-1883)가 제시한 것으로, 기독교 믿음이 **실재를 지향하지 않는다**는 주장이다. 이런 믿음을 일으키는 믿음 생성 과정 혹은 능력은 참된 믿음을 산출하는 것을 목표하지 않고, 다른 특질을 가진 믿음을—어쩌면 우리 인간이 차갑고 잔인하며 무심한 세계(프로이트) 속에서 살아갈 수 있는 능력을—산출하는 것을 목표한다. 나는 이것이 우리가 고찰할 반론 가운데 가장 예리한 해석이라는 것을 논증해 보겠다. 아울러 나는 이런 유형의 반론이 실제로 기독교 믿음에 **보증**(warrant)이 없다는 주장, 즉 지식을 단순한 참된 믿음과 구분해 주는 속성이나 분량이 없다는 주장이라는 것을 논증해 보겠다.

3장에서는 기독교 믿음에 대한 보증의 본질을 깊이 고찰해 보겠다. 여기서 질문은 보증이 대체 무엇인가 하는 것이다. 또한 기독교 믿음을 부정하는 사람들은 왜 기독교 혹은 유신론 믿음이 보증을 갖고 있지 않다거나 가질 수 없다고 생각하는가? 나는 이런 믿음이 **참으로** 보증을 가지고 있음을 제시했다고 주장하려는 것이 아니라(비록 나는 그런 믿음이 보증을 가지고 있다고 확실하게 믿지만 말이다), 다만 보증을 가질 **수 있다**는 것을, 그리고 만일 믿음이 참이라면 십중팔구는 보증을 갖고 있다는 것을 주장하려 할 뿐이다. 이는 하나님을 믿는 믿음이 실제로 참이라면(나는 그렇다고 생각한다), 장 칼뱅(John Calvin)이 말했던 신의식[神意識, sensus divinitatis, 혹은 토마스 아퀴나스(Thomas Aquinas)가 말했던 "자연적이지만 뒤섞여 있는, 하나님에 관한 지식"] 같은 것이 존재할 가능성이 아주 높으며, 그로 인해 보통의 경우에는 정말로 하나님을 믿는 믿음이 보증되기 때문이다. 나는 물론 유신론 믿음이 참이라고 믿지만, 그럼에도 이 믿음이 참이라는 논증은 하지 않겠다. 사실은, 철학적 논증 못지않게 유신론 믿음을 아주 훌륭하게 지지하는 논증이 어느 정도 있다. 그럼에도 이 논증들은 진지하게 하나님을 믿는 사람들이 실제로 유신론 믿음을 받아들일 때 갖는 확신을 충분히 지지해 줄 만큼 강력하지는 않다. 더구나 나는 이 논증들이 이를 근거로 삼아 하나님을 믿는 믿음을 받아들이는 사람에게 지식(knowledge)을 부여하기에 충분하다고 믿지 않는다.

이것이 하나님을 믿는 믿음과 관련해 말할 수 있는 내용이다. 그러나 4장, 5장, 6장에서 나는 성숙한 기독교 믿음의 경우에도 비슷하게 말할 수 있음을 논증할 것이다. 기독교 믿음이 참이라면 칼뱅이 말하는 **성령의 내적 증언**(internal witness of the Holy Spirit)이나 아퀴나스가 말하는 **하나님의 초청의 내적 자극**(inward instigation of the divine invitation) 같은 것이 있을 가능성이 아주 높기 때문이고, 이런 과정 덕분에 기독교 믿음이 보증을 얻기 때문이다. 따라서 기독교 믿음이 참이면, 이 믿음은 보증될 가능성이 아주 높다. 다시 말하지만 나는 하나님을 믿는 믿음, 혹은 조나단 에드워즈(Jonathan Edwards)가 "복음의 큰일"(the great things of the gospel)이라 불렀던 것을 믿는 믿음이 보증을 갖고 있음을 주장하려는 게 아니다. 이런 것들은 오직 **참**일 때만 보증을 갖기 때문이다. 나는 이런 것들이 참이라고 생각하지만, 모든 사람이 수긍할 수 있는 논증을 통해 증명하기는 불가능하다고 생각한다. (확실히 나는 이런 것들이 참이라고 지지하는 강력한 논증이 있음을 믿는다. 그러나 이런 논증은 이를 통해 그런 믿음을 받아들이는 사람에게 지식을 부여할 만큼 강하지는 않다.)

물론 기독교 믿음이 보증될 수 있다 하더라도 여전히 이 믿음을 거부하거나 포기하거나 덜 강하게 갖게 하는 반론과 파기자(defeater)의 상대가 될 수 있다. 7장에서는 맥키가 유신론과 기독교 믿음에 반대할 만한 이유로 제시한 것들을 들어보고, 보증과 종교적 체험의 관계도 함께 다룰 것이다. 이어서 8장, 9장, 10장에서는 기독교 믿음의 파기자가 될 가능성이나 잠재력을 가진 것을 살펴보겠다. 우선 꼽을 수 있는 것은 특정 유형의 성경 연구인데, 예를 들어 악명 높은 예수 세미나(Jesus Seminar)가 대표하는 유형이 그런 것이다. 이런 유형의 성경 연구자들은 번번이 기독교 믿음과 양립할 수 없는 이론과 결론을 들고 등장한다. 나는 이런 학자들이 학문성을 추구한다는 의도를 표방하지만 사실은 방법론적 자연주의(methodological naturalism)에 매여 있음을 8장에서 논증해 보겠다. 이어서 결국 이들의 이론들이 (어쨌든 그런 이론들로는) 기독교 믿음의 파기자가 되지 못한다는 것을 논증해 보겠다.

기독교 믿음의 파기자로 제안되는 또 다른 것은 다원주의(pluralism)로, 기독교 외에 많은 종교가 있으며 대다수 종교가 이런저런 점에서 기독교 믿음과 충돌한다는 사실이다. 내가 이를 인정한다고 가정해 보라. 그렇다면 이런 인정이 다원주의를 나에게 기독교 믿음의 파기자가 되게 하는가? 결코 그렇지 않음을 9장에서 논증해 보겠다(이는 마치 나와 다른 정치적 신념과 철학적 신념을 가진 사람들이 있음을 내가 인정할지라도 이것이 곧바로 내 정치적 신념과 철학적 신념의 파기자들에게 나 자신을 내어 주는 것이 아님과 같다).[6]

마지막이자 어쩌면 가장 설득력이 있는 주장일지도 모를 것이 있는데, 곧 이 세상에 있는 악, 모든 죄, 고난, 고통, 불안이 하나님을 믿는 사람에게 그 믿음을 저버릴 만한 그리고 어쩌면 가장 확실한 이유를 제공한다는 주장이다. 이것이 어쩌면 기독교 믿음의 파기자로 제안된 것들 가운데 가장 강력한 것일지도 모르겠다. 분명히 죄, 고통, 악은 하나님을 믿는 많은 사람이 안고 있는 골칫거리다. 물론 이것은 새삼스러운 일이 아니다. 가령 구약성경의 욥기도 이 문제를 아주 일찍부터, 아주 설득력 있는 웅변으로, 아주 강력하게 말한다. 나는 10장에서 악이 신자에게 골칫거리이기는 하지만, 그렇다고 성공적인 파기자는 전혀 아님을 논증한다.

내가 이 책에서 말하는 내용은 대부분 내가 『보증된 기독교 믿음』에서 말하는 것이다. 그러나 몇 가지 다른 점이 있다. 어떤 사람들은

---

[6] 기독교 믿음의 파기자로 제안된 것 가운데 내가 이 책에서 다루지 않은 것이 또 하나 있다. 기독교 믿음과 현대 과학의 갈등과 관련하여 사람들이 다양하게 말하는 것들이 바로 그것이다. 여기에 몇 가지 주장이 있다. 예수 그리스도의 부활 같은 기적 사건은 과학과 양립할 수 없다거나, 진화는 기독교 믿음과 양립할 수 없다거나, 과학적 사고방식은 기독교 믿음과 양립할 수 없다는 주장이 그런 예다. 또 다른 주장으로는 현대 과학이 종교적 믿음에 관하여 제시하는 설명들은 이런 믿음이 잘못되었거나 보증되지 않는다고 생각할 수 있는 타당한 이유를 우리에게 제공한다는 주장이 있다. 나는 사람들이 기독교 믿음의 파기자라 주장하는 이런 것들 가운데 아무것도 그 주장이 정당함을 증명하는 근거를 갖고 있지 않으며, 실제로 이 가운데 아무것도 기독교 믿음의 파기자가 아님을 논증했다. 나는 과학과 종교가 완전히 양립할 수 있다고 본다. 진짜 갈등은 과학과 자연주의 사이에 있는데, 자연주의는 하나님이라는 인격체나 하나님 같은 존재는 없다는 생각이다. 이 문제에 관심이 있는 독자는 내 책 *Where the Conflict Really Lies: Science, Religion, and Naturalism* (New York: Oxford University Press, 2011)을 보라.

『보증된 기독교 믿음』이 최대치의 신앙을 갖고 있지 않은 그리스도인, 즉 의심하고 확신하지 못하는 등의 문제로 괴로워하는 그리스도인에게 아무런 소용이 없는 책 같다고 불만을 토로했다. 이는 물론 아주 많은 그리스도인, 어쩌면 대다수 그리스도인에게 해당되는 상황이다. 나는 아주 타당한 이 불만을 이 책 131쪽에서 다루려고 시도해 보았다. 이로 인해 내용에 제법 변화가 있었지만, 몇 군데 소소한 변화를 제외하면 내가 여기서 말하는 내용과 『보증된 기독교 믿음』에서 말한 내용은 일치한다. 이 책이 어떤 주제를 다룬 내용에 불완전하거나 불충분한 점이 있음을 발견하는 독자는 그 주제를 더 충실히 다룬 『보증된 기독교 믿음』를 참조하기 바란다.

    성경 구절은 달리 언급이 없다면 NIV에서 인용했다(한국어판에서는 옮긴이의 사역을 썼다―편집자).

    원고 전체를 읽고 해 준 유익한 제안에 대해 짐 브래들리(Jim Bradley), 리 하디(Lee Hardy), 앤 플랜팅가 캡틴(Ann Plantinga Kapteyn), 델 라치(Del Ratzsch)에게 감사한다. 특히 리와 델에게 신세를 졌는데, 이 두 사람은 "참빗으로 이를 잡듯 샅샅이 살폈다"는 표현에 완전히 새로운 의미를 부여했다.

1장 _____

우리가 하나님에 관하여 말하고 생각할 수 있을까?

우리가 이 책에서 다루는 질문은 기독교 믿음을 갖는 것이 정당화되는가, 혹은 합리적인가, 혹은 이치에 맞는가와 관련이 있다. 그러나 일부 사람들은 이것이 애초에 문제가 될 수 없다고 주장한다. 기독교 믿음 **같은 것은 실제로는 아예 없다**는 점을 이유로 들면서 말이다. 기독교 믿음이 거짓이라거나, 어리석다거나, 미혹에 빠진 게 아니라 사실은 **아무도 기독교 믿음을 갖고 있지 않다**는 것이다. 우리 인간은 어느 누구도 어쨌든 그런 믿음을 갖기가 **불가능하다**는 생각이다.

이는 아주 허무맹랑하게 들리는데, 적어도 다음과 같이 반문해 볼 수 있기 때문이다. 주일마다 교회에 출석하는 사람들은 모두 뭐란 말인가? 그 가운데 적어도 일부는 기독교 믿음을 갖고 있지 않을까? 그렇지만 이 견해—기독교 믿음 같은 것은 사실은 존재하지 않는다는 견해—는 놀라울 만큼 널리 퍼져 있고 또한 널리 퍼져 왔다. 그렇다면 사람들은 왜 이런 생각을 할까? 왜 우리가 하나님에 관한 믿음들을 가질 수 없다고 생각할까? 가장 대중적인 논증은 아마 다음과 같은 것이다. 물론 기독교 이야기의 중심이 전능하고 전지하며 만물의 온전히 선한 창조주인 하나님이시지만, 우리 인간 존재는 하나님에 관한 어떤 믿음들도 가질 수 없다는 식으로 펼쳐진다. 하나님은 우리의 모든 생각 너머에 계신 분이다. 우리의 지성은 너무나 한정되어 있어서 하나님과 하나님의 존재에 관한 어떤 것도 파악하지 못한다.

칸트

그렇게 생각하는 이유는 무엇인가? 제시된 답은 하나님이 궁극(ultimate)이라는 것이다. 하나님은 궁극의 실재다. 그러나 이런 사고 방식은 우리 인간이 궁극의 실재를 생각하지도 못하고, 궁극의 실재에 관한 믿음들을 갖지도 못한다고 본다. 이런 식으로 생각하는 사람들은 프로이센의 위대한 철학자 임마누엘 칸트(Immanuel Kant, 1724-1804)가 그의 기념비 같은 저작 『순수이성비판』(Critique of Pure Reason)에서 피력한 생각을 따른다. 이 사람들이 이해하기에 칸트는 실제로는 두 세계가 있다고 가르친다. 한편에는 **사물 자체**(things in themselves)의 세계가 있는데, 여기서 사물은 우리의 어떤 지적인 활동과 별개로 있다. 다른 한편에는 **우리를 위한 사물**(things for us)의 세계가 있다. 후자는 우리가 익히 경험하는 세계이며, 집과 사람과 큰 바다와 산이 있는 세계다. 하지만 전자는 우리와 별개로 있는 사물의 세계, "그 자체 안에" 있는 세계다. 이 세계는 우리가 도저히 다가갈 수 없다.

칸트는 이해하기가 결코 쉽지 않지만, 이것이 분명 그의 매력 가운데 하나이기도 하다. 여러분이 정말 위대한 철학자가 되고자 한다면, 단연코 여러분 마음속에 담아둔 생각을 삼척동자도 알아들을 만큼 명쾌하게 말하지 말아야 한다(아마도 이것만으로는 불충분하겠지만, 이렇게만 해도 멋진 출발을 한 셈이다). 만일 사람들이 여러분이 말하는 것을 읽고 곧장 이해할 수 있다면, 여러분의 작품을 해설해 줄 사람이 필요하지 않을 것이고, 여러분이 쓴 작품을 다루면서 여러분이 말하려는 의미를 설명하는 철학박사 학위논문을 쓸 사람도 없을 것이며, 여러분이 정말 말하려는 취지가 무엇인가를 놓고 논쟁이 벌어지는 일도 전혀 없을 것이다. 칸트는 이 충고를 새겨들었음이 분명하다. 실제로 그의 철학을 다룬 책이 수십 권, 아니 어쩌면 수백 권은 될 것이며, 그가 말하려 했던 의미를 둘러싼 논쟁도 끝없이 이어지고 있다.

역사상 인기를 끌었고 우리의 현재 관심사와도 관련 있는 한 해석은 칸트가 우리 인간, 곧 우리 자신이 세계—현상계(the world of appearance), 곧 우리가 실제로 살아가는 세계—에 기본 구조를 부여한다는 주장을 폈다고 본다. 예를 들면, 세계의 구조가 가진 아주 중요한 특징 가운데 하나는 이 세계가 여러 특성을 가진 사물로 이루어진다는 것이다. 말이 있고, 집이 있으며, 곡사포가 있다. 말은 포유류이며, 2분에 1.5킬로미터를 달릴 수 있고, 보통 개보다 크다는 특성을 갖고 있다. 집은 벽돌로 만들어졌고, 비싸며, 살기에 적합한 장소라는 특성을 갖고 있다. 곡사포는 사거리, 조절기능 등과 관련된 무기의 특성을 갖고 있다. 칸트에 따르면, 적어도 대중에게 인기를 끌었던 해석으로는, 우리의 세계가 여러 특성을 가진 사물로 이루어진다는 사실은 어쨌든 우리 때문이다. 다시 말해, 우리의 지적인 혹은 범주화(categorizing) 활동 때문이다. 이는 세계를 장밋빛 안경을 쓰고 보는 것과 다소 비슷하다.

세계가 장밋빛으로 보이는 이유는 실제로 세계가 장밋빛이기 때문이 아니라, 내가 쓴 안경 때문이다. 여기서 비슷한 논리가 적용된다. 세계 자체는 본질상 사물의 특성을 가진 구조를 갖고 있지 않으며, 이 세계가 구조라는 것을 갖고 있다 해도 실제로 우리는 무슨 구조를 갖고 있는지 알 길이 없다. 우리는 다만 우리의 지성의 범주들에 합치하는 세계를 알 뿐이지, 세계 그 자체를 아는 것은 아니다.

따라서 칸트는 사물 자체의 세계, 곧 본질상 그 자체인 세계와 현상계, 곧 우리를 위한 세계가 있다고 본다. 우리는 현상계가 익숙한데, 적어도 부분적으로는 우리 자신이 그 세계를 구성하고, 어쨌든 우리가 그 세계가 펼쳐 보이는 기본 구조를 부여하기 때문이다. 그러나 우리는 사물 자체의 세계는 전혀 파악하지 못한다. 우리는 이런 사물을 생각하지 못하며, 우리의 개념을 그것들에 적용하지도 못한다. 이런 점에서 사물 자체는 철저히 우리 너머에 있다.

물론 하나님은 분명 사물 자체에 계실 것이다. 결국 칸트 사상의 이런 갈래는 우리 인간이 하나님에 관하여 생각할 수 없음을 암시할 것이다. 우리는 하나님께 적용할 개념을 갖고 있지 않다. 우리의 개념은 오직 현상계에만 적용되며, 실재의 세계에는 적용되지 않는다. 따라서 지극히 **탁월한** 실재이신 하나님은 우리 훨씬 위에 계시거나, 우리 너머에 계시기 때문에, 우리의 하찮은 지성은 도저히 그분에게 도달하지 못한다. 우리의 지성과 생각과 언어는 하나님을 전혀 붙잡지 못한다.[1] 따라서 칸트를 이렇게 이해하면서 칸트가 이런 것들에 관하여 피력한 사상이 대체로 옳다고 생각하는 일부 사람들은 우리가 하

---

1 나는 이것이 칸트 사상의 한 갈래라고, 아니 어쩌면 대중이 익히 아는 방식으로 해석한 칸트

나님에 관하여 생각할 수 없다고 결론짓는다. 당연한 말이겠지만, 우리가 하나님에 관하여 생각할 수 없다면 하나님에 관하여 말하는 것도 불가능하다.

카우프만

희한하게도 상당히 많은 신학자가 칸트에 푹 빠져 칸트가 대체로 옳다고 생각한다. 칸트가 제시한 가르침의 주요 내용을 신학이 받아들여야 하며, 칸트가 본질상 옳다고 가정하며 신학을 해야 한다고 생각하는 것이다. 좋은 본보기가 오랫동안 하버드 신학대학원에서 신학 교수를 지냈던 고(故) 고든 카우프만(Gordon Kaufman)일 것이다. 그는 『하나님이라는 문제』(God the Problem)에서 이 문제를 이렇게 말한다.

> 신학 담론이 다른 어떤 "언어 게임"과도 공유하지 않은 중심 문제는 "하나님"이라는 말의 의미다. "하나님"은 특별히 의미 문제들을 일으키는데, 그 정의상 경험을 초월하는, 그러므로 결국 경험 속에서 장소를 특정할 수 없는 실재를 가리키는 명사이기 때문이다.…하나님이 존재하는 모든 것의 창조주이거나 근원이라면, 그를 그 어떤 특정한 유한한 실재와 동일시할 수 없다. 하나님이 궁극의 충성 혹은 신앙에 합당한 대상이라면, 그와 가장 근접하거나 그보다 바로 하위에 있는 가치 혹은 존재와 구분

사상의 한 갈래라고 본다. 그러나 칸트는 다른 곳에서는 여기서 살펴본 것과 사뭇 다른 말을 하는 것 같다. 다시 말하지만, 이것이 그의 매력 가운데 하나이기도 하다.

해야 한다. 그러나 우리 경험 속에 있는 그 어떤 것도 "하나님"이라는 말이 올바르게 가리키는 존재와 직접 동일시될 수 없다면, "하나님"이라는 말은 무슨 의미를 가지거나 가질 수 있을까?[2]

카우프만이 그의 책 『신학적 상상』(The Theological Imagination)에서 제시한 대답은 "거의 없다"이거나, 적어도 "여러분이 생각했을 법한 대답과 많이 다른" 것 같다.

하나님은 계속하여 진화하는 역사 과정 속에서 우리 존재를 다른 존재와 구별되는 인간으로 세우고 우리를 진정한 인간 완성(구원)으로 나아가게 이끄는(혹은 밀어붙이는) 존재를 상징한다.[3]

"하나님"은 우리 인류를 창조하고 인류가 완전한 실현으로 나아가게 끊임없이 압박하는 우주 활동을 인격체로 표현한 상징이다.[4]

따라서 우리가 쓰는 "하나님"이라는 말은 전지하고 전능하며 완전히 선하신 인격체(Person)의 이름이 아니다. 단지 우주 활동과 역사 과정을 가리키는 상징일 뿐이다. 카우프만이 하나님(또는 "하나님")과 관련하여 문제 삼는 것은, 만일 하나님이 실제로 우주의 창조주이며 궁극의 실재라면 우리의 경험 너머에 있는 분이라는 점이다. 그렇다면,

---

2 *God the Problem* (Cambridge: Harvard University Press, 1971), p. 7.
3 *The Theological Imagination: Constructing the Concept of God* (Philadelphia: Westminster Press, 1981), p. 41.
4 *Theological Imagination*, p. 50.

칸트 말마따나, 우리는 우리의 개념들을 하나님에게 적용하지 못하며, 우리가 쓰는 "하나님"도 하나님을 가리키지 못한다. 이제 그 말은 뭔가 다른 기능을 하는 말로 생각해야 한다.[5]

물론 이런 칸트식 사고방식은 종교적 믿음과 신학에 상당한 재앙을 안길 수 있다. 어떤 사람은 신학이 우리에게 하나님에 관하여, 다시 말해 그분이 어떤 분이며 무슨 일을 하셨는지 말하는 것이라고 생각한다. 또 어떤 사람은 신학의 주제가 하나님 자신이라고 생각한다. 그러나 우리가 하나님에 관하여 생각하거나 말할 수 없다면, 하나님이 어떤 분이며 무슨 일을 하셨는지 우리에게 알려 줄 수 있는 사람은 아무도 없는 셈이다. 우리가 하나님에 관하여 생각하거나 말하지 못한다면, 당연히 하나님이 세계를 창조하셨다거나, 우리의 주이며 구주인 예수 그리스도의 아버지라거나, 죄를 미워하신다거나, 혹은 그 어떤 것도 전혀 생각하지 못한다. (이렇게 해석된) 칸트가 옳다면, 신학은 하나님과 관련된 것일 수 없다. 어느 누구도, 심지어 신학자도, 하나님에 관하여 생각하지 못한다. 하나님에 관하여 생각하지 못한다면, 하나님에 관하여 글을 쓰는 것도 불가능하다. 일찍이 철학자 F. P. 램지(Ramsey)가 말했듯이, "말할 수 없는 것은 말할 수 없으며, 휘파람 소리도 내지 못한다."

더욱이, 설령 그리스도인이 교회의 위대한 신경들—이를 테면, 사도신경—을 암송한다 해도, 이들이 말하는 것이 정녕 참일 리가 없다. 그리스도인은 "전능하사 천지를 지으신 하나님 아버지를 내가 믿사오며…"라고 말한다. 그러나 우리의 개념들을 하나님께 적용하지 못한

---

5   카우프만의 사상에 관한 더 자세한 설명은 *Warranted Christian Belief*, pp. 32-42를 보라.

다면, 사실 우리는 하나님이 하늘과 땅을 지으신 분이라고 믿을 수 없다. 이는 물론 **하늘과 땅을 지으신 분**이라는 우리의 개념을 실제로 하나님께 적용할 수 있어야 비로소 그 사실을 믿을 수 있기 때문이다. 마찬가지로 설교자가 복음을, 즉 죄와 성육신하신 하나님의 아들 예수 그리스도의 삶·죽음·부활을 통한 구속이라는 장엄한 이야기를 전하는 설교도 마찬가지다. 이런 설교도 완전히 엉터리 이야기를 하는 셈이 될 것이다. 설교자는 아마도 자신이 실제로 하나님에 관하여 이야기하고 있다는 느낌을 가지겠지만, 사실은 터무니없는 잘못을 저지른 셈이 될 것이다. 이 설교자는 말 그대로 자신이 무슨 말을 하고 있는지 모를 것이다. 물론 이 설교를 듣는 사람들도 설교자와 마찬가지로 어처구니없는 상태에 있을 것이다. 지금 자신들이 기독교의 위대한 이야기를 듣고 있다고 생각하겠지만, 사실 그런 일은 일어나고 있지 않았다.

그렇다면 우리는 왜 이런 것이 참이라고 생각해야 하는가? 우리가 하나님에 관하여 생각하거나 말하기가 불가능하다고 믿을 만한 그럴싸한 이유가 정말 있는가? 그런 생각은 하나님이 아주 높이, 우리 위에 저 멀리 계시기 때문에, 보잘것없고 제한된 우리의 지성으로 하나님을 이해한다는 것은 언감생심 꿈도 꾸지 못할 일이라고 주장한다. 분명 여기에는 적절한 조심스러움이 있다. 그리고 우리가 하나님을 이해하는 것이 하나님에 관하여 알 수 있는 내용의 상당 부분을 아는 것이라 한다면, 우리는 분명 하나님을 이해하지 못한다. 그러나 물론 이것은 우리가 하나님에 관하여 생각하는 것이 **아예** 불가능하다는 말은 아니며, 하나님과 관련된 지극히 중요한 것들을 알기가 불가능하다는 말도 아니다. 우리가 복음의 큰일을 알거나 심지어 믿는 것조차도 불가능하다고 생각할 이유는 없지 않은가?

다시 칸트

말했듯이, 보통 이런 식으로 생각하는 사람들은 칸트 추종자다. 그렇다면, 왜 **칸트**는 우리가 하나님에 관하여 말하거나 생각하지 못한다고 생각했을까? 하나님은 "사물 자체"에 속하시는데, 우리는 현상계에 관하여 생각할 수는 있어도 사물 자체의 세계에 관하여 생각할 수 없기 때문이라는 것이 그 이유였다. 그렇다면 왜 **그렇게** 생각할까? 기본적인 이유는 다음과 같아 보인다. 첫째, **감각 경험**(sense experience)의 도움 없이 우리가 아는 명제가 있다. 우리는 이것을 "선험적 지식"(*a priori* knowledge)이라 부를 수 있다. 나는 어떤 것이 존재하기 전에는 그것이 존재하지 않음을 안다. 나는 그런 것이 존재하기 전에 그것들 가운데 어떤 것이라도 혹시 존재하는지 알려고 상당히 많이 탐구한 뒤에 비로소 그것들 가운데 어느 것도 존재하지 않는다는 결론을 내리지 않아도 된다. 나는 모든 말이 동물이라는 것을 안다. 그러나 이 경우에도, 말 가운데 어느 정도가 동물인지 알려고 많은 말을 일일이 살펴보며 관찰에 몰두한다면 바보짓이 될 것이다. ("아, 여기 힘차게 뛰는 좋은 말이 있군. 이 말도 동물인지 살펴보자.") 여러분은 7+5=12라는 사실을 이미 안다(이것은 칸트 자신의 예다). 이 경우에도 이 결과는 실증적인 조사를 통해 터득한 것이 아니다. 나는 이것이 참이라는 것을 그냥 알 수 있다.

칸트는 어쨌든 우리가 감각 경험에 의존하지 않는 이런 종류의 지식, 곧 사물 자체에 관한 지식을 가질 수 없다고 생각했다. 그는 우리가 감각 경험이나 실증적 조사에 의존하지 않는 순전한 지식을 가질 수 있다고 보는 것을 지극히 당혹스럽게 여겼다. 그가 제시한 해결책은, 우리가 물론 이런 종류의 지식을 갖고 있긴 하지만 어디까지나 우리 자신이 어떤 식으로든 그 구조를 세운 세계에 관한 지식만 갖고 있다는 것이었다. 우리는 선험적으로, 경험에 앞서, 7+5=12라는 사실을 알 수 있다. 우리가 7+5=12라는 방식으로 이 세계의 구조를 세웠기 때문이다. 마치 우리 자신이 이것을 이 세계에 집어넣은 것과 같아서 우리가 그것을 알 수 있다는 것이다. 말하자면, 우리 자신의 손으로 지은 작품을 알고 있는 것처럼 말이다.

그렇다면 칸트가 옳은가? 왜 우리가 실제로 존재하는 것에 관한 선험적 지식을 가지지 못한다고 생각하는가? 하나님은 그런 지식을 가질 수 있는 인간을 창조하실 수 없었는가? 하나님이 그런 인간을 창조하시지 못할 이유를 딱히 알기 어렵다. 우리가 그런 종류의 피조물이지 않을까? 이 경우에도, 우리가 그런 종류의 피조물이 아니어야 할 이유를 알기 어렵다. 더 나아가, 하나님은 하나님 자신과 관련된 중요한 사실들을 알 수 있는 피조물을 창조하실 수 있지 않을까? 어쩌면 우리가 바로 그런 피조물이지 않을까? 다시 한번 말하지만, 그렇지 않을 이유를 알기 어렵다. 여기서 우리는 인간이 하나님에 관하여 전혀 생각하지 못한다는 이 중대한 주장을 뒷받침하는 어떤 중대한 이유를 알기 어렵다.

더 나아가, 이런 주장에는 스스로를 파기하는 것이 있다. 우리가 하나님에 관하여 생각할 수 없다면, (램지가 말했듯이) 우리는 하나님에 관하여 생각하지 못한다. 그렇다면 우리는 우리가 하나님에 관하여 생각하지 못한다는 취지의 말을 포함하여 하나님에 관한 어떤 말도

할 수 없다. 우리가 하나님에 관하여 생각하지 못한다는 말―하나님은 우리가 생각할 수 없는 분이라는 말―도 분명히 하나님에 관한 말이다. 우리가 하나님에 관하여 생각하지 못한다면, 우리는 우리가 하나님에 관하여 생각할 수 없다고 하나님에 관하여 말하는 것도 불가능한 일이다. 어쩌면 이 우주의 어떤 다른 부분에 있을, 우리가 생각할 수 없는 어떤 사물이 있을지도 모른다. 그렇다면 우리는 그런 것을 집어내어 우리가 그런 것에 관하여 생각하지 못한다고 말하는 것도 불가능하다.

하나님이 우리의 인식으로 파악할 수 있는 범위 밖에 있기 때문에 우리가 하나님에 관하여 생각하거나 말하지 못한다는 (것과 같은) 논증의 약점을 고려할 때, 그리고 이 견해가 스스로를 파기하며 약화시키는 주장이라는 것을 고려할 때, 이 견해에 대한 거부가 가장 타당한 결론으로 보인다. 따라서 나는 이 견해를 옆으로 제쳐놓고, 기독교 믿음 같은 것이 실제로 있다는 가정에 근거해서 논지를 계속 펼치겠다.

2장 _____

무엇이
질문인가?

많은 사람이 기독교 믿음 같은 것이 존재함을 인정하면서도, 이 믿음에 심각한 잘못이 있다고 불평한다. 기독교 믿음이 비합리적이라거나, 정당화되지 않는다거나, 유치하다거나, 슈퍼맨을 믿는 믿음만큼이나 얼토당토않다거나,[1] 다른 측면에서 보면 인식적으로 기준에 미달되고, 따라서 경멸하고 모욕해도 좋다는 것이다. 그렇다면 더 정확히 말해 무엇이 문제인가? 좀더 딱 부러지게 말할 수 있을까?

사실에 관한 반론 대 권리에 관한 반론

믿음들에는 적어도 두 종류의 결함(믿음을 인정하지 않을 만한 근거—옮긴

---

1 Daniel Dennett and Alvin Plantinga, *Science and Religion: Are They Compatible?* (New York: Oxford University Press, 2011), p. 41 이하에 있는 대니얼 데닛의 글을 보라. 『과학과 종교, 양립할 수 있는가』(이화여자대학교출판문화원).

이)이 있을 수 있다. 먼저, 믿음이란 것이 거짓일 수 있다. 믿음이란 것에 대한 **사실에 관한**(de facto) 반론은, 산타클로스 같은 사람이 존재한다는 믿음이 거짓인 것과 마찬가지로, 믿음이 거짓이라고 말한다. 따라서 **사실에 관한** 반대자는 기독교 믿음이 거짓이거나, 적어도 그럴 개연성이 아주 높다고 주장한다. 예를 들면, 역사가 오래된 "악의 문제"가 있다. 한편으로 고통과 악이라는 사실들이 있는데, 다른 한편으로 전능하고(모든 것을 행할 능력이 있고) 전지하며(모든 것을 알며) 완전히 선한 하나님이라는 인격체가 있다고 생각하는 것은 모순이라는 주장이다. 하나님과 악은 양립할 수 없는데, 분명히 악은 존재하므로, 그렇다면 하나님이라는 인격체는 없다는 말이 된다. **사실에 관한** 반론에는 또 다른 형태가 있다. 예를 들면, 사람들은 하나님이 비물질적인 인격의 존재라고 말한다. 말하자면, 몸이 없는 인격체라는 것이다. 그러나, 일부 비트겐슈타인 추종자들이 생각하기에, 몸이 없는 인격체란 있을 수 없다.² 다시 말해, 어떤 사람들은 하나님이 전능하고 전지하다고 생각하지만, 일부 사람들은 이 두 속성을 모두 가진 존재란 있을 수 없다고 주장한다.

    그런가 하면, 내가 **권리에 관한**(de jure) 반론이라 부르려 하는 견해가 있는데, 이 견해에도 몇 가지 형태가 있다. 이 주장은 믿음이란 것이 거짓이라고 하지 않는다(물론 믿음이란 것이 거짓일 수 있을지라도 말이다). 오히려 이 견해는 믿음이란 것이 **다른** 결함을 드러낸다고 주장한다. 즉 믿음은 부도덕하거나, 비합리적이거나, 어리석거나, 정당화되지 않거나, 또 다른 면에서 흠결이 있다. 짝수 개의 별이 있다는 믿

---

2 가령 Anthony Kenny, *The God of the Philosophers* (Oxford: Clarendon, 1979)를 보라.

음을 생각해 보라. 이런 믿음은 참일 수도 있고 거짓일 수도 있지만, 이치를 아는 사람이 가질 믿음은 아니다(그런 믿음에는 증거가 필요한데, 여기에는 이런 믿음의 참 혹은 거짓을 증명할 증거가 없기 때문이다). 1895년 겨울에 레이니어산(Mt. Rainier)의 총적설량이 약 30미터라는 믿음도 마찬가지다. 이 믿음은 별이 홀수 개라는 믿음보다도 덜 타당하다. 우리가 알기에 별이 짝수 개라는 증거는 십중팔구 없지만, 1895년에 레이니어산의 총적설량이 약 30미터일 가능성은 거의 없다. 여태까지 최고의 총적설량 기록은 약 33미터였다. 다른 예를 더 들어 보자. 내가 야구팬인데, 응원하는 팀이 올해 꼴찌로 시즌을 마감했고 훌륭한 선수들을 내보냈는데도 이 팀이 내년에 월드시리즈에서 우승하리라고 굳게 믿는다고 생각해 보라(어쩌면 희망 섞인 생각일 것이다). 말이 되지 않는 것이다.

따라서 **권리에 관한** 반론은 기독교 믿음이 비합리적이거나, 정당화되지 않거나, 어쩌면 비도덕적일 수 있다는 주장이다. 더 정확히 말하면, 기독교 믿음을 받아들이는 사람이 비합리적이거나, 정당화되지 않거나, 어떤 다른 방식으로 비난받아 마땅한 사람이라고 주장하는 셈이다. **권리에 관한** 반론이 이 책의 주요 초점이다. 아울러 나는 **권리에 관한** 반론이 **사실에 관한** 반론보다 훨씬 많이 퍼져 있다고 믿는다.

이런 반론을 펼치는 첫 번째 사람들은 기독교 믿음이 과거에, 근대 과학 시대 이전에, 우리가 진화와 상대성 이론과 양자 역학 등을 배우기 전에 의미가 있었을지 모르나, 현대 과학이 자리 잡은 지금은 분별력이 있고 뭘 좀 아는 사람이 기독교 믿음을 수용하기란 더 이상 불가능하다고 주장한다. 이 내용은 내가 이미 서문(각주 6)에서 언급했기 때문에, 군말을 줄이기 위해 다만 내가 쓴 책 『갈등이 실제로 어디

에 있는가: 과학, 종교, 자연주의』(*Where the Conflict Really Lies: Science, Religion, and Naturalism*)[3]를 언급하고 넘어가겠다. 나는 이 책에서 실제로 갈등이 과학과 **자연주의**(하나님이라는 인격체나 하나님 같은 존재는 없다는 견해) 사이에 있지만, 과학과 종교 사이에는 아무런 갈등이 없다고 주장한다.

권리에 관한 반론을 펼치는 두 번째 사람들은 종교적 믿음의 **다원주의**를 강조하는 사람들이다. 많은 종교적 믿음은 그 종류가 다르며 서로 일치하지 않는다. 물론 기독교도 있지만 유대교, 이슬람교, 힌두교, 불교, 다양한 아프리카 종교, 아메리카 원주민의 여러 종교, 그리고 다른 많은 종교가 있다. 더구나 이 종교 가운데는—가령 기독교처럼—서로 다툼을 벌이는 여러 분파로 쪼개진 종교도 있다. 그렇다면 이 떠들썩하게 주장하는 것들 가운데 어떤 특정한 하나만 받아들이는 것이 과연 현명한 일일까? 이 반론에 대한 답변은 9장에서 제시해 보겠다.

셋째, 특정 형태의 기독교 믿음만 지지하는 것을 지적으로 **오만하다**고 주장하는 사람들이 있다. 그런 형태의 믿음을 지지하지 **않는** 사람들은 자신보다 열등하거나, 잘못된 길을 가고 있거나, 적어도 자신만큼 좋은 위치에 있지 않다고 은연중에 주장하는 셈이기 때문이다. 넷째, 일부 사람들은 기독교와 유신론 믿음이 정당화되려면 **증거**나 **논증**이 필요하다고 주장한다. 이를 위한 충분한 증거가 없기 때문에, 반대자는 이런 믿음이 정당화되지 않는다고 말한다. 다섯 번째 반론은 기독교 혹은 유신론 믿음이 **비합리적**이라고 주장한다. 이 반론

---

[3] New York: Oxford University Press, 2011.

의 한 중요한 견해는 이런 믿음이 소원 성취나 소원 섞인 생각의 결과라고 본다. 가령 지그문트 프로이트(1856-1939)는 하찮은 우리 인간이 이토록 차갑고 잔인한 세계에서 살고 있기 때문에, 정말로 우리를 염려하며 보살피는 (그리고 우리의 인간 아버지보다 훨씬 능력 있는) 아버지를 하늘에 투사해야만 삶을 견뎌 낼 수 있다고 주장한다. 그러나 이런 믿음은 비합리적이다.

그렇다면 이제 기독교 믿음이 **참**인지 문제와 관련하여 아무런 견해도 갖지 않은 사람도 이런 반론들 가운데 어느 것이라도 주장할 수 있는 것처럼 보인다. 반대자는 이렇게 주장할지도 모르겠다. "글쎄, 난 기독교 믿음이 참인지 거짓인지는 모른다. 그러나 사람이 이성적으로 그런 믿음을 수용하지 못한다는 것만은 안다(증거가 불충분해서, 혹은 다른 많은 대안이 있어서, 혹은 그런 믿음은 소원 성취의 산물이라서, 혹은…)." 나는 이번 장에서 이 **권리에 관한** 반론을 더 정확하게 확인하기 위해 애쓰고 싶다. 우리가 찾고 있는 반론은 (1) 실제로 기독교 믿음에 적용되며, 가볍게 쉬운 대답을 제시할 수 없는 것이면서, (2) **사실에 관한** 반론과 독립적인 것이다. 즉 기독교 믿음이 거짓이라고 전제하거나 가정하지 않고 설득력 있게 제시할 수 있는 주장이다.

권리에 관한 반론 가운데 진지한 것이 있는가?

이런 주장에 해당할 만한 후보 가운데 우선 셋을 고찰해 보자(다른 책이나 이후의 장에서 다루지 않는 것이다). 첫째 후보는 이것이다.

기독교 믿음은 오만하다

이 주장은 다른 사람들이 믿지 않는 명제를 여러분이 지지하거나 믿는 것은 오만하거나 독선적이라는 주장이다. 가령 윌프레드 캔트웰 스미스(Wilfred Cantwell Smith)는 말한다. "둔감함이나 태만 때문이 아닌 이상, 세상에 나아가 성실하고 지성을 가진 동료 인간에게 다음과 같이 실제로 말하는 것은 도덕적으로 불가능하다. '…우리는 우리가 하나님을 안다고 믿으며, 우리가 옳습니다. 여러분도 여러분이 하나님을 안다고 믿지만, 여러분은 완전히 틀렸습니다.'"[4] 엄밀히 말하면, 스미스가 말하는 사람은 단순히 다른 사람이 믿지 않는 것을 믿는 사람이 아니라, 말하자면, 자신이 생각하는 것은 옳고 다른 사람이 생각하는 것은 그르다고 시끄럽게 외쳐 대는 사람인 듯하다. 게리 거팅(Gary Gutting)은 좀더 나아가, 옳음을 훌륭하게 논증할 수도 없고 다른 사람들이 동의하지 않음을 아는 명제를 믿는 것이 (이 믿음을 표현하느냐 마느냐와 상관없이) 독선적이고 오만하다고 주장한다.

첫째, [내가 훌륭하게 논증하지도 못하고 다른 사람들이 동의하지 않음을 알고 있는] p를 믿는 것은 제멋대로 믿는 것에 불과하다. 내 직관(곧 내가 보기에 분명 참이라 보이는 것)이 나와 의견이 다른 사람들의 직관보다 옳을 가능성이 높다고 생각할 이유가 전혀 없기 때문이다. 따라서 내 직관이 p가 진리라는 것을 뒷받침하므로 p를 믿는다는 것은 **인식론적 자기중심주의**(epistemological egoism)이며, 이는 사람들이 보통 윤리적 자기중심주의가 그렇다고 여기는 만큼이나 제멋대로 하는 생각이고 정

---

4   *Religious Diversity* (New York: Harper & Row, 1976), p. 14.

당화될 수 없다.[5]

그렇지만 이런 주장이 정말 설득력이 있는가? 나는 내가 출세하려고 동료들에 관하여 거짓말하는 것은 죽을 만큼 잘못된 일이라고 믿는다. 나는 이를 철석같이 믿는다. 나는 내 의견에 동의하지 않는 사람들이 있음을 안다. 내가 존경하는 사람들 가운데, 정말 틀린 것이 있음을 의심하는 사람들이 많이 있다(물론 어떤 것들은 틀렸다기보다 권하지 못할 것일 수도 있다). 사실 나는 여기서 내 믿음이 옳음을 증명할 논거가 없으며, 또는 내 믿음에 동의하지 않는 사람들을 설득할 논거도 어쨌든 없다. 그렇다고 내가 이 믿음을 견지하는 것이 오만하거나 독선적인가?

나는 그렇게 생각하지 않는다. 첫째, 실제로 내가 p를 믿는 것은 내 직관이 p를 밑받침하기 때문이 아니다. 즉 나는 '내 직관이 p를 밑받침한다. 그러므로 나는 p를 믿는다'고 추론하지 않는다. 오히려 p가 그저 옳아 보일 뿐이다. 그렇다면 내가 출세하려고 동료들에 관하여 거짓말하는 것이 잘못이라는 명제를 골똘히 생각한다고 가정해 보자. 내가 이 명제를 생각하면 생각할수록, 그런 일이 잘못이라는 게 더욱더 분명해지는 것 같다. 나는 내가 아는 반론을 모두 살펴본다. 이를테면, (물론 다른 것들보다 더 득이 되거나 유용한 것이 있을 수도 있지만) 실제로 옳은 것도 그른 것도 없다고 생각해야 하는 이유들, 혹은 옳고 그름에 관하여 중요한 것은 나에게 최선이며 나 자신의 이익을 최고로

---

[5] *Religious Belief and Religious Skepticism* (Notre Dame: University of Notre Dame Press, 1982), p. 86.

증진시키는 것이 무엇인지 생각해야 하는 이유들을 말이다. 오랫동안 진지하게 생각한 결과, 지금도 나는 출세하려고 동료에 관하여 거짓말하는 것이 잘못이라고 본다. 어쩌면 이런 생각은 이전보다 훨씬 강해졌을지도 모르겠다. 이 문제를 심사숙고해 보니, 그런 행동이 잘못이라는 믿음을 포기하는 것은 도저히 내 능력으로는 하지 못할 일이다. 그렇다면 내가 이렇게 생각하기 때문에 나를 자기중심적이라거나 제멋대로라거나 혹은 다른 방식으로 부도덕하다고 비판하는 것이 과연 올바를까? 나는 어떻게 그런 일이 가능한지 도통 모르겠다.

기독교 믿음은 정당화되지 않는다

나는 기독교 믿음이 자기중심주의라는 반론은 재고할 가치조차 없다고 생각한다. 여기서 더 중요한 반론은 기독교 믿음이 **정당화되지 않는다**(unjustified)는 주장이다. 그렇다면 정당화(justification)라는 말은 무슨 뜻인가? 어떤 믿음이 정당화되지 않는다거나, 어떤 사람이 특정 믿음을 견지하는 것이 정당화되지 않는다는 말은 무슨 뜻인가?

정당화의 두 본질

이 정당화 개념은 두 갈래로 되어 있는 것 같다. 첫째, 정당화는 **증거**(evidence)와 관련이 있는 것 같다. 즉 어떤 증거도 없거나 충분한 증거가 없으면 그 믿음(또는 그 믿음을 가진 사람)은 정당화되지 않는다는 뜻이다. 둘째, 정당화는 **임무**(duty)나 **의무**(obligation), 또는 **도덕적 옳음**(moral rightness)과 관련이 있는 것 같다. "샘이 사장의 가혹한 질책을 받아들이지 않은 것은 전적으로 정당화된다." 이는 아마 무엇보다도, 샘이 사장의 가혹한 질책을 받아들이지 않은 것이 아무런 임무를 저버린 것이 아니며 그의 권리 안에 있는 행동이었다는 의미일 것이다.

믿음과 관련하여 정당화 논의가 어디서 시작되었는지 알기 위해 역사를 되돌아본다면, 정당화가 이렇게 두 갈래로 나타났음을 확인할 수 있다. 우리는 관심이 임무나 의무뿐 아니라, 증거에도 있음을 발견한다. 영국의 중요한 철학자인 존 로크(John Locke, 1632-1704)는 우리가 어떤 믿음들을 형성하고 주장하게 되면 임무와 의무도 갖는다고 주장한다. 그는 이런 질문을 던진다. "이 세계에서 인간이 처한 상태에 놓인 합리적인 피조물이 자신의 의견과 그 의견에 근거한 행동을 통제하며 또 통제해야 할" 방식은 무엇일까? 그는 한 고전에서 자신의 대답을 이렇게 제시한다. "우리가 처한 환경에 있는 합리적인 피조물은 자신의 의견을 **이성**(reason)으로 통제해야 한다."

신앙(faith)은 다만 정신의 굳건한 동의일 뿐이다. 우리의 임무가 그렇듯 신앙도 규제를 받는다면, 오직 선한 이성(reason)에 근거해서만 그렇게 할 수 있으며 따라서 선한 이성에 어긋날 수도 없다. 믿을 만한 이유(reason)가 전혀 없는데도 믿는 사람은 그 자신의 공상(空想)을 사랑하고 있는지도 모른다. 하지만 그는 자신이 마땅히 찾아야 할 진리를 찾지 않고, 자신을 만든 분(Maker)에게 합당한 순종도 하지 않는 사람이다. 그분은 그 사람이 자신에게 주어진 분별하는 능력을 활용해 실수와 잘못을 저지르는 일이 없도록 했을 텐데 말이다. 자신의 힘을 다하여 이렇게 하지 않는 사람은, 설령 가끔씩 진리를 발견한다 할지라도 그저 우연히 옳을 뿐이다. 나는 그런 우연한 행운이 그의 행동이 불규칙함을 용서할 평계가 될지 모르겠다. 적어도 이것만큼은 확실한데, 곧 그가 무슨 잘못을 저지르든 그에 대해 책임을 져야 한다는 사실이다. 반면에 하나님이 자신에게 주신 빛과 능력을 활용하고, 자신이 가진 그런 방책과 능력을 활용하여 성실히 진리를 찾으려 하는 사람은 이성적인 피조물로서 자신의 임무를 행하는 데서 만족을 얻을 수 있을 것이며, 설령 그가 진리를 놓친다 할지라도 그 진리에 따르는 보상은 놓치지 않을 것이다. 이는 곧, 어떤 경우든 혹은 무슨 사안에서든, 이성이 인도하는 대로 믿거나 믿지 않는 사람은 자신의 동의권을 통제하면서 그 동의권을 행사해야 할 곳에 행사하기 때문이다. 이와 달리 행하는 사람은 자기 자신의 빛을 거스르며, 다름 아닌 더 명확한 증거와 더 큰 개연성을 찾고 따르게 할 목적으로 자신에게 주어진 능력들을 잘못 사용하는 것이다.[6]

여기서 로크는 특별히 종교적 신앙(말하자면, 이성과 대비되는 신앙)에 관하여 말하는 게 아니라, 일반적인 동의 혹은 의견에 관하여 말한다. 아울러 그가 여기서 제시하는 주장의 핵심은 동의 혹은 의견을 관리하거나 규제할 임무와 의무가 있다는 것이다. 특히 여러분은 타당한 이유, 타당한 증거가 있는 것에만 동의할 의무가 있다. 로크는 하나님이 우리에게 이런 식으로 진리를 찾으라는 명령을 내리셨다고 말한다. 하나님이 우리에게 이런 식으로 우리의 의견을 규제하라는 명령을 내리셨다는 것이다. 만일 여러분이 이런 명령을 따르지 않는다면, 여러분은 여러분이 찾아야 할 진리를 찾는 것이 아니며, 여러분을 지으신 분에게 마땅한 순종을 바치지 않는 셈이다. 이런 식으로 진리를

---

6   John Locke, *An Essay Concerning Human Understanding*, ed. A. D. Woozley (New York: World Publishing, 1963), IV, xvii.11. 『인간지성론』(한길사).

찾는 사람은, 설령 진리를 못 찾고 놓칠지라도 "합리적인 피조물로서 임무를 행할 때 누리는 만족을 가질" 수 있다. 로크는 이성이 여러분을 인도하는 대로 믿거나 믿지 않으면, 여러분이 여러분의 동의"권"을 통제하고 "동의해야" 할 것에 동의하게 된다고 말한다. 여러분이 그렇게 하지 않는다면 여러분 자신의 빛을 거스르는 셈이다. 이렇게 자신의 의견을 통제하는 사람은 임무대로 행하는 사람이고, 자신의 권리 안에서 행하는 사람이며, 아무런 의무도 멸시하지 않는 사람이므로, 비판받을 거리가 전혀 없으며, 한마디로 **정당화된다**.[7]

따라서 이 정당화 개념에는 두 갈래가 있다. 우선 이 개념은 임무 및 의무와 관련이 있다. 여러분이 믿는 것과 여러분이 믿는 방식과 관련하여 임무 및 의무가 있다는 생각이다. 그러므로 정당화라는 말의 기본 개념은, 여러분이 어떤 것을 믿으면서 자신의 임무를 어기지 않고 의무를 완수한다면, 여러분이 이것 혹은 저것을 믿는 것은 기본적인 의미에 비추어 볼 때 정당화된다는 것이다. 이것이 정당화 개념의 첫 번째 갈래다. 두 번째 갈래는 정당화가 **증거**와 관련이 있다고 본다. 여러분이 어떤 명제를 믿을 때, 그 명제에 대한 충분한 증거를 가졌다면 그 믿음은 정당화된다. 로크의 생각에서 이 두 갈래 사이에는 어떤 연관성이 있는가? 그 답은 아주 쉽다. 로크는 여러분이 훌륭한 증거

---

[7] "justified"(정당화되다), "justification"(정당화) 등의 영어 단어들은 적어도 킹 제임스 성경 번역까지 거슬러 올라간다. 이 용법에 따르면, 우리의 죄를 위한 그리스도의 속죄하는 희생이 우리에게 적용될 때 우리가 정당화된다. 그 결과로 이제 우리는 더 이상 비난받을 이유가 없으며 우리의 죄는 가려지고, 제거되고, 지워지고, 옮겨진다. 우리는 더 이상 죄에 따른 책임을 지지 않는다. (죄책에 관한 한) 우리의 죄는 아예 존재하지 않았던 것과 같은 상태가 된다. 이는 로크가 마음속으로 생각했던 것으로 보이는 "정당화"의 의미와 가깝다 (참고. 똑같은 영어 표현 justified는 성경 문맥에서 우리말로 번역할 때 '의롭다 하심을 얻는다'로, justification은 '의롭다 하심'으로 옮긴다—옮긴이).

를 가진 명제만 믿는 것이 타당한 임무라고 생각한다. 우리는 모두 이 임무를 갖고 있는데, 바로 우리가 충분한 증거를 가진 명제만 믿는 것이다. 따라서 하나님 같은 인격체가 있다고 믿으면서도 그 믿음을 위한 증거(가령 하나님의 존재를 증명하는 논증)를 모르는 사람은 그 임무를 저버린 사람이며, 따라서 정당화되지 않는다. 기독교 믿음이 정당화되지 않는다는 주장(기독교 신자가 정당화되지 않는다는 주장)은 신자가 이 믿음을 위한 적절한 증거를 갖고 있지 않다는 주장에 이른다.

고전적 토대주의

여기서 문제가 하나 있다. 기독교 믿음에 반대하는 사람은 분명히 **명제적 증거**, 곧 사람이 믿는 다른 명제에서 얻은 증거를 생각한다. 유신론 논증―곧 우주론 차원의 논증, 존재론 차원의 논증, 설계에 근거한 논증, 정교한 조율에 근거한 논증―이 실제로 훌륭한 논증이라면, 이런 논증이야말로 하나님의 존재를 위한 증거가 될 것이다. 반대자는 그리스도인이 자신이 믿는 내용을 밑받침할 명제적 증거를 충분히 갖고 있지 않다고 비판한다.

그러나 여러분이 믿는 **모든** 것을 위한 명제적 증거를 가질 수 없다는 것은 분명하다. 일련의 논증은 모두 어디에선가 시작되기 마련이며, 이런 논증이 시작되는 궁극의 전제 자체는 다른 명제적 증거를 기초로 믿어지는 것이 아니다. 이런 궁극의 전제는 **기초적** 방식으로 받아들여져야 하는데, 즉 다른 믿음들이 증거가 되어 받아들이는 것이 아니다. 따라서 추측건대 기독교 믿음에 반대하는 사람도 모든 믿음이 정당화되어야 할지언정 반드시 다른 믿음들을 증거로 삼아 믿어져야 한다고 주장하는 것은 아닐 것이다. 실제로 그런 주장을 펴는 것이라면 어떤 믿음들도 정당화되지 못할 것이다. (그리고 그 어떤 믿음들도 정당화될 수 없다면, 정당화되지 못하는 종교적 믿음들에 딱히 반대할 거리도 없는 셈이다.) 반대자도 어떤 믿음들은 올바르게 기초적이라고 생각해야 한다. 기초적 방식으로 받아들여진 것이지 다른 믿음들을 증거로 받아들여진 것이 아니며, 그런 방식으로 받아들일 때 정당화되는 믿음이라고 말이다.

존 로크는 이것을 전적으로 알았다. 어떤 믿음들은 **확실하다**는 것이 그의 생각이었다. 그리고 그는 확실한 믿음들은 기초적 방식으로 올바르게 받아들여질 수 있다고 생각했다. 이런 확실한 믿음들은 두 종류가 있다. 첫째, 나 자신의 정신생활과 관련된 몇몇 믿음들은 확실하다. 나는 내가 아프다고 믿는다. 이 믿음은 내게 확실하다. 나는 창밖을 내다보면서 거기에 나무와 잔디와 꽃이 있는 것 같다고 믿는다. 나는 **실제로** 거기에 나무와 잔디와 꽃이 **있음**을 확신하는 것이 아니라, **내가 보기에** 거기 있는 것처럼 보인다고 확신한다. 우리는 이런 믿음들을 "교정 불가능한"(incorrigible) 것이라 부를 수 있을 것이다. 여러분이 아프다고 주장하거나, 여러분이 보기에 거기 나무가 있는 것 같다면, 내가 여러분이 하는 말을 바로잡고 여러분이 틀렸다고 주장하는 것은 현명한 일이 아닐 수 있다. 로크는 교정 불가능한 믿음들을 기초적이라고 말하면서, 더 나아가 그런 믿음들이 **올바르게** 기초적이라고 말한다.

로크가 확실하고 따라서 올바르게 기초적이라고 보는 두 번째 종류의 믿음이 있는데, 바로 **자명한**(self-evident) 믿음들이다. 그런 예는 2+2=4, 또는 아무것도 빨간색이면서 동시에 **초록색일 수 없다**, 또는 모든 사람은 죽을 수밖에 없고 소크라테스도 사람이니 결국 소크라테

스도 죽을 수밖에 없다 같은 믿음들이다. 나는 이런 믿음들이 참이라는 것을 단적으로 이해할 수 있다. 이런 믿음들은 이것이 참이라는 것을 알지 못하면 이해하지 못하는 것이라고 말할 수 있을 것 같다. 따라서 이 두 종류의 믿음들은 올바르게 기초적이다. 이것들을 믿는 것이 설령 여러분이 가진 다른 믿음들을 증거로 삼지 않았을지라도 이 믿음들을 받아들이는 것에서 여러분은 정당화될 수 있다.

여러분이 가진 믿음들 전체를 생각해 보라. 로크는 그런 일련의 믿음들이 독특한 구조를 가졌다고 생각했다. 먼저 기초적 믿음들이 있어서 구조의 기반을 형성하며, 그 기초적 믿음들을 증거로 삼아 기초적이지 않은 믿음들이 받아들여진다. 로크는 잘 작동하고 올바르게 규율되는 일련의 믿음들일지라도, 기반에서 발견할 수 있는 믿음들만 자명하거나 교정 불가능한 믿음들이라고 주장한다. 여기서 로크가 제시하는 견해가 소위 **고전적 토대주의**를 보여 주는 사례다. 고전적 토대주의자는 올바르게 기초적인 믿음들에는 두 종류가 있다고 주장하는데, 자명한 믿음들과 교정 불가능한 믿음들이 바로 그 둘이다. 모든 다른 믿음들은 명제적 증거에 근거하여 받아들여야 한다. 즉 다른 믿음들에 근거한 논증을 토대로, 자명하거나 교정 불가능한 기반으로 거슬러 올라가는 논증을 토대로 말이다.

기독교 믿음들은 2+1=3같이 단지 자명하기만 하지 않으며, 그렇다고 어떤 사람의 정신 상태와 관련된 것만도 물론 아니다. 따라서 고전적 토대주의자는 기독교 믿음들도 논증에 근거하여 받아들여져야 한다고 주장한다. 다른 명제를 증거로 삼아 받아들여져야 한다는 것이다. 따라서 기독교 믿음은 정당화되지 않는다(기독교 신자는 정당화되지 않는다)는 주장의 한 형태가 고전적 토대주의에서 나온다. 이것은 실상 자명하거나 교정 불가능한 명제를 토대로 한, 기독교 믿음을 위한 좋은(또는 충분히 좋은) 명제적 증거가 없다는 주장이다. 따라서 기독교 신자는 정당화되지 않으며, 인식론적 의무를 어기고 있다.

그러나 고전적 토대주의 자체가 심각한 문제점을 갖고 있다. 첫째, 고전적 토대주의는 스스로 무덤을 파는 주장으로 보인다. 자기가 판 함정에 자기가 빠지는 꼴이다. 스스로 곤경에 빠지는 것이다. 고전적 토대주의를 따른다면, 인식론의 관점에서는 자명하거나 교정 불가능한 명제를 증거로 삼을 때만 또 다른 명제를 믿을 권리가 있기 때문이다.

만일 여러분이 자명하거나 교정 불가능한 명제를 증거로 가지지 않은 명제를 믿는다면, 정당화되지 않거나 인식론적 의무를 저버리는 것이다. 그러나 여기 문제가 있다. 고전적 토대주의 자체를 지지해 주는 교정 불가능한 혹은 자명한 명제는 없는 것 같다. 분명히 고전적 토대주의는 자명하지 않다. 그것을 이해한 사람이면 누구나 금세 참이라고 알 수 있는 그런 것이 아니다. 예를 들면, 나는 그것을 이해해도, 그것이 참인 줄은 알지 못한다. 사실 나는 그것이 거짓이라고 믿는다. 따라서 그것 **자체**는 자명하지 않다. 그뿐 아니라, 고전적 토대주의를 훌륭하게 논증해 주는 자명한 다른 명제가 있는 것 같지도 않다. 더구나 고전적 토대주의는 교정 불가능한 것이 아니다. 고전적 토대주의는 사물이 어떤 사람에게 어떻게 보이는가를 알려 주는 것이 아니다. 고전적 토대주의를 훌륭하게 논증해 주는 교정 불가능한 명제가 따로 있는 것 같지도 않다. 더 나아가, 자명하거나 교정 불가능한 명제가 고전적 토대주의를 훌륭히 논증해 주는 경우는 분명 없는 것 같다. 따라서 우리가 여기서 살펴본 내용이 우리를 속이지 않는다면, 설령 고전적 토대주의가 참이라 할지라도 아무도 제대로 고전적 토대주의를 믿을 수 없다. 고전적 토대주의를 믿는 사람은 정당화되지 않는다. 따라서 고전적 토대주의는 자기모순으로 보인다.

나의 믿음들이 나의 의지적인 통제에 있는가?

그렇다면 이는 기독교 믿음에 대한 정당화주의적(justificationist) 반대에 심각한 문제인데, 적어도 그 반대가 고전적 토대주의에 기초해 있다면 그렇다. 그러나 정당화주의적 반대자는 고전적 토대주의를 반대 근거로 삼지 않아도 된다. 어쩌면 그는 기독교 믿음을 정당화될 증거에 근거하여 받아들여야 한다는 고전적 토대주의자의 견해에 동의하면서도 정작 고전적 토대주의는 믿지 않을지 모른다. 어쩌면 그는 기독교 신자가 정당화되기 위해 반대자 자신이 믿는 다른 것을 증거로 삼아야 한다고 생각하면서도, 자명하거나 교정 불가능한 명제를 증거로 삼을 필요까지는 없다고 생각할지도 모른다. 그렇다면 앞의 문제는 이 반대자에게 영향을 미치지 않을 것이다.

그럼에도 또 다른 문제가 있다. 고전적 토대주의자에 따르면, 가령 "우리집 뒤뜰에 나무 한 그루가 있다" 혹은 "나는 우리집 뒤뜰에서 나무 한 그루를 본다"는 명제를 믿는 것이 정당화되려면, 나는 자명하거나 교정 불가능한 다른 명제를 증거로 삼아야 한다. 이제 나는 우리집 뒤뜰에 나무 한 그루가 있다는 명제를 뒷받침할 훌륭한 논증을 발견하지 못할지도 모른다. 실제로 그 명제를 뒷받침할 훌륭한 논증은 존재하지 **않을**지도 모르겠다. 어쩌면 나는 이렇게 말해야 할 것 같다. "우리집 뒤뜰에 나무가 있는 것처럼 보였던 과거의 대다수 경우에 실제로 나무 한 그루가 거기에 있었다. 이 경우에 거기에 나무 한 그루가 있는 것으로 보인다. 따라서 이 경우에 실제로 나무 한 그루가 거기에 있을 것이다." 그렇다면 나는 거기에 나무 한 그루가 있었던 것처럼 보였던 과거의 경우에 실제로 나무 한 그루가 거기에 있었다는 것을 어떻게 알까? 이전의 다른 과거의 경우에 비추어 알까? 분명히 그런 식으로는 되지 않을 것이다.

그렇다면 과거의 경우라는 개념 자체는, 혹은 더 일반적으로 과거라는 개념 자체는 어떤가? 분명히 나는 과거라는 것이 실제로 있었다고 믿는다. 그렇다면 과거라는 것이 실제로 있었다는 결론을 뒷받침하는 훌륭한 논증은 어디서 찾을 수 있는가? 사실 데카르트에서 흄(Hume)에 이르는 근대 철학의 발전 과정은 자명하거나 교정 불가능한 명제에서 출발하여 이런 종류의 명제에 도달하는 훌륭한 논증이란 존재하지 않음을 보여 준다.

하지만 내가 창밖을 내다볼 때 나는 거기에 나무 한 그루가 있다는 믿음을 형성한다. 또한 실제로 그런 믿음을 유보하는 것은 내 능력 밖의 일이다. 사실 이런 종류의 믿음들은 우리의 의지적인 통제에 있지 않다. 우리는 그런 종류의 믿음들을 형성하려고 의도하는 것이 아니다. 마치 내가 뒤뜰을 내다보았더니 익숙한 모습이 있었고, 그래서 거기에 나무 한 그루가 있다고 믿는 쪽을 택했다는 것과 같은 일은 없다. 나는 이것을 믿는 것과 그것을 믿지 않는 것 사이에서 선택하지 않는다. 전형적인 사례에서 내가 믿는 것은 나의 통제에 있지 않다. 실제로 그것은 내가 좌우할 것이 아니다.

어쩌면 일부 특별한 경우에는 무엇을 믿을지를 내가 결정할지도 모르지만—어쩌면 어떤 명제를 위한 증거를 찾아보고 그런 다음에 그것을 믿기로 결정을 내릴지도 모르지만—심지어 이 경우에도 이런 일에 해당하는지 분명하지 않다. 내가 보기에, 실제로 일어나는 일은 내가 모든 증거를 살펴보겠다고 결심하는 것이다. 그리하여 그렇게 모든 증거를 살펴보면, 나는 어느 정도 설득력 있는 증거를 발견하고 그 증거에 기초하여 고려의 대상인 명제를 믿거나 그 명제가 그럴듯하다고 생각하든지, 혹은 설득력 있는 증거를 발견하지 못하여 그 명제를 믿지 않게 된다. 그러나 사실 나는 그 증거를 모두 합하지 않고 그냥 그 명제를 믿을지 여부를 **결정한다**.

하지만 그렇다면 도덕적 범주—임무와 의무 등—는 사실은 믿음들(믿고 있는 것)에 적용되지 않는다. 거기에 나무 한 그루가 있다는 내 믿음으로 되돌아가 보자. 고려의 대상인 상황에서는 내가 그 믿음을 형성할지 여부를 내가 결정하지 않는다. 나는 단지 그 믿음을 가진 나 자신을 발견할 뿐이다. 그렇다면 내가 어떻게 그 믿음을 견지할 임무를 어길 수 있겠는가? 만일 내가 900미터 상공에 있는 비행기에서 떨어진다면, 나는 아래로 떨어지지 위로 올라가지는 않을 것이다. 내가 어느 쪽으로 떨어질지는 내가 결정할 일이 아닐 것이다. 그렇다면 나는 아래로 떨어져야 할 내 임무를 어기지 못할 것이다. 내가 아래로 떨어지는 것은 도덕적으로 평가할 수 있는 일이 아니다. 내가 아래로 떨어졌다고 칭송을 받거나 비난을 받을 수 없음은 누구라도 알 수 있다. 그리고 믿음의 경우도 이와 같지 않은가? 믿음을 주지 않는 것이 내 능력으로 좌우할 수 있는 일이 아니라면, 그런 상황에서는 내 임무를 어겼다고 할 수 없을 것이다. 결국 그런 상황에서는 내가 정당화되지 않을 수 없을 것이다. 이는 종교적 믿음의 경우에도 마찬가지 아닐까? 나는 유신론자다. 나는 하나님이라는 인격체가 계신다고 믿는다. 그러나 나는 이런 믿음을 견지하겠다고 **결정한** 적이 없다. 내가 보기에 이 믿음은 그저 늘 참이었다. 이 믿음은 내가 의지의 행위로 나 자신에게서 제거할 수 있는 것이 아니다.

증거 없는 정당화

어떤 사람이 기독교 이야기 전체를 받아들이는 것이 정당화될 수 있음은 아주 명백하다. 즉 기독교 이야기를 임무에 위배되지 않고 받아들일 수 있음은 분명하다. 그리스도인—심지어 기독교 믿음을 향한 모든 비판과 유행하는 반대 여론을 잘 아는 꼼꼼하고 박식한 이 시대의 신자—으로서 정당화되기는, 이런 의미에서 믿음 안에 있기는, 전혀 어렵지 않다. 이는 그리스도인이 명제적 증거에 근거하여 하나님을 (또는 더 구체적인 기독교 교리를) 믿는지 여부의 경우도 마찬가지다. 가령 이런 신자를 생각해 보라. 그는 사람들이 기독교 믿음에 반대하며 내놓은 견해들을 잘 안다. 그는 [플루(Flew), 맥키, 닐센(Nielsen)은 물론이고] 프로이트, 마르크스, 니체, 그리고 다른 기독교 혹은 유신론 믿음의 비판자들이 쓴 글을 읽고 곱씹어 보았다. 또한 자신이 믿는 것을 믿지 않는 사람이 이 세계에 많이 있음을 안다. 그의 믿음은 명제적 증거에 근거해 있지 않다. 결국 그는 기초적 방식으로 믿는다. 그는 하나님을 이런 식으로 믿는 것에서 정당화될 수 있을까?

답은 아주 쉬워 보인다. 그는 니체를 읽지만, 니체가 기독교는 약하고 징징거리고 흐느끼고 겁 많고 이중적이며 대체로 역겨운 부류의 사람을 길러 낸다고 비판한 것은 마음에 와 닿지 않는다. 그가 직간접적으로 아는 대다수 그리스도인—예를 들면, 테레사 수녀—은 이런 틀에 전혀 들어맞지 않는다. 그는 기독교와 유신론 믿음을 조롱하는 프로이트의 입장을 뒷받침하는 근거가 바로 하나님을 믿는 믿음의 기원에 관한 엉터리 공상들(원시 부족의 아버지 살해?[8] 프로이트는 그런 일이 정말 있었다고 믿었을까?)이라는 것을 발견한다. 아울러 그는 마르크스의 글에서도 별다른 내용을 더 찾지 못한다. 기독교 믿음에 반대하는 이런 견해와 다른 견해에 관하여 자신이 할 수 있는 최선을 다해 꼼꼼히 생각해 보지만, 도통 설득력이 없다는 것만 발견한다.

그런가 하면 그는 유신론 논증을 잘 알며 그런 논증 가운데 일부는 어느 정도 가치가 있다고 생각하지만, 그런 논증을 근거로 삼아 믿는 것이 아니다. 오히려 그는 내면에 풍성한 영적인 생명이 있는데, 바로 조나단 에드워즈가 『신앙감정론』(Religious Affections) 앞부분에서 서술한 것과 같은 종류다.[9] 그는 때때로 자신이 모든 것을 압도하는 주의 아름다움과 사랑을 얼마간이라도 깨달으며 언뜻 목격한다고 본다. 그는 종종 성령이 그의 마음속에서 역사하사 그를 위로하고 격려하고 가르치고 인도하여 (에드워즈가 말하는) "복음의 큰일"을 받아들이게 하시고, 주께서 다른 사람들뿐 아니라 그를 위해 몸소 장엄한 구원 체계를 설계하셨음을 깨닫게 도와주신다는 것을 잘 안다.

오랜 시간 힘들여 성실하게 곱씹어 본 그는 비판자들이 내세우는 비판보다 이 모든 것이 훨씬 설득력이 있다고 본다. 그렇다면 그가 이런 식으로 믿는 것이 임무에 어긋나는 것일까? 그는 무책임한가? 분명 그렇지 않다. 그에게도 뭔가 흠이 있을 수 있으며, 겉으로 드러나지

---

[8] 뒤의 p. 56, 그리고 Freud, "An Autobiographical Study", in Volume 20 of the *Standard Edition of the Complete Psychological Works of Sigmund Freud*, 24 vols. (London: Hogarth Press and the Institute of Psychoanalysis, 1953-1974), p. 68를 보라.

[9] *A Treatise Concerning Religious Affections*. ed. John E. Smith [New Haven: Yale University Press, 1959 (1746)], p. 271. 『신앙감정론』(부흥과개혁사).

않은 잘못된 부분이 있을 수 있다. 최선을 다해 노력했어도 **실수**할 수 있으며, 착각이나 소원 섞인 생각의 희생자가 될 수 있다. 이런 생각을 할 때 잘못을 범할 수도 있다. 아주 엄청난 잘못을 범할 수도 있고, 어처구니없는 잘못을 범할 수도 있다. 그렇다 해도 인식할 수 있는 임무를 무시한 것은 아니다. 그는 자신의 인식론적 책임을 다했으며, 자기 수준에서 자신이 할 수 있는 최선을 다했다. 그는 정당화된다.

그리고 이것은 단지 참일 뿐 아니라 **명백히** 참이다. 그래도 은연중에 우리는 증거가 없으니 그가 정당화되지 않는다고 느낄지도 모르겠다. 만일 그렇게 느낀다면, 이는 필시 우리가 정당화에 관하여 어떤 다른 개념을 들여와 사용했기 때문이다. 그러나 만일 그것이 의무론적 의미에서의 정당화라면, 곧 그가 책임을 다했으며 그가 그렇게 믿는 것이 그의 지적인 권리 안에서 이루어졌다면, 그는 분명히 정당화된다. 그가 그 문제를 자신이 할 수 있는 모든 노력을 다해 생각하고 자신이 이행할 수 있는 모든 책임을 다해 생각하고도 이런 결론에 이른다면, 그를 비난하거나 책임을 다하지 않았다고 말하기는 불가능하기 때문이다.

실제로 그가 **어떤** 결론에 이르든, 이런 방식으로 그 결론에 이르렀다면 그는 정당화되지 않을까? 설령 그런 결론이 전혀 비합리적일지라도 말이다. 한번은 미시간주 커틀러빌에 있는 파인 레스트 크리스천 정신병원에 입원해 있던 한 환자가 그 스스로 "회전 생식"(rotational reproduction)이라 부르는 새로운 형태의 인간 생식 방법을 발명했는데도 마땅한 공로를 인정받지 못하고 있다고 불평을 토로했다. 이런 종류의 인간 생식은 성관계가 필요 없다. 대신에 여자를 밧줄로 천장에 매달아 놓은 채 **빠른** 속도로 회전시키면 된다. 그러면 시카고 크기의 도시를 가득 채우고도 남는 많은 아이가 태어난다. 실제로 그는 시카고가 바로 이런 방식으로 인구가 많은 도시가 **되었**다고 주장했다. 그는 사람이 자신의 공로를 모두 인정받아야 한다고 **스스로** 주장하는 것이 무례한 일이라고 인식하고 있음을 말하면서도, 실제로 자신은 이런 중요한 발견을 해 놓고도 충분히 인정받지 못했다고 생각했다. 결국 그런 기술이 없이 어떻게 시카고라는 도시가 될 수 있었겠느냐는 말이었다.

이 불행한 사람이 인식의 임무를 조롱하고 있다고, 혹은 인지적인 요구와 관련해 태만하다고, 혹은 자신의 인식의 의무에 부주의하다고, 혹은 인지적으로 무책임하다고 생각할 이유는 전혀 없다. 어쩌면 그는 그의 수준에서는 이런 의무를 최선을 다해 이행하고 있었는지도 모른다. 실제로 우리는 그가 살면서 품었던 주요 목표가 그의 지적인 의무를 다하고 그의 인지적인 임무를 이행하는 것이었다고 상상해 볼 수 있다. 어쩌면 그는 가장 탁월하게 본분을 지켰을지도 모른다. 만일 그랬다면, 그는 그 믿음들에서 **정당화**되었다. 비록 그의 믿음들이 제정신이 아니고, 심지어 인지부조화에서 나올지라도 말이다.

기독교 믿음은 비합리적이다

이 사람이 임무를 조롱하는 것이 아님이 인정된다면, 그는 정당화되었거나 그렇게 될 것이다. 하지만 그의 믿음 체계 전체에는 분명 어떤 심각한 잘못이 있다. 그저 그의 믿음들이 틀렸다는 정도가 아니다. 틀렸을 뿐 아니라, 분명 **비합리적이다**. 어떤 의미에서 그런가? 아리스토텔레스는 인간이 합리적(rational, 이성적) 동물이라고 말했다. 말하자면 인간은, 가령 박테리아 같은 것과 달리, **이성**(reason)이 있다는 말이다.

인간은 생각하고, 믿음들을 형성하고, 자신이 살아가는 환경에 관하여 배우고, 다양한 종류의 논증을 사용하는 것 같은 일들을 한다. 이제 이성을 인간이 이런 일들을 할 수 있게 해 주는 능력이나 힘이라고 생각해 보자. 다른 능력처럼 이성도 때로는 제대로 기능하지 못할 수 있다. 오작동할 수 있는 것이다. 그리고 그렇게 오작동할 수 있는 한 방식은, 앞에서 본 회전식 재생산의 옹호자처럼, 기괴한 믿음들을 산출하는 경우다.

물론 이성이라는 능력은 상황이 달라지면 다른 믿음들을 산출한다. 창밖을 내다보면서 나는 뒤뜰에 한 떼의 찌르레기가 보인다는 믿음을 형성한다. 음악회에 참석해서는 금관악기 소리가 너무 크다는 믿음을 형성할 수도 있다. 그런 상황에서는 이런 믿음들이 완전히 타당할 것이다. 그러나 음악회에 가서 뒤뜰에 한 떼의 찌르레기가 보인다는 믿음을 형성한다면, 혹은 창밖을 내다볼 때 금관악기 소리가 너무 크다는 믿음을 형성한다면, 뭔가가 잘못된 것이다. 내 인지 능력이 엇나가거나 오작동하고 있는 것이다. 이런 상황에서 나의 믿음들은 비합리적이다. 더 일반적으로, 만일 인지 능력이 오작동하지 않고 제대로 기능하는 사람이 어떤 상황에서 그런 믿음을 형성하지 않을 때, 우리는 주어진 상황에서 그 믿음이 비합리적이라고 말할 수 있을 것이다. 만일 인지 능력이 제대로 기능하는 사람이 어떤 상황에서 그런 믿음을 형성할 수 있다면, 주어진 상황에서 그 믿음은 합리적이다. 이 정의를 따르면, 회전 생식에 관한 믿음은 비합리적이다.

그렇다면 기독교 믿음은 어떤가? 기독교 믿음은 인지 능력이 제대로 기능하는 사람이 주장할 수 있는 것인가? 나는 이런 질문이 기독교 믿음에 대해 실제 제기할 수 있는 **권리에 관한** 비판으로 우리를 더 가까이 데려다 준다고 생각한다. 지금까지 우리는 기독교 믿음에 대해 실제 제기할 수 있는 **권리에 관한** 비판이지만 결국 실패한 몇몇 사례를 보았다. 기독교 믿음은 제멋대로거나 자기중심적이라는 비판, 기독교 믿음은 정당화되지 못한다는 비판, 훌륭한 논증이 없으므로 부족하다는 비판 등이다. 그리고 지금까지 우리는 이런 반론들이 사실은 이치에 맞지 않음을 보았다. 그러나 이런 합리성에 관한 질문 덕분에, 우리는 기독교 믿음에 대한 **권리에 관한** 비판의 변호할 수 있는 형태에 더 가까이 다가가게 된다. 나는 종종 위대한 "의심의 대가들"(masters of suspicion)로 불리는 칼 마르크스와 지그문트 프로이트가 제시한 것과 같은 반대를 여기서 살펴보는 것이 올바른 출발점이 될 수 있다고 생각한다. 이런 반대는 **보증**(warrant)에 대한 질문과 중요하게 관련되는데, 보증은 지식을 단순한 참된 믿음과 구분하는 특성 내지 특질이다. 보증은 조금 뒤에 보고, 지금 당장은 마르크스와 프로이트가 제시하는 반대를 살펴보겠다.

마르크스는 종교에 관하여 그리 많은 말을 하지 않지만, 그가 하는 말은 찬사로 여겨질 수 없다.

반종교적인(irreligious) 비판의 근거는 종교가 인간을 만들지 않고 **인간이 종교를 만든다**는 것이다. 달리 말해, 종교는 아직 자신을 발견하지 못했거나 아니면 (한때 자신을 발견했어도) 다시 한번 자신을 잃어버린 인간의 자의식이자 자기감정이다. 그러나 인간은 세계 밖에 쭈그리고 앉아 있는 추상적인 존재가 아니다. 인간은 **인간 세계**, 국가, 사회다. 이 국가, 이 사회가 **왜곡된** 세계의식인 종교를 만들어 내는데, 그것들이 **왜곡된** 세계이기 때문이다.…

종교적인 비탄은 진정한 비탄의 **표현**이자 동시에 진정한 비탄에 맞선 **저항**이기도 하다. 종교는 억압을 받는 피조물의 한숨이고, 무심한 세계의 심장이며, 또한 마치 영혼 없는 상황의 영혼과 같다. 그것은 민중의 **아편**이다.

민중이 **정말** 행복하려면 민중에게 행복하다는 **착각을 일으키는** 종교를 없애야 한다. 민중이 처한 상태에 관한 착각을 멈추라고 요구하는 것은 **착각을 일으키는 상태를 멈추라는 요구**다. 따라서 종교 비판은, **미숙한 형태로나마, 고통스러운 이 세상에 대한 비판**이며 이 세상의 **영광**인 종교에 대한 비판이다.[10]

마르크스는 종교가 **왜곡된** 세계의식에서 나왔다고 생각한다. 종교적 믿음은 인지적 오류 혹은 오작동의 결과이자 표현이며, 정신적인 그리고/혹은 정서적인 건강의 결여다. 이런 인지적 오작동은 사회적 오작동 때문에 생긴다. 신자는 이렇게 오작동하는, 왜곡된 사회 환경에서 살기 때문에, 신자의 인지 능력은 제대로 기능하지 않는다. 건강하게 기능하지 않는 것이다. 신자의 인지적 소양이 제대로 기능한다면 — 예를 들어, 마르크스의 인지적 소양에 더 가깝게 기능한다면 — 이런 착각의 주문에 현혹되지 않을 것이다. 대신에 세계와 그 안에 있는 우리의 위치를 마주하면서, 우리가 혼자이며 우리가 얻는 어떤 위로나 도움도 틀림없이 우리 자신이 고안해 낸 것임을 분명하게 깨달

---

10 "Contribution to the Critique of Hegel's Philosophy of Right", in Karl Marx and Friedrich Engels, *On Religion*, ed. Reinhold Niebuhr (Chicago, CA: Scholar's Press, 1964), pp. 41-42. 원문의 강조. 엥겔스는 사실상 마르크스가 언급한 내용을 그대로 되풀이한다. 『헤겔 법철학 비판』(이론과실천).

을 것이다.

프로이트의 비판은 흥미롭게도 마르크스와 다른 구석이 있다. 프로이트의 종교 비판에는 몇 가지 측면이 있다. 첫째, 프로이트는 자신이 다윈주의가 그려 낸 초기 인간들의 모습이라 여긴 것에 매료되었는데, 이 인간들은 무리를 지어 살았으며, 권력을 쥐고 지배하는 질투심이 많은 한 남자가 모든 여자를 소유했다. 그러던 어느 날 이 권력자의 아들들은 아버지가 모든 여자를 소유하는 상태에 기분이 상하여 "힘을 하나로 모아, 그들의 적이었으며 또한 이상이기도 했던 아버지를 누르고 죽여 먹어 치웠다."[11] 프로이트는 이들이 느낀 양심의 가책과 죄책감이 종교를 낳은 한 근원이라고 생각한다.

물론 이 끔찍한 짧은 이야기는 종교사에 그다지 중요한 도움이 안 될지도 모른다. 프로이트의 가장 독특한 비판은 다른 방향을 향한다. 앞에서 우리는 회전 생식을 옹호하는 사람의 제정신이 아닌 믿음들을 보았다(앞의 p. 51). 물론 이런 믿음들은 인지 능력이 오작동하여 생긴 것이었다. 하지만 이성적이지 않거나 비합리적인 믿음들이 우리 안에서 형성될 수 있는 방식은 더 미묘하고 여러 가지다. 우선 그 목표가 참된 믿음의 형성에 있지 않고 다른 몇몇 특질―아마도 생존, 혹은 마음의 평안, 혹은 심리적 안녕에 기여하는 특질―을 가진 믿음의 형성에 있는 믿음 형성 과정 혹은 메커니즘이 있음에 주목하라.[12] 목숨을

---

11 앞의 각주 8을 보라.
12 존 로크는 다음과 같이 썼다. "만일 어떤 박식한 교수가, 그것도 그 권위가 40년에 걸쳐 엄청난 시간과 양초를 쓰면서 얻은 단단한 바위 같은 그리스어와 라틴어 실력 덕분에 세워졌으며 전통에 관한 지식으로 검증된 점잖은 지식인인데, 신출내기 소설가 하나 때문에 순식간에 모든 것이 뒤집어진다면 견딜 수 없는 일이 아니겠으며 그의 얼굴이 붉어지지 않겠는가? 그가 30년 전에 학생들에게 가르친 것이 모두 오류와 실수였다고, 그리고 말도 안

잃을 수도 있는 병에 걸린 사람은 자신이 회복될 확률이 그가 가진 통계치가 보증하는 것보다 훨씬 더 높다고 믿을지도 모른다. 이런 믿음을 산출하는 과정의 목표는 참된 믿음들을 제공하는 데 있지 않고, 이런 믿음을 가진 사람이 아마도 회복할 것이라고 더 믿게 만드는 믿음을 제공하는 데 있는 것이다. 크레바스를 건너뛰는 능력이 생존 여부를 결정하는 등반가는 (날은 점점 어두워지고 추워지는데 생존 장비도 전혀 없다면) 자신의 멀리뛰기 실력을 아주 낙관할지도 모른다. 실제로 그가 크레바스를 건너뛸 수 없다고 생각할 때보다, 건너뛸 수 있다고 생각할 때 크레바스를 건너뛸 (혹은 적어도 그렇게 시도할) 가능성이 더 높다. 우리 가운데 대다수는 자신의 지능과 지혜와 도덕성을 객관적인 평가가 보증하는 것보다 훨씬 높게 평가한다. 분명 우리 가운데 열에 아홉은 이런 식으로 자신이 평균보다 높다고 생각한다.

더구나 사람이 (가령) 야심에 눈이 멀면, 특정한 행동이 잘못이거나 바보짓이라는 것을 다른 사람들은 다 아는데도 혼자만 모를 수도 있다. 여기서 우리가 말하고 싶은 것은, 야심이 지나치게 큰 사람은 정상적이라면 인지할 것을 인지하지 못하기도 한다는 점이다. 지나친 야심이 자신의 인지 능력에서 어떤 측면이 정상적으로 기능하지 못하게 억제하거나 억누르거나 방해한다는 것을 깨닫지 못한다. 또한 여러분은 의리 때문에 눈이 멀 수도 있다. 여러분의 친구가 정직하지 못한데, 객관적으로 증거를 살펴보고 그 친구가 정직하지 않음을 인정할 수밖에 없게 된 후에도 한참이 지나도록 그 친구는 정직하다고 믿는 것이

되는 말과 무지를 아주 턱없이 비싼 값에 팔아넘겼다고 고백해야 한다고 누구라도 예상할 수 있을까?"(*Essay Concerning Human Understanding*, IV.xx.11).

그런 예다. 탐욕, 사랑, 두려움, 정욕, 분노, 자만, 슬픔, 사회적인 압력과 다른 수천 가지 것이 여러분의 눈을 멀게 할 수 있다. 논쟁을 벌일 때는 보통 누군가의 생각이 명백히 인정받지 못하는 생각이라고 주장하여 (가령 제대로 된 생각이라면 인지 기능이 올바르게 기능하는 사람은 즉시 알 수 있다고 주장하여) 공격한다. 결국 우리는 그들의 견해가 명백한 진리에 어긋나는 것은 그들이 부정직하기 때문이거나[그들도 사실은 자신이 하는 말을 믿지 않는다(대체 누가 그런 말을 믿을 수 있겠는가?)] 이런저런 것에 눈이 먼 탓이라고 본다. 변화를 꺼리는 마음, 새로운 생각을 혐오하는 마음, 개인의 야심, 성차별, 인종차별, 동성애 혐오 등으로 말이다.

비슷한 맥락에서 리처드 도킨스는 이렇게 주장했다. "진화를 믿지 않는다고 주장하는 사람을 여러분이 만난다면 그 사람이 무지하거나 어리석거나 제정신이 아니라고 (또는 악하다고, 물론 나는 그렇게까지는 생각하지 않지만) 말해도 전혀 과언은 아니다."[13] 분명히 도킨스는 진화가 사실이라는 것은 심하게 무지하지 않은 사람, 논증을 따르지 못할 정도로 너무 어리석지는 않은 사람, 분별력이 있는 사람, 다시 말해 합리적인 사유 능력이 올바르게 기능하는 사람에게는 지극히 명확하고 명백하다고 생각한다. 따라서 그야말로 (악하게) 속이 훤히 보이는 거짓말을 하지 않는 사람이라면 진화를 믿는다고 인정할 수밖에 없다는 것은 누가 봐도 명백하다. 이 모든 사례는 우리의 합리적인 사유 능력이 보

---

13 *New York Times* (April 9, 1989), sec. 7, p. 34. 대니얼 데닛은 도킨스보다 한술(혹은 두 술) 더 떠서, 진화에 의심을 품기까지 하는 사람은 "변명의 여지없이 무지하며"[*Darwin's Dangerous Idea* (New York: Simon & Schuster, 1995), p. 46], 무지와 그릇된 행동을 함께 보여 준다고 주장한다. 여러분은 한밤중에 잠이 깨 아주 폭넓고 방대하게 진화론을 다룬 설명을 생각해 보다가 스스로 묻는다. "이게 정말 사실일까?" 이럴 수가! 여러분은 변명의 여지없이 무지하다!

통 배출하는 것을 무시하거나 취소할 수 있는 메커니즘을 보여 준다.

결국 우리는 어떤 믿음이 비합리적일 수 있는 이유가 적어도 둘이 있음을 본다. 비합리적인 믿음은 오작동하는 능력 때문에 생길 수도 있고, 혹은 진리가 아닌 다른 것을 목표로 삼은 인지 과정 때문에 생길 수도 있다. 이런 점 때문에 우리는 하나님을 믿는 믿음의 심리학적인 기원에 관한 프로이트의 가장 유명한 설명을 곱씹어 보게 된다.

이것들[종교적 믿음들]은 가르침으로 제시되지만, 경험의 침전물이나 사유의 최종 결과물이 아니다. 이것들은 환상이요, 가장 오래되었고 가장 강하며 가장 절박한 인류의 소원의 성취다. 이것들이 지닌 힘의 비결은 그런 소원이 강하다는 데 있다. 우리가 이미 알듯이, 어릴 때 혼자서 아무것도 못하는 무력함이 몰고 온 공포감은 아버지가 제공하는 보호-사랑을 통한 보호-가 필요하다는 생각을 불러일으켰다. 그리고 이런 무력함이 평생 지속된다는 깨달음은 아버지라는 존재에 의지할 수밖에 없도록 만들었지만, 이번에는 더 강한 힘을 가진 이에게 의지할 수밖에 없도록 만든다. 그리하여 하나님의 섭리가 베푸는 자애로운 통치는 삶의 갖가지 위험이 우리에게 안겨 주는 두려움을 누그러뜨린다. 도덕적인 세계질서 수립은 정의를 바라는 갖가지 요구를 틀림없이 충족시켜 주겠지만, 인류 문명에서 그런 요구가 충족되지 않은 채 그대로 남아 있을 때는 허다했다. 이 땅에서의 존재를 미래로 연장하는 것은 이런 소원들의 충족이 이루어질 공간적이고 시간적인 틀을 제공한다.[14]

---

14 *The Future of an Illusion*, trans. and ed. James Strachey (New York and London: Norton, 1961), p. 30. 이 작품은 본디 *Die Zukunft einer Illusion* (Leipzig und Zürich:

프로이트는 하나님을 믿는 믿음이 그가 "소원 충족" 또는 소원 섞인 생각이라 부르는 심리적인 메커니즘에서 발생한다고 생각한다. 자연은 우리에게 맞서 일어선다. 우리의 필요와 욕구에 차갑고 무정하고 무자비하며, 눈길 한 번 주지 않고 말이다. 자연은 우리에게 상처와 공포와 고통을 안겨 주고, 그러다 결국 우리에게 죽음을 요구한다. 이런 현실에 온몸이 마비되고 얼어붙은 우리는 (물론 우리 자신도 의식하지 못하는 사이에) 하늘에 계신 아버지라는 분을 지어낸다. 그 능력이나 지식은 물론이고 그 선함과 자애도 이 땅에 있는 우리 아버지를 능가하는 분을 말이다. 다른 대안은 우울과 혼미와 마비에 빠져 결국 죽음을 맞는 것밖에 없을 것이다. 결국 프로이트는 하나님을 믿는 믿음이란 **환상**(illusion)이라고 말한다. 소원 충족의 메커니즘에서 발생하는 믿음인 셈이다.[15] 환상이란 것이 꼭 잘못은 아니다. 그러나 프로이트는 이런 환상에 우리가 저항할 수 있으므로, 이에 저항하지 않는 것은 지성인으로서 무책임하다고 생각한다.

말도 안 되는 평계를 대는 사례라는 것이 있다면, 우리가 여기서 만나는 것이 그런 예다. 무지는 무지다. 어떤 것을 믿을 권리를 무지에서 이끌어 낼 수는 없다. 다른 문제에서는 지각 있는 사람이라면 이처럼 무책임하게 행동하지 않으며, 자기 견해와 자기가 취하는 논지를 이토록 거의 받

Internationaler Psychoanalytischer Verlag, 1927)으로 출간되었다. "환상의 미래", 『문명 속의 불만』(열린책들).

15 또한 어떤 면에서 보면 이것은(혹은 이런 표현은) 오히려 칼뱅이 말하는 신의식(*sensus divinitatis*)과 닮았다(다음의 3장을 보라). 아울러 Freud, *Moses and Monotheism* (New York: Vintage, 1939), p. 167 이하를 보라.

쳐 주지 못하는 근거에 만족하지 않을 것이다.…종교 문제에 관한 한, 사람들은 모든 가능한 종류의 거짓말과 지적인 악행에 책임을 져야 한다.[16]

종교적 믿음의 기원이 소원 섞인 생각이라는 것을 일단 알게 되면, 아마도 종교를 더 이상 매력적으로 여기지 않을 것이다. 또한 이는, 프로이트의 경우처럼, 우리의 높디높은 각성에 이르지 못할 저 무지몽매한 영혼들을 가련히 여기는 마음을 우리 안에 일으킬지도 모른다.

인간을 대하는 태도가 우호적인 사람으로서는, 유한한 인생 대다수가 이런 인생관을 절대 극복할 수 없다고 생각하는 것이 고통스러울 정도로 모든 것이 명백히 유치하며 실상과 부합하지 않는다.[17]

프로이트와 마르크스는 모두 종교를 비판하지만, 흥미롭게도 서로 다른 각도에서 그렇게 한다. 마르크스는 종교적 믿음이 인지적 기능의 오작동에서 발생한다고 주장한다. 오작동하는 사회에서 살다 보니, 신자의 인지 능력도 제대로 작동하지 않는다. 반면에 프로이트는 신자가 인지적 기능의 오작동 때문에 고통을 겪는다고 주장하지 않는다. 그는 하나님을 믿는 믿음이 환상이며, 이 환상도 나름대로 쓸모가 있다고 말한다. 특히 우리가 자리한 이 차갑고 황량하고 비참한 세계에서 살아갈 수 있게 하는 것은 바로 이 환상이라는 것이다. 물론 인지 능력이 올바르게 기능하는 사람도 당연히 종교적 믿음을 형성할 수

---

16 *Future of an Illusion*, p. 32.
17 *Civilization and Its Discontents*, trans. Joan Riviere (London: Hogarth Press, 1949), p. 23.

있을 것이다. 하지만 이런 믿음에는 문제가 있다. 이런 믿음은 우리의 세계에 관한 참된 믿음들을 우리에게 제공하는 것이 목적인 인지 능력이 산출한 것이 아니라는 점이다. 인식(perception)은 우리에게 참된 믿음을 제공하는 것이 목적인 능력이다. 하지만 소원 충족의 경우는 그렇지 않다. 소원 충족은 적대적인 혹은 무심한 세상에서 우리가 그럭저럭 살아갈 수 있게 하는 것이 목적이다. 눈에 보이지 않는 아버지를, 즉 진실로 우리를 염려하고 우리에게 가장 이로운 것을 마음에 품은 아버지를 하늘에 투영함으로써 그렇게 하는 것이다.

보증, 그리고 프로이트와 마르크스의 불만

프로이트와 마르크스는 **권리에 관한** 비판의 더 그럴듯한 형태로 우리를 인도한다. 바로 종교적 믿음―이를테면, 하나님을 믿는 믿음―은 **보증**(warrant)을 갖지 않는다는 비판이다. 나는 "보증"이라는 말을 지식과 단순한 참된 믿음을 구분해 주는 특성을 가리키는 이름으로 사용하겠다. 이런 특성은 여러 단계로 나타나기 때문에, 다음과 같이 말해 두어야겠다. **보증은 지식과 단순한 참된 믿음을 구분하기에 충분한 특성이다.** 여러분이 지식이 아닌 참된 믿음을 가질 수 있음은 두말하면 잔소리다. 여러분은 등반 여행을 하려고 3,200킬로미터를 여행하여 노스 캐스케이드 국립공원으로 갔다. 지금 미치도록 그곳을 오르고 싶어 한다. 기상예보가 강풍이 불며 비와 진눈깨비와 눈이 뒤섞여 내리는 험한 날씨가 예상된다고 알려 주는데도, 구제불능의 낙관론자인 여러분은 내일이면 날이 개고 해가 나며 따뜻해질 것이라고 믿는다. 그런데 다음 날이 되자, 기상예보가 틀렸고 맑고 멋진 날씨가 펼쳐진다.

여러분의 믿음은 참이었으나, 지식을 이루지는 않았다. 어떤 믿음이 지식이 되려면, 참이라는 것 외에 무엇이 더 필요한가? 나는 그것이 무엇이든, 그 특성을 가리키는 말로 "보증"이라는 용어를 사용하겠다.

1. 올바른 기능

우선 나의 제안은, 믿음이라는 것이 고장이나 기능장애 없이 **올바르게 기능하는** 인지 능력에 의해 산출되었을 때만 그 믿음이 보증을 갖는다는 생각부터 살펴보자는 것이다. 올바른 기능(proper function)이라는 관념은 지식에 관한 우리의 중심적인 사유방식의 근간이다.

그러나 이 관념은 또 다른 관념, 즉 **설계 계획**(design plan)이라는 관념과 긴밀하게 결합해 있다. 인간과 인간의 기관(器官)은 그렇게 일**해야 하는** 방식, 그렇게 일하게끔 정해진 방식, 올바로 일하는 방식이 있게끔 구성되어 있다. 말하자면, 인간과 인간의 기관이 오작동이 없을 때 일하는 방식이다. 여러분의 심장도 일할 때 따라야 할 방식이 있다. 이를테면, 여러분이 쉬고 있을 때 1분당 심박 수가 50회에서 80회는 되어야 하며, (여러분이 40세 미만이면) 정말 힘든 운동을 하고 있을 때는 1분당 심박 수가 최대 180회에서 200회에 이르러야 한다. 여러분이 쉬는데 심박 수가 160회가 된다든지, 아니면 여러분이 아무리 힘든 일을 해도 1분당 심박 수가 60회를 넘지 않는다면, 여러분 심장은 올바르게 기능하지 않는 셈이다. (반면에 청둥오리는 쉴 때 심박 수가 160회면 아주 건강하다 할 수 있다.)

우리가 우선 **설계 계획**과 **어떤 것이 그렇게 일하게끔 정해진 방식**이라는 관념을 받아들여야 **의식적인** 설계나 목적을 다룰 수 있는 것은 아니다. 여기서 나는 어떤 의식적인 행위자(하나님)가 설계 계획을 따라, 말하자면 인간이 인공물을 고안하고 설계하는 것과 같은 방식으로, 유기체를 지었다고 주장하려는 것이 아니다. 나는, 적어도 지금 당장은, 어떤 설계 계획이 있다는 것이 곧 하나님이나 다른 어떤 의식적인 행위자가 창조했음을 암시한다고 주장하지 않겠다.[18] 대신에 나는 우리 가운데 거의 모든 사람이, 유신론자든 아니든, 실제로 믿고 있는 것을 지적하고 싶다. 즉 인간의 기관이나 체계가 올바르게 작동할 때 작동하는 방식, 다시 말해 그것이 작동하게끔 정해진 방식이 있다는 것이며, 또한 이런 작동 방식은 그것의 설계 혹은 설계 계획이 부여한다는 것이다.

올바른 기능과 설계는 **목적**이라는 관념과 관련되어 있다. 몸의 다양한 기관과 체계(그리고 그 작동 방식)는 나름의 목적이 있다. 심장은 피를 온몸에 공급하는 펌프 역할을 하고, 면역 체계는 질병과 싸워 물리치고, 허파는 산소를 공급하는 식이다. 그 설계가 **좋은** 설계라면, 기관이나 체계가 올바르게 기능할 때, 즉 설계 계획대로 기능할 때, 그 목적이 달성될 것이다. 물론 인간의 경우에는 설계 계획에 비(非)인지 체계 및 기관뿐 아니라 **인지** 체계 혹은 능력을 위한 상세한 지정도 포함한다. 우리의 다른 기관과 체계처럼, 우리의 인지 능력도 잘 작동하거나 잘못 작동할 수 있다. 오작동하거나 올바르게 기능할 수 있는 것이다. 인지 능력도 올바르게 기능할 때는 특정한 방식으로 작동한다. 그리고 특정한 방식으로 작동함으로써 그 목적을 달성한다. 따라서 (내가 말하는) 우리의 보증 개념의 첫 번째 요소는 어떤 사람의 능력이

---

[18] 하지만 나는 *Warrant and Proper Function* (New York: Oxford University Press, 1993), 11장에서 올바른 기능에 관한 설득력 있는 자연주의적인 설명이 없다고 주장했다.

올바르게 기능하여 믿음을 산출했을 때만, 아무런 유의미한 기능장애가 없을 때만, 믿음이 그 사람이 보기에 보증을 가진다는 것이다.

2. 적절한 환경

여러분의 몸이 지닌 많은 체계는 분명히 **특정한 종류의 환경**에서 작동하도록 설계되어 있다. 여러분은 물속에서 숨을 쉬지 못하며, 무중력일 때 여러분의 근육이 위축되고, 에베레스트산 정상에서는 충분한 산소를 얻지 못한다. 여러분의 인지 능력도 분명히 이와 똑같다. 인지 능력도 (하나님 혹은 진화에 의해) 설계될 때 염두에 있었던 환경과 아주 흡사한 환경에서 기능할 때 비로소 그 목적을 달성한다. 따라서 어떤 미묘한 광선이 기억 기능을 방해하는 환경(이를테면, 어느 다른 행성)에서는 잘 작동하지 않는다.

3. 참된 믿음을 목표함

그러나 이것은 충분하지 않다. 본디 그 인지 능력을 설계할 때 염두에 두었던 환경에서 올바르게 기능하는 인지 능력은 분명히 어떤 믿음을 산출할 수 있지만, 그래도 여기에는 보증이 없다. 앞의 두 조건은 충분하지 않다. 우리는 우리의 믿음을 산출하는 능력의 목적이나 기능이 우리에게 참된 (또는 진짜처럼 보이는) 믿음을 제공한다고 생각한다. 하지만 우리가 앞에서 프로이트와 마르크스가 제기한 불만과 관련하여 살펴보았듯이, 믿음을 산출하는 능력 혹은 메커니즘의 목적이나 기능이 다른 미덕을 지닌 믿음들을 산출하는 데 있을 가능성도 분명히 있다. 아마도 우리가 이 차갑고 잔인하고 무시무시한 세상에서 살아갈 수 있게 하는 믿음, 혹은 우리가 위험한 상황이나 목숨을 위협하는 질병에서도 살아남을 수 있게 하는 믿음처럼 말이다. 따라서 여기서 논의의 대상인 믿음은 인지 능력이 산출한 믿음으로, 그 믿음의 목적은 참된 믿음을 산출하는 데 있다는 사실을 덧붙여야만 한다.

4. 성공적으로 참된 믿음을 목표함

하지만 이것도 충분하지 않다. 데이비드 흄의 공상을 곱씹어 보면 그 이유를 알 수 있다.

> 이 세계는, 아마도 세계가 알기로는, 더 높은 기준과 비교해 보면 아주 흠이 많고 불완전하다. 또한 어린아이 같은 어떤 신의 미숙한 첫 시도에 불과한 것으로서, 나중에 그는 자신의 미숙한 솜씨를 부끄러워하면서 포기했다. 이 세계는 어떤 의존적인, 열등한 신의 작품일 뿐이며, 그보다 우월한 신들에게는 조롱의 대상이다. 어떤 노쇠한 신에게 있는 고령(高齡)과 노망의 산물이라는 것이다. 그리고 이 신의 죽음 이후에는 세계가 처음에 이 신에게 받았던 자극과 동력으로 모험을 계속해 오고 있다.[19]

어리고 제대로 배우지 못한 견습생 신이 인지 능력이 있는 존재들, 믿음과 지식을 가질 수 있는 존재들을 만들기 시작한다고 생각해 보라. 미숙함과 무능함이 판을 치고, 설계는 심각한 결함이 있다. 사실 어떤 설계 영역에서는 여러 능력이 애초 설계되었던 그대로 작동하

---

19 *Dialogues Concerning Natural Religion*, ed. Nelson Pike (Indianapolis and New York: Bobbs-Merrill, 1970), p. 53. 『자연종교에 관한 대화』(나남출판).

면, 나오는 결과는 우스꽝스러운 엉터리 믿음이다. 따라서 이런 존재들의 인지 능력이 설계 계획대로 작동하면 계속 말(horses)과 영구차(hearses)를 분간하지 못하여, 옛날 서부 카우보이는 영구차를 탔고 시신은 보통 말로 운구했다는 기괴한 믿음을 형성하게 된다. 결국 이런 믿음들은 진리를 목표한 설계 계획을 따라 올바른 환경에서 올바르게 작동하는 인지 능력이 산출하지만, 여전히 보증이 없다. 무엇이 빠졌는가? 무엇이 더해져야 하는가는 두말하지 않아도 분명하다. 문제가 된 설계 계획은 **좋은** 계획이며, 성공적으로 진리를 목표한 계획이다. 그뿐 아니라 이런 설계 계획을 따라 산출한 믿음은 참(또는 거의 참)이 될 높은 개연성이 있다.

요약하면, 어떤 믿음이 S라는 사람에게 보증을 가지는 것은, S 같은 부류의 사람이 가진 인지 능력에 적합한 인지 환경에서 (결코 기능장애 없이) 올바르게 기능하는 인지 능력이, 성공적으로 진리를 목표한 설계 계획을 따라 그 믿음을 산출했을 때뿐이다.

다시 프로이트와 마르크스의 불만으로

이제 우리는 프로이트와 마르크스가 제기한 불만을 다시 다룰 준비가 되었다. 사실 이 불만은 유신론 믿음에는 **보증이 없다**는 주장이다. 프로이트에 따르면, 올바르게 기능하는 인지 능력이 유신론 믿음을 산출하기는 하지만, 그 믿음—소원 섞인 생각—을 산출하는 과정은 참된 믿음의 산출을 그 목적으로 삼지 않는다. 대신에 우리가 우리 자신이 살아가는 이 냉혹하고 위험천만한 세상에서 계속 살아갈 수 있게 하는 것 같은 일을 목표한다. 따라서 유신론 믿음은 보증의 세 번째 조건을 충족시키지 않는다. 인식론의 관점에서 말한다면, 유신론 믿음은 완전히 무작위로 골라 뽑은 명제만큼이나 존중할 만한 것이 못 된다. 아무 근거 없는 미신에 불과하다.

마르크스의 견해도 비슷하다. 우선 그는 올바르게 기능하지 않는 인지 능력이 유신론과 종교 믿음을 산출한다고 생각한다. 이런 능력은 오작동하며, 이런 오작동이 일어나는 이유는 사회 구조의 왜곡 때문이다. 말하자면 사회적인 고장이다. 따라서 종교적 믿음은 보증의 첫 번째 조건을 충족시키지 않는다. 결국 이런 믿음은 보증이 없으며, 건전한 지성을 가진 사람이라면 이런 믿음을 거부할 것이다. 더구나 마르크스도 인지 능력이 올바르게 기능하며 19세기 중엽까지 알려진 것들을 아는 사람이라면 유물론이 참일 개연성이 아주 높고, 기독교와 유신론 믿음은 거짓일 가능성이 아주 크다는 것을 안다고 생각한다. 이처럼 마르크스도 프로이트와 합세하여 기독교와 유신론 믿음은 보증이 없으며, 아무 근거가 없는 미신이고, 거짓일 개연성이 높다고 주장한다.

결국 마르크스와 프로이트는 종교적 믿음이란 비합리적이라는 불만을 제기하는 셈이다. 이들의 불만은 종교적 믿음에는 보증이 없다는 주장으로 해석하는 것이 가장 좋다. 다음 장에서는 이 주장을 살펴보겠다.

3장 _____

하나님에 관한
보증된 믿음

…이는 세상이 창조된 뒤로 하나님의 비가시적인 특질―그분의 영원한 능력과 신적인 본성―이 분명하게 나타났고, 지음을 받은 것들을 보며 이해되어 왔기 때문이다.
- 바울

충분한 증거가 없어요, 하나님! 충분한 증거가 없다고요!
- 버트런드 러셀

우리가 이미 보았듯이, 기독교(또는 유신론) 믿음에 대한 **권리에 관한** 도전은 이런 믿음이 비합리적이라거나, 이치에 맞지 않는다거나, 정당화되지 않는다거나, 또는 다른 방식으로 혹독하게 인식론적인 비판을 받아도 마땅하다고 주장한다. 이런 비판은 **사실에 관한** 도전과 대조를 이루는데, 그에 따르면 고려의 대상인 믿음은 거짓이다. 우리는 바로 지난 장에서 권리에 관한 불만은 기독교와 다른 유신론 믿음이 **비합리적**이라고 말하는 주장으로 이해하는 것이 가장 좋다는 사실을 보았다. 곧 이런 믿음이 인지 기능의 오작동에서 발생하거나(마르크스), 진리가 아닌 다른 것―아마도 위로, 혹은 우리가 살아가는 이 무시무시한 세상을 헤쳐 나갈 수 있는 능력―을 목표한 인지 기능에서 발생한다(프로이트)는 뜻이었다. 달리 말하면, 이런 믿음을 산출하는 것은 성공적으로 참된 믿음들을 산출하는 것을 목표한 설계 계획에 따라 적합한 환경에서 올바르게 기능하는 인식 능력이 아니라는 주장이다. 이를 또 다르게 표현하면, 유신론과 기독교 믿음은 **보증이 없다**는 비판이다.

나는 이런 비판에 대한 답변으로 우선 3장에서 한 모델—토마스 아퀴나스와 장 칼뱅이 함께 제시한 주장에 기초한 모델—을 유신론 믿음도 보증을 가질 수 있음을 보여 주는 모델로 제시해 보겠다. 우리가 유신론 믿음도 보증을 가질 수 있으며 어떻게 그럴 수 있는가를 알게 되면, 프로이트와 마르크스가 제기하는 불만과 이 시대에 그 불만을 이어받은 사람들의 비판이 부질없음도 알 수 있을 것이다. 다음 장에서는 이 모델을 확장하여 특별히 기독교 믿음을 다룰 것이다.

아퀴나스/칼뱅 모델

내가 생각하기에 어떤 명제를 **모델**로 제시한다는 것은, 그 명제가 참이며 그렇기에 그 명제가 어찌하여 참일 수 있는가를 보여 줄 수 있는 상황을 제시하는 것이다. 따라서 나는 유신론 믿음이, 프로이트와 마르크스가 말한 것과 달리, 보증을 가질 수 있음을 증명해 보도록 하겠다. 그리고 여기서 나는 토마스 아퀴나스와 장 칼뱅을 따르겠다. 즉 "아퀴나스/칼뱅 모델"이다. 아퀴나스와 칼뱅은 일종의 자연적인 하나님 지식이 있다는 주장에 동의한다(칼뱅과 아퀴나스가 의견을 같이하는 것에 반대할 수 있는 사람이 있을까?). 내 모델의 기초는 칼뱅이 이런 취지로 제시한 주장인데, 그의 견해를 따르는 이유는 내가 칼뱅을 아퀴나스보다 선호해야 한다고 생각하기 때문이 아니라, 우리가 그의 주장을 아퀴나스가 제시한 논지에 관한 일종의 성찰이자 발전으로 보는 것이 유익할 수 있기 때문이다.

아퀴나스에 따르면, "두루뭉술하고 정돈되어 있지는 않아도 하나님이 존재하심을 아는 지식이 자연에 의해 우리 안에 심어져 있다."[1] 칼뱅은 『기독교강요』(Institutes of the Christian Religion)[2] 첫머리 여러 장(章)에서 일종의 자연적인 하나님 지식이 있다는 말에 동의한다. 칼뱅은 이 주제를 확장하여 하나님에 관한 믿음들이 어떻게 보증을 가질 수 있고 지식을 구성할 수 있는가 하는 주장까지 나아간다. 칼뱅이 말하는 것은 토마스 아퀴나스의 언급을 발전시킨 주장으로 볼 수 있으나, 사도 바울이 로마서 1장에서 한 말을 발전시킨 것이라고도 볼 수 있다.

하나님의 진노가 사람들이 자신들의 악함으로 진리를 억압하는 모든 경건하지 않음과 악함에 맞서 하늘에서 나타나기 때문이다. 하나님이 자신에 관하여 알 수 있는 것을 그들에게 보여 주셨으므로 그들이 명백히 알 수 있기 때문이다. 세상이 창조된 뒤로 하나님의 비가시적인 본성, 곧 그의 영원한 능력과 신성이 지음을 받은 것들 속에서 분명하게 인식되어 왔다. 그러므로 그들은 평계하지 못한다. (롬 1:18-20, RSV 옮긴이 사역)[3]

1　Summa Theologiae I, q. 2, a. 1, ad 1. 『신학대전 I』(바오로딸). 아퀴나스는 Summa Contra Gentiles에서 "두루뭉술하고 정돈되어 있지는 않아도 어떤 하나님 지식이 있으며, 이 지식은 거의 모든 사람 속에 있다"는 말을 덧붙인다(III권, 38장). 『대이교도대전 3-1』(분도출판사).
2　Ed. John T. McNeill and trans. Ford Lewis Battles [Philadelphia: Westminster, 1960 (1559)]. 본문의 쪽수 표시는 이 판을 따른다.
3　에티엔느 질송(Étienne Gilson)이 말하듯이, 중세와 그 이후의 아주 많은 사상가가 이 본문을 자연 신학을 지지하는 허가서로 보았으며, 하나님의 존재를 증명하는 증거 내지 논증을 제시하려는 노력으로 해석해 왔다. 그러나 바울이 여기서 말하는 것이 정말 증거나 논증일까? 아퀴나스가 말하듯이, 자연 신학은 우리 가운데 대다수에게 아주 어렵다. 우리 가운데 대다수는 유신론 증명을 따라갈 만한 여가도, 능력도, 기호도 없고 교육도 받지 못했다. 그러나 여기서 바울은 우리 **모든** 인간을 염두에 두고 말하는 것 같다. 그는 하나님에 관하여 알 수 있는 것이 **명백하다**고 말한다. 이런 지식이 하나님 만드신 것을 통해 오는 것은 사실이지만, 그렇다고 이런 지식이 가령 자연 신학의 논증 같은 **논증**을 통해 온다고

우리의 목적에 비추어 볼 때, 칼뱅의 기본 주장은 인간에게 일종의 자연적 본능의 경향이 있다는 것이다. 즉 인간이 처한 조건이나 상황이 아무리 다양해도 하나님에 관한 믿음들을 형성하려는 성향이다. 칼뱅은 그의 주석에서 앞의 본문을 이렇게 설명한다.

하나님이 그것을 분명하게 드러내셨다는 바울의 말은 인간이 이렇게 형성된 세계의 관찰자가 되게끔 창조되었으며, 그에게 눈이 주어진 이유는 이렇게 아름다운 모습을 살펴봄으로써 이 세계를 지으신 바로 그분에게 이끌리기 위함이라는 뜻이다.[4]

칼뱅은 『기독교강요』에서 이런 생각을 펼쳐 보인다.

인간의 지성 안에, 정녕 자연적 본능에 의해, 신성에 대한 의식(awareness of divinity)이 있다. 우리는 이를 논란의 여지가 없는 것으로 받아들인다. 하나님은 사람들이 몰랐던 것처럼 꾸미지 못하도록, 자신의 신적인 엄위에 관한 어떤 이해를 친히 모든 사람 속에 심어 놓으셨다.…예외 없이 모든 사람은 하나님이라는 분이 계시며 그분이 그들을 지으신 분이라는 것을 알기 때문에, 사람들이 하나님을 영화롭게 하지 않고 자신들의 삶을 하나님 뜻을 따라 거룩하게 영위하지 않으면 그들 자신의 증언을 통

말할 수는 없다.
4 *Commentaries on the Epistle of Paul the Apostle to the Romans*, Volume 19 of *Calvin's Commentaries* (Grand Rapids: Baker Book House Co., 1979; originally printed for the Calvin Translation Society of Edinburgh, Scotland), p. 70. 『칼빈 주석 20: 로마서』(CH북스).

해 저주를 받는다.…유명한 이교도[키케로]가 말하듯이, 하나님이라는 분이 계시다는 깊은 확신을 갖지 못할 정도로 야만적인 민족도, 미개한 사람들도 없다.…따라서 이 세계가 시작된 뒤로 종교 없이 지낼 수 있었던 지역이나 도시, 심지어 집안은 전혀 없었다. 바로 여기에 모든 사람의 마음속에 신성의 감각(sense of deity)이 새겨져 있다는 무언(無言)의 고백이 있는 것이다. (*Institutes* I.iii.1, pp. 43-44)

나아가 칼뱅은 하나님을 거부하는 많은 견해나 하나님 없이 지내려는 많은 시도가 사실은 이런 자연적인 경향에 대한 추가적인 증언이라고 주장한다.

참으로 경건하지 않은 자들이 아무리 맹렬히 몸부림쳐도 하나님에 대한 두려움에서 벗어나지 못하며, 이런 자들의 패역함이야말로 이런 확신, 곧 하나님이란 분이 계시다는 확신이 날 때부터 자연적으로 모든 사람 안에 있으며, 마치 골수에 박힌 것처럼 깊숙한 곳에 단단히 박혀 있음을 풍성히 알려 주는 증언이다.…이로부터 우리는 이것이 학교에서 처음 배워야 할 어떤 교리가 아니라 우리 각자가 어머니 뱃속에서 터득하고, 많은 사람이 온 신경을 써서 잊어버리려고 애쓰지만 자연 자체가 어느 누구에게도 잊어버림을 허락하지 않는 것 가운데 하나라는 결론을 내린다. (I.iii.3, p. 46)

나는 칼뱅이 아주 다양한 상황에서 우리 안에 하나님에 관한 믿음을 산출하는 어떤 능력(시력이나 청력 같은 것)이나 인지 메커니즘이 있다고 주장하는 것으로 받아들이겠다. 칼뱅은 그런 능력이나 메커니즘을 신의식(sensus divinitatis), 곧 신성의 감각이라 부른다. 이런 다양한 상황이 고려의 대상인 믿음들을 형성하는 성향을 산출한다. 이런 상황이 그 믿음들이 발생하는 계기를 형성하는 것이다. 이런 상황에서 우리는 유신론 믿음들을 발전시키거나 형성한다. 더 정확히 말하면, 그런 상황에서 이런 믿음들이 **우리 안에 형성된다**. 보통의 경우에 우리가 일부러 의식하고 이런 믿음들을 택하는 것은 아니다. 대신에 우리는 우리에게 지각 믿음과 기억 믿음이 있는 것을 발견하는 것과 마찬가지로, 우리 안에 이렇게 존재하게 된 믿음들이 있는 것을 발견한다. (여러분이 이런 믿음을 갖겠다고 **결단하여** 이런 믿음을 얻는 게 아니며, 결코 그렇게 할 수도 없다.)[5] 앞에 인용한 본문들은 하나님에 대한 의식이 자연적이고 널리 퍼져 있어서, 잊어버리거나 무시하거나 파괴하기가 쉽지 않음을 알려 준다. 옛 소련에서 마르크스주의자들이 마음먹고 기독교를 뿌리 뽑으려고 70년이나 애썼지만 결국 실패하고 말았다는 사실이 이런 주장을 확증해 주는 것 같다.[6]

    이 글을 읽으면, 칼뱅은 마치 하나님 지식이 **본유적이므로**, 날 때부터, 말하자면 "어머니 뱃속에서" 이미 갖게 된다고 말하는 것 같다. 하지만 어쩌면 칼뱅이 실제로 말하려는 것은, 가령 한 살짜리 아이가 이런 지식을 갖는다는 말이 아닐지 모른다. 이런 지식을 가질 **능력**

---

5 내가 쓴 "Reason and Belief in God", in *Faith and Rationality*, ed. A. Palntinga and Nicholas Wolterstorff (Notre Dame: University of Notre Dame Press, 1983), p. 34 이하를 보라.

6 하지만 신의식은 결코 오작동하지 않는다고 주장하는 것은 이 모델이 주장하는 내용이 아니다. 어쩌면 신의식도 때로는 병이 들거나 심지어 작동하지 않을 때도 있을 것이다. 아울러 신의식도 보통 사람이 예상할 수 있는 여러 가지 것을 통해 방해를 받을 수 있으며, 때로는 그릇된 양육으로 말미암아 신의식이 표명되지 않을 수도 있다.

(capacity)은 사실 타고나지만, 이런 지식이 실제로 밖으로 나타나려면 어느 정도 성숙해야 한다. 산술 지식을 가질 능력은 타고난다. 그러나 그렇다고 우리가 어머니 뱃속에서 초보 산술을 이미 알고 나오지는 않는다. 조금은 성숙해야 한다. 나는 칼뱅이 하나님 지식과 관련하여 같은 생각을 했다고 추측한다. 사람이 어머니 뱃속에서 갖는 것은 하나님 지식이 아니라, 이를 위한 능력이다. 하지만 칼뱅의 생각이 어떠하든, 그것이 내가 생각하는 모델이다. 그리고 이 모델은 신의식이 발전하려면 어느 정도 성숙해야 한다고 본다(때로는 실제로 아주 어린아이가 그런 의식을 드러내기도 하지만 말이다).

여러분이 해발 4,200미터인 산에서 불타는 듯 선명한 하늘의 영광을 본다고 생각해 보자. 상상할 수 없을 정도로 먼 거리를 생각할 것이다. 여러분은 두려움과 놀람으로—아울러 이 장엄한 하늘의 해와 달과 별을 지으신 하나님이 틀림없이 위대하시다는 믿음으로—가득하다. 그러나 여기서 칼뱅의 눈을 사로잡은 것은 다양한 천체만이 아니다.

누구라도 행복에 다가갈 수 있게끔, 그[하나님]는 우리가 말한 종교의 씨앗을 사람들의 마음속에 뿌려 놓으셨을 뿐 아니라 이 우주의 모든 작품 속에서 자신을 나타내셨으며 또 매일 드러내신다. 그 때문에 인간은 눈을 뜨기만 하면 그를 볼 수밖에 없다.…그러나 그는 그가 만드신 작품 하나하나에 그의 영광을 명백히 담고 있는 흔적을 새겨 넣으셨다.…여러분의 시선이 어느 곳에 가닿든지, 이 우주에는 여러분이 그의 영광의 자취를 적어도 어느 정도라도 분간해 내지 못할 곳이 전혀 없다. (I.v.1, p. 52)[7]

---

[7] 찰스 샌더스 퍼스(Charles Sanders Peirce)가 한 말과 비교해 보라. "사람이 자연을 구경

칼뱅은 특히 자연이 드러내는 영광을 비롯해 아주 다양한 상황이 신의식의 활동을 일으키거나 산출한다고 생각한다. 경탄과 감동을 자아내는 밤하늘의 아름다움, 끝없이 부서지고 포효하면서 우리 안에서 깊은 공명을 일으키는 파도, 장엄한 위용을 과시하는 산[가령 왓컴 패스(Whatcom Pass)에서 바라본 노스 캐스케이드 국립공원], 호주의 아웃백(호주 내륙에 자리한 사막 지대—옮긴이)처럼 태초의 생명을 품은 것 같은 오래된 장소, 천둥 치듯 떨어지는 큰 폭포처럼 말이다. 그러나 장엄하고 웅장한 것만이 아니다. 칼뱅은 봄에 들판에 내리비치는 햇빛의 미묘한 활동이나, 자그마한 꽃이 드러내는 고상하고 뚜렷한 아름다움이나, 산들바람에 춤추며 반짝이는 사시나무 잎에 대해서도 똑같이 말할 것이다. 그는 "이 우주에는 여러분이 그의 영광의 자취를 적어도 어느 정도라도 분간해 내지 못할 곳이 전혀 없다"고 말한다.

칼뱅이 마음만 먹었다면, 여기에 또 다른 종류의 상황을 덧붙였을 수도 있다. 잘못된 혹은 비열한 일을 하는 것에 대해 신적인 존재가 동의하지 않으리라고 의식한다거나, 죄를 고백하고 참회하는 것에 대해 신적인 용서가 있으리라고 인식하는 것처럼 말이다. 심각한 위험에 빠진 사람들은 본능처럼 주께 구원과 도움을 간청한다. (참호에는 무신론자가 하나도 없다고 사람들은 말한다.) 아름다운 봄날 아침에는 (새는 노래하고, 하늘과 땅은 영광으로 밝게 빛나며 살아 숨쉬고, 공기는 청명하며 삽

하면서 그 장엄함과 아름다움을 감상하다 보면, 그의 영혼은 점차 높아져 하나님을 생각하기에 이른다. 그는 하나님을 목격하지도 않고, 자연이 그에게 그런 존재를 증명해 주지도 않지만, 그래도 자연은 하나님에 관한 생각이 그의 마음속에 뿌리내릴 때까지 그의 지성과 상상력을 자극한다." Edward T. Oakes, "Discovering the American Aristotle", *First Things* (Dec. 1993), p. 27 인용.

상하고, 나무 꼭대기는 햇빛을 받아 반짝일 때) 여러분도 어느새 주께 올리는 감사 찬송이—여러분이 자리한 상황과 여러분이 존재한다는 사실 자체에 감사하는 찬송이—여러분 영혼에서 흘러나올 수도 있다. 결국 이 모델은 유신론 믿음을 불러일으키는 혹은 갖게 하는 계기라 할 상황이 다종다양하게 있다고 본다.

기초성

아퀴나스/칼뱅 모델에 따르면, 이렇게 자연적인 하나님 지식에는 추론이나 논증(예를 들어, 유명한 자연 신학의 유신론 증명)이 아닌 훨씬 더 직접적인 방법으로 도달한다. 신의식을 표명하는 진술은 그 의식이 작동하게 만드는 상황에서 즉각 추론하여 나오는 진술이 아니다. 밤하늘을 보다가 그 장엄함에 주목하고 하나님이라는 어떤 인격체가 틀림없이 존재한다고 결론짓는 게 아니다. 이런 식으로 논증한다면 아주 빈약한 논증이 될 것이다. 호주 아웃백의 어떤 형상—가령 아주 오래 되고 태초의 생명을 품은 것 같은 모습—을 보고 하나님이 존재한다는 결론을 내리는 게 아니다. 오히려 밤하늘이나 산의 경치나 자그마한 꽃을 인식할 때 이런 믿음들이 우리 안에서 생긴다. 그런 믿음들은 이런 상황에서 생긴다. 상황으로부터 내리는 결론이 아니다. 하늘은 하나님의 영광을 선포하고 궁창은 그가 손으로 지으신 것들을 선언한다(시 19편). 그러나 이런 것들이 어떤 논증의 전제 역할을 하지는 않는다.

이런 점에서 신의식은 인식 능력, 기억 능력, 선험(*a priori*) 지식 능력과 닮았다. 첫 번째 것을 살펴보자. 나는 뒤뜰을 내다보고 참나리꽃이 핀 것을 안다. 나는 지금 내가 어떤 복잡한 방식으로 무엇인가를 보고 (말하자면 내 경험이 뭔가 복잡한 특성을 지닌 것이어서) 거기에서 어떤 논증을 끌어내 사실은 거기에 참나리꽃이 피어 있다는 결론에 이르렀다는 말을 하는 것이 아니다. [흄과 리드(Reid)에 이르는 근대 철학의 역사 전체는 논증이란 것이 결코 결론이 나지 않는다는 것을 보여 준다.] 오히려 이런 식으로 무엇인가를 보는 순간에(그리고 내가 사전에 훈련받은 것이 있다면), 참나리꽃이 피어 있다는 믿음이 즉각적으로 내 안에서 생긴다. 이런 믿음은 보통 기초인 믿음으로, 다른 명제를 증거로 삼아 받아들인 믿음이 아니라는 의미에서 그렇다. 기억의 경우도 마찬가지다. 여러분이 내게 아침으로 뭘 먹었느냐고 묻는다. 나는 잠시 생각하다 팬케이크와 블루베리를 먹었음을 기억해 낸다. 나는 내가 아침으로 팬케이크를 먹었음을 기억하는 것 같다는 사실에서 실제로 내가 그렇게 먹었다는 결론을 내리지 않는다. 다만 여러분이 내게 아침으로 뭘 먹었느냐고 묻자 그 대답이 그냥 생각난다.

보증과 관련된 올바른 기초성

우리의 믿음은 우리가 p를 기초적 방식으로 받아들이면, 아니 그렇게 받아들일 때만 p는 **보증과 관련하여 올바르게 기초적이며**, 나아가 우리가 p를 그렇게 받아들이면 우리에게 p는 보증을 갖는다는 것이라고 말해 보자. 지각을 통해 갖게 된 믿음들은 이런 의미에서 올바르게 기초이다. 보통 우리는 이런 믿음들을 기초적 방식으로 받아들이며, 이렇게 받아들일 때 종종 보증을 갖는다. (이런 믿음은 성공적으로 진리를 목표한 설계 계획을 따라 동질성을 가진 인식 환경에서 올바르게 기능하는 인지 능력에 의해 종종 산출된다.) 기억에서 나온 믿음들도 마찬가지다. 물론,

기초적 방식으로 받아들였지만 보증을 갖지 않은 믿음들이 때로는 있다. 우리가 앞서 보았듯이, 이것은 인지적 오작동 때문일 수도 있고, 인지 능력이 분노, 정욕, 야망, 슬픔 등과 같은 상태의 방해를 받기 때문일 수도 있다. 아울러 이것은 믿음의 산출을 지배하는 설계 계획이 진리가 아니라 다른 어떤 것(이를테면, 생존이나 자만)을 목표하기 때문일 수도 있다.

앞서 우리는 기초적 방식으로 하나님을 믿는 믿음이 **정당화**될 수 있음을 보았다. 우리는 어떤 인식론적인 임무나 의무를 무시하지 않고도 기초적 방식으로 믿을 수 있다. 우리는 이를 **유신론 믿음은 정당화와 관련하여 올바르게 기초적일 수 있다**는 말로 표현할 수도 있겠다. 아퀴나스/칼뱅 모델을 따라 내가 제시하는 것은, 신의식이 산출한 유신론 믿음도 **보증**과 관련하여 올바르게 기초적일 수 있다는 사실이다. 이는 하나님을 믿는 사람이 그 안에 유신론 믿음을 기초적 방식으로 받아들이는 인식론적 권리를 갖고 있다는 말뿐이 아니다. 그것도 맞는 말이지만, 그런 차원을 넘어, 이런 믿음은 그 당사자에게 보증을 가질 수 있다. 종종 지식을 얻기에 충분한 보증이다.

신의식은 믿음을 산출하는 능력(또는 힘이나 메커니즘)으로, 조건이 올바르면 다른 믿음들의 증거에 기초하지 않는 믿음을 산출한다. 이 모델은 하나님이 우리의 인지 능력을 설계하시고 창조하셨다고 본다. 따라서 설계 계획은 문자적이고 전형적인 의미에서 설계 계획이다. 우리의 인지적인 작용의 방식을 위한 청사진 혹은 계획이며, 의식이 있고 지성이 있는 행위자가 개발하고 만들었다. 신의식의 목적은 우리가 하나님에 관한 참된 믿음들을 가질 수 있게 하는 것이다. 그리고 신의식이 올바르게 기능하면, 하나님에 관한 참된 믿음들을 산출하는 것이 보통이다. 따라서 이런 믿음들은 보증에 필요한 조건을 충족시킬 수 있다. 그럴 때, 이런 믿음들이 그럴 정도로 강력하다면, 지식을 구성한다.

마지막으로, 아퀴나스/칼뱅 모델에 따르면 이 자연적인 하나님 지식은 죄와 그에 따른 결과로 말미암아 훼손되거나, 약해지거나, 축소되거나, 억제되거나, 어두워지거나, 방해받을 때가 많거나 대부분이다. 신의식이 하나님 지식을 제공하지만, 신앙과 중생(regeneration, 거듭남) 전에는 죄 때문에 그런 지식의 범위가 좁아지고 일부 억압된다. 하나님을 알 만한 능력 자체가 **병들어서**, 일부 혹은 전부가 작동하지 않을 수도 있다. 인지적인 질병 같은 것이 있다. 눈이 멀고, 귀가 안 들리며, 옳고 그름을 분별하지 못하고, 정신 이상 같은 것이다. 또한 신의식의 작동과 관련해서도 이런 상태와 비슷한 것이 있다. 우리가 보았듯이, 마르크스와 마르크스주의자는 인지적인 질병이나 기능장애가 산출한 결과가 하나님을 믿는 믿음이라고 한다. 그들의 시각에서 보면, 하나님을 믿는 믿음은 비합리적이다. 합리적인 능력이 제구실하지 못하는 셈이다. 그러나 여기서 아퀴나스/칼뱅 모델은 프로이트와 마르크스보다 우월함을 보여 준다.[8] 아퀴나스/칼뱅 모델에 따르면, 바로 **불신자**가 인식적 오작동을 보여 주는 사람이다. 하나님을 믿지 못하는 것은 신의식이 제 기능을 다하지 않아 생긴 결과다.

---

8   더 정확히 말하면, 우리가 여기서 본 것은 프로이트와 마르크스가 기독교와 유대교의 사고방식에서 광범위하게 빌려온 것 가운데 일부분일 뿐이다.

하나님을 믿는 믿음은 보증에 기초해 있는가?

거짓이라면, 그럴 개연성이 없다

우리가 앞서 보았듯이, 사실 프로이트는 유신론 믿음을 기초적 방식으로 받아들인다 해도 그 믿음이 보증을 갖지 않음을 논증하지 않는다. 그는 이런 믿음이 당연히 거짓이라 여기는 것 같고, 그 때문인지 그리 길게 생각하지도 않은 채 이런 믿음은 소원 충족이 산출한 것이며 보증을 갖지 않는다고 대충 결론짓는다. 여기서는 (비록 성의 없어 보이기는 하지만) 어쩌면 프로이트의 직관이 옳을지도 모른다. 나는 유신론 믿음이 거짓이라면, 이를 기초적으로 받아들인다 해도 이 믿음에는 십중팔구 보증을 갖지 않는다고 주장하겠다. 왜 그렇게 생각할까? 첫째, 거짓 믿음도 때로는 어느 정도의 보증을 가질 수 있음을 주의하라. 일반적으로, 논의의 대상인 능력이 그 역량의 범위 안에서 작동하는 경우에는 말이다. 여러분은 멀리 큰 바위 위에 있는 산양을 보면서 착각하여 그 산양에게 뿔이 있음을 보았다고 생각한다. 실제로 그 바위까지는 너무 멀어서 여러분이 그 산양을 분명하게 보기는 불가능하며, 또한 사실 그 산양에게는 뿔이 없다. 여러분의 믿음은 틀렸지만, 이 믿음도 일정한 정도의 보증을 갖는다. 여러분이 소립자 물리학자인데, 어떤 아원자(亞原子) 모델이 진리에 가깝다고 잘못 믿는다고 해 보자. 이 경우에도 여러분은 애초 우리 능력의 작동 범위로 설계된 인지 영역의 한계 밖에서 작업하기 때문에 여러분의 믿음은 틀렸지만, 그렇다고 보증이 없지는 않다.

또 하나, 더 중요한 고려 사항이 있다. 우리는 이 문제에 다음과 같이 간접적으로 다가갈 수 있다. 믿음이란 것이 보증을 가지는 때는 그 믿음을 산출하는 인지 과정이 **성공적으로** 진리를 목표할 때뿐이다. 다시 말해, 이런 과정이 산출한 믿음이 참일 개연성이 아주 높을 때뿐이다(물론 이런 과정이 애초 이 과정을 설계할 때 염두에 두었던 일종의 인식론적 환경에서 올바르게 기능하는 것을 전제한다). 그러나 성공적으로 진리를 목표하는 인지 과정이나 능력이 산출한 믿음이라도 거짓일 수 있다. 어떤 경우에는, 도구가 보여 주는 측정 결과가 참일 개연성이 상당히 높을 때도 잘못된 측정을 유발할 수도 있다. 신뢰할 수 있는 기압계를, 특이하고 도저히 일어날 것 같지 않았던 상황들이 겹쳐 일어나는 바람에 잘못 읽을 수 있음을 생각해 보라. (기압이 갑자기 크게 떨어지는데도 기압계가 나타내는 기압은 변함이 없는데, 변화에 반응할 만한 시간이 충분하지 않았기 때문이다.)

인지 과정도 비슷하다. 인지 과정이란 것이 거짓 믿음을 산출하기도 하지만, 그래도 실제로는 인지 과정이 산출하는 믿음이 참일 개연성은 더 높을 것이다(이 믿음을 산출한 인지 과정이 **성공적으로 진리를 목표한다면 말이다**). (그런 믿음은 신뢰할 만하지만, 무오하지는 않다.) 하나님을 믿는 믿음을 산출하는 과정에도 비슷한 것을 말할 수 있지 않을까? 성공적으로 진리를 목표한 인지 과정이 하나님을 믿는 믿음을 산출할 수도 있지 않을까? 비록 그 믿음이 사실은 거짓이라 할지라도 말이다. 말하자면, 하나님을 믿는 믿음이 보증된 거짓 믿음일 수 있지 않을까?

나는 그럴 수 없다고 생각한다. 어떤 **가능 세계**(a *possible world*)란 사물들이 존재할 수 있었던 방식이라고 생각해 보자. 이를테면, 어떤 가능 세계에서는 클리블랜드가 뉴욕보다 크고, 또 다른 가능 세계에서는 지구가 존재하지 않는다. 물론 **실제 세계**(the *actual world*)도 가능 세계 가운데 하나다. 다만 실제로 있는 세계다. 다른 가능 세계와 비교할 때 일부의 가능 세계는 실제 세계와 더 비슷하다. 이를테면, 지구가 존재하지 않는 세계가 실제 세계와 비슷한 정도는 여러분이 여러분의 실제 키보다 5센티미터 정도 크거나 작고 다른 나머지 모든 것은 실제 세계와 똑같은 세계가 실제 세계와 비슷한 정도보다 덜하다. 다른 가능 세계보다 실제 세계와 더 닮은 가능 세계가 있다면, 이 가능 세계는 다른 가능 세계보다 실제 세계에 **더 가깝다**고 생각할 수 있을 것이다.[9]

하나의 명제는 어떤 조건에서 **개연성이 있지만**, 그 명제가 같은 조건이 유지되는 근사(近似) 가능 세계(실제 세계와 닮은 세계) 대부분에서 참일 때만 그렇다. 그렇다면 유신론 믿음을 산출하는 과정을 생각해 보자. 만일 그 과정이 성공적으로 진리를 목표한다면, 근사 가능 세계 대부분에서 그 과정은 참된 믿음을 산출한다. 그렇다면 근사 가능 세계 대부분에서 하나님이라는 인격체가 존재한다는 결론이 나온다.

하지만 사실 하나님이라는 인격체가 존재하지 않는다면 그럴 수 없다. 실제로 (실제 세계에) 하나님이라는 인격체가 존재하지 않는다면, 그런 인격체—세계를 창조한 전지하고 전능하며 온전히 선한 인격체—가 **존재하는** 세계는 실제 세계와 엄청나게, 상상할 수 없을 정도로 다를 것이며, 엄청나게 닮지 않을 것이기 때문이다. 따라서 하나님이라는 인격체가 존재하지 않는다면, 유신론 믿음을 산출하는 과정이 대다수의 근사 가능 세계에서 참된 믿음을 산출하기는 십중팔구 불

---

9 가능 세계에 관한 더 자세한 설명은 나의 *The Nature of Necessity* (Oxford: Clarendon, 1984), 4장을 보라.

가능할 것이다. 그러므로 하나님이라는 인격체가 존재하지 않는다면, 참된 믿음의 산출을 성공적으로 목표하는 설계 계획을 따라 동종의 인식 환경에서 올바르게 기능하는 과정은 하나님을 믿는 믿음을 산출할 가능성이 없다. 결국 유신론 믿음이 거짓이라면, 십중팔구 아무런 보증을 갖지 않는 셈이다.

참이라면, 그럴 개연성이 있다

반면에 유신론 믿음이 **참이라면**, 실제로 보증을 가질 가능성이 높아 보인다. 그런 믿음이 참이라면, 정말로 하나님이라는 인격체가 존재한다. 바로 우리를 자신의 형상대로 창조하신(그래서 우리가 무엇보다도 지식을 가질 능력을 소유한다는 점에서 그분을 닮게 하는), 우리를 사랑하시는, 자신을 우리가 알며 사랑하기를 원하시는, 그분을 알고 사랑하는 것이 우리의 목표이자 우리의 유익이 되는 인격체다. 그러나 이런 것이 사실이라면, 당연히 하나님은 우리가 그분의 존재를 인식하고 그분에 관하여 무엇인가를 알 수 있기를 원할 것이다. 만일 그렇다면, 그분이 우리의 창조주이며, 우리는 그분에게 순종하고 예배해야 하며, 그분은 경배를 받기에 합당하고, 그분은 우리를 사랑한다는 등의 참된 믿음들을 갖게끔 우리를 창조하셨다고 생각하는 것이 자연스럽다. 또한 **그렇다면**, 더 나아가 하나님을 믿는 믿음을 **실제로** 산출하는 인지 과정은 그 설계자(하나님)가 그런 믿음의 산출을 목표했다고 생각하는 것이 자연스럽다. 그렇다면 성공적으로 진리를 목표하는 설계 계획을 따라 올바르게 기능하는 인지 능력은 고려의 대상인 그런 믿음을 산출할 것이다. 따라서 그 믿음은 보증을 가질 것이다.

    그러나 이것은 확실하지 않다. 이 논증은 연역적으로 타당하지 않다. 내가 생각하기에, 하나님이 우리를 지으시면서 하나님을 아는 능력을 가진 존재로 창조하셨다는 것은 추상적으로 가능하다. 그러나 이 능력이 이런저런 이유로 늘 오작동하고, 어떤 **다른** 믿음들을 산출하도록 창조된 어떤 다른 능력이 오작동하여 결국 **이 능력**이 하나님을 믿는 믿음을 산출한다고 해 보자. 그렇다면 하나님을 믿는 우리의 믿음은, 설령 그것이 참일지라도, 보증을 갖지 않을 것이다. 이것은 추상적인 가능성이지만, 그 이상은 아니다. 확실히 이런 일은 있을 것 같지 않다. 개연성이 더 높은 사실은, 적어도 내가 알 수 있는 범위에서 생각해 본다면, 실제로 유신론이 참이라면 유신론 믿음은 보증을 가진다는 것이다. 결국 나는 유신론이 참이라면 유신론 믿음이 보증될 개연성이 높다는 결론을 내릴 수밖에 없다고 생각한다.

권리에 관한 질문은 사실에 관한 질문과 무관하지 않다

여기서 우리는 하나님을 믿는 믿음의 합리성이나 보증이나 그 보증의 결여를 다루는 질문에 형이상학인 혹은 궁극적으로 종교적인 뿌리가 있음을 본다. 여러분이 무엇인가를 합리적이라고 혹은 보증된다고 올바르게 인정하는 것은 여러분이 어떤 종류의 형이상학적이고 종교적인 입장을 취하는지에 달려 있다. 여러분이 인간을 어떤 종류의 존재라고 생각하는지, 인간의 능력이 올바르게 기능하면 어떤 종류의 믿음들을 산출하리라고 생각하는지, 인간의 능력이나 인지 메커니즘 가운데 어떤 것이 진리를 목표하는지에 달려 있다. 여러분이 인간을 어떤 종류의 피조물이라고 생각하는지가 유신론 믿음이 보증되는지 혹은 보증되지 않는지, 즉 인간에게 합리적인지 혹은 비합리적인지에 대한 여러분의 견해를 결정하거나 혹은 적어도 중대한 영향을 미친다. 따라서 유신론 믿음이 합리적인지(보증되는지)를 둘러싼 논쟁은 단지 인식론적인 고려 사항을 처리한다고 해결될 수 있는 것이 아니다. 요컨대 그 논쟁은 그저 인식론적인 논쟁이 아니라, 형이상학적인 혹은 신학적인 논쟁이다.

여러분은 인류가 하나님에 의해 하나님 형상대로 창조되었다고 생각할 수도 있을 것이다. 또한 우리를 둘러싼 세상에서 하나님의 손을 알아차리는 자연적 경향을 갖게끔, 그리고 실제로 우리가 창조되었고 우리의 창조주에게 은혜를 입었기에 하나님을 예배하고 충성함이 마땅하다는 것을 인식하는 자연적 경향을 갖게끔 창조되었다고 말이다. 그렇다면 당연히 여러분은 하나님을 믿는 믿음이 어떤 식으로든 지성의 흠결을 표현한다고 생각하지 않을 것이다. 아울러 그런 믿음이 진리를 목표하지 않은 채 믿음을 산출하는 능력이나 메커니즘의 표현이라고 생각하지도 않을 것이다. 오히려 우리가 실재의 일부—사실은 실재에서도 가장 중요한 일부—와 접촉하게 만들어 주는 인지 메커니즘이다. 이런 점에서 그런 믿음은 감각 인식이나 기억이나 이성의 발현 같은 것이다.

반면에 여러분은 우리 인간이 눈먼 진화의 힘들에 의한 산물이라고 생각할 수도 있을 것이다. 하나님은 없으며 우리는 하나님 없는 우주의 일부라고 말이다. 그렇다면 여러분은 하나님을 믿는 믿음이 일종의 환상이라 여기는 견해를 받아들이려 할 것이다. 제대로 추적하면 그런 환상은 본디 소원 섞인 생각이나 진리를 목표하지 않은 다른 인지 메커니즘에서 나온 것이거나(프로이트), 혹은 개인이나 사회가 걸린 일종의 질병이나 기능장애에서 나온 것이다(마르크스).

이처럼 보증 혹은 합리성의 문제가 유신론이 참인지 거짓인지에 따라 결정된다는 점은 아주 흥미로운 결론으로 이어진다. 만일 하나님을 믿는 믿음이 가진 **보증**이 이처럼 그 믿음이 **진리**라는 것과 연결되어 있다면, 유신론 믿음이 **보증**을 가지는지의 문제는 결국 유신론 믿음이 **참**인지의 문제와 무관하지 않은 셈이다. 최종적으로 우리가 발견한 **권리**에 관한 질문은, 결국, **사실**에 관한 질문과 실제로는 무관하지 않다. **권리**에 관한 질문에 대답하려면, **사실**에 관한 질문에 대답해야 한다.

중요한 것은, 반(反)신학적인(atheological) 반론(즉 유신론 믿음에 대한 반론)이 성공을 거두려면 유신론이 **진리**가 아님을 밝혀야지, 단순히 유신론의 합리성이나, 정당화나, 지적인 탁월함이나 합리적인 정당화 등에 반대하는 것으로는 안 된다는 사실이다. 반신학자(atheologian)가 유신론 믿음을 공격하고 싶다면 반론을 악에 근거한 논증(argument from evil)이나, 유신론이 비일관적이라는 주장이나, 다른 각도에서 보면 유신론 믿음이 허구라는 것을 증명하는 강력한 증거가 있다는 생각으로 제한해야 할 것이다. 그런 사람은 더 이상 다음과 같은 입장을 취할 수 없다. "자, 분명히 나는 유신론 믿음이 참인지 모릅니다. 그런 것을 누가 알 수 있겠습니까? 그러나 나는 유신론 믿음이 비합리적이라거나, 정당화되지 않는다거나, 합리적으로 정당화되지 않는다거나, 이성에 반대되거나 또는 지적으로 무책임하다는 것은 압니다." 지각 있는 **권리**에 관한 질문이나 비판으로서 **사실**에 관한 질문과 무관한 것은 존재하지 않는다.

이 사실 자체가 최근의 방대한 반신학(atheology)을 무효로 만든다. 그러한 반신학의 대부분이 **사실**에 관한 질문과 무관하다고 주장하는 **권리**에 관한 비판을 추종하기 때문이다. 하지만 지금까지 내가 제시한 논증이 옳다면, 그런 종류의 지각 있는 비판은 결코 존재하지 않는다. (더 조심스럽게 말하면, 그런 것은 지금까지 하나도 제시된 적이 없다. 나는 누군가가 그런 비판을 하나 내놓을 가능성은 늘 있다고 생각한다.)

프로이트와 마르크스의 불만을 다시 살펴보기

우리가 바로 앞 장에서 보았듯이, 마르크스는 종교를 비판하면서 오작동하는 인지 능력이 종교를 만들어 낸다고 주장한다. 이런 인지적 기능장애는 사회적 기능장애와 혼란 때문에 일어난다. 하지만 마르크스는 "종교는 민중의 아편이다"라는 유명한 말을 남겼으면서도, 정작 종교적 믿음과 관련하여 많은 말을 하지는 않았다. 신문에서나 볼 법한 많은 조롱과 농담이나 적대적인 표현을 제외한다면 말이다.[10] 따라서 나는 프로이트에 집중해 볼 텐데, 그는 (우리가 바로 앞 장에서 본 것처럼) 유신론 믿음이 인지 기능의 오작동에서 발생한다고 주장하지 않고, 그가 전문적인 의미로 사용하는 말로 **환상**이라고 주장한다. 이런 환상의 기원은 **소원 충족**으로, 우리의 지적인 삶 전체에서 중요한 역할을 수행하는 인지 과정이지만 참된 믿음들의 산출을 목표하지는 않는다. 그렇기 때문에 프로이트가 보기에 유신론 믿음은, 소원 충족이 유신론 믿음을 산출하는 것을 감안한다면, 보증을 갖지 않는다. 유신론 믿음은 참된 믿음의 산출이 목적인 인지 능력에 의해 산출된다

---

10 Karl Marx and Friedrich Engels, *On Religion*, ed. Reinhold Niebuhr (Chico, CA: Scholars Press, 1964)을 보라(이것은 마르크스와 엥겔스가 종교를 다룬 여러 짤막한 글을 모아 놓은 것이다). 『맑스 엥겔스의 종교론』(아침).

는 조건을 충족하지 못한다. 계속해서 그는 종교적 믿음을 "신경증", "환상", "독", "취하게 하는 것", "극복해야 할 어린아이 같은 것"이라 규정하며, 이 모든 내용이 그가 쓴 『환상의 미래』에서 한 쪽에 다 들어 있다.[11]

하지만 다음과 같은 점을 아는 것이 중요하다. 프로이트의 비판은 종교적 믿음이 보증이 없다는 것인데, 종교적 믿음이 참된 믿음의 산출을 목표하지 않은 인지 과정인 소원의 산물이기 때문이다. 프로이트의 말로 하면, 종교적 믿음은 실재를 지향하지 않는다. 하지만 설령 소원 충족이 유신론 믿음의 근원이라는 것이 확증된다 할지라도, 이것만으로 유신론 믿음이 보증을 갖지 않는다는 것이 충분히 증명되었다고 할 수는 없다. **이런 특정한 형태로 표현된** 소원 충족이 참된 믿음을 목표하지 않는다는 것도 함께 증명되어야 한다. 인간의 인지적인 설계 계획은 미묘하고 복잡하다. 물론 믿음의 원천이 **대체로** 참된 믿음을 형성하는 것을 목표하지 않을 수도 있지만, 어떤 특별한 경우에는 목표하기도 한다. 따라서 아마도 이는 소원 충족의 경우에 사실이다. 대체로 소원 충족의 목적은 참된 믿음의 산출이 아니지만, 이 특별한 경우에는 참된 믿음의 산출이 **바로** 그 목표다. 어쩌면 하나님은 인간을 창조하시면서 하나님의 존재와 선하심과 사랑을 믿어야 함을

---

11 *The Future of an Illusion*, trans. and ed. James Strachey (New York and London: Norton, 1961), p. 88. 질 수 없다는 듯이, 상당히 많은 심리학자·사회학자·인류학자가 프로이트의 뒤를 따랐다. 때로는 이들의 주장이 유달리 기괴한 형태여서, 프로이트 자신이 높은 상상력을 발휘하여 지어낸 종교의 기원 이야기들에 버금갈 정도다(앞의 pp. 56-61를 보라). 이를테면, 마이클 캐롤(Michael P. Carroll)은 묵주기도를 가리켜 "억압된 항문애(anal-erotic) 욕구의 위장된 희열"—"대소변을 갖고 노는 일"을 대신하는 것—이라고 말했다["Praying the Rosary: The Anal-erotic Origins of a Popular Catholic Devotion", *Journal for the Scientific Study of Religion* 26, no. 4 (Dec. 1987), p. 491].

깊이 느끼는 존재로 창조하셨는지도 모른다. 어쩌면 하나님은 우리가 하나님을 믿고 하나님의 존재를 알도록 우리를 설계하셨는지도 모른다. 어쩌면 이것이 우리가 하나님을 아는 데 이르도록 하나님이 마련해 놓으신 방법인지도 모른다. 그렇다면, 설령 고려의 대상인 믿음이 소원 충족에서 나온다 할지라도, 이 유신론 믿음의 형성을 지배하는 인지 설계 계획의 특별한 부분은 실제로 참된 믿음을 목표하는 셈이다. 어쩌면 하나님은 우리를 창조하실 때 우리가 그분을 강렬히 열망하게끔, 실제로 그분이 계신다는 믿음으로 이어지는 열망을 갖게끔 창조하심으로써 결국 우리가 하나님이 현존하시며 우리를 사랑하심을 알게 설계하셨는지도 모른다. 이것은 단순히 사변적인 가능성이 아니다. 아우구스티누스("오, 하나님, 우리 마음은 당신 안에서 쉴 때까지 쉬지 못하나이다")와 조나단 에드워즈도 이와 같은 주장을 받아들였다.

그렇다면 프로이트나 그 추종자는 인간이 하나님을 믿게 하는(하나님이라는 인격체가 존재한다고 믿게 하는) 메커니즘이 사실은 진리를 목표하지 **않는다**는 것을 어떻게 확증하려 하는가? 실제로 이것이 문제의 핵심이다. 프로이트는 여기서 아무런 논증이나 이유를 제시하지 않는다. 내가 알 수 있는 범위에서 말한다면, 다만 그는 하나님이 없으며 유신론 믿음이 거짓이라는 것을 당연하게 받아들일 뿐이다. 그런 다음에 그는 이런 널리 퍼진 그릇된 믿음이라는 현상에 관하여 어떤 설명을 찾아내려고 애쓴다. 그는 소원 충족을 생각해 내면서, 분명히 이 메커니즘이 "실재를 지향하지" 않으므로, 즉 참된 믿음의 산출을 목표하지 않으므로, 따라서 보증이 없다고 상정한다. 우리가 앞서 보았듯이, 실제로 유신론이 거짓**이라면** 이런 추정도 안전하다. 하지만 그렇다면, **권리에 관한** 비판의 프로이트 형태는 실상 그의 무신론에 의존하는 셈이다. 이는 결코 독립된 비판이 아니며, 이런 무신론을 공유하지 않는 사람에게는 아무런 힘도 발휘하지 못한다(혹은 틀림없이 발휘하지 못할 것이다).

하나님을 믿는 사람은 그가 그리스도인이든 유대인이든 무슬림이든, 하나님을 믿는 믿음이 아무런 보증을 갖지 않는다는 프로이트와 마르크스의 주장을 따르지 않을 가능성이 당연히 높다. (새로운 것을 향한 갈증과 이 시대의 세속 문화에 적응하고 싶은 욕망을 주체하지 못하는 다양한 '자유주의' 신학자만 여기서 프로이트와 마르크스가 하는 말에 동의할 것이다.) 실제로, 하나님을 믿는 사람은 그와 정반대가 사실이라는 것을 알 것이다. 바울은 오히려 **불신**(unbelief)을 기능장애의 결과로, 혹은 올바르게 기능하지 못하는 고장 난 것으로, 합리적인 사유 능력이 방해를 받은 것으로 본다. 그는 불신이 죄의 결과라고 말한다. 불신은, 로마서 1장이 표현하듯이, "불의로 진리를 억압하려는" 노력에서 생긴다.[12] 실제로, 불신도 소원 충족의 결과로 볼 수 있다. 하나님 없는 세계에서 살고 싶은 욕구, 내가 예배하고 순종해야 할 대상이 없는 세상에서 살고 싶은 욕구의 결과로 말이다.

결국 우리가 여태까지 살펴본 것을 생각할 때, 비록 마르크스와 프로이트 및 그 추종자들이 비판하기는 했지만, 하나님을 믿는 믿음

---

12 물론 바울은 믿지 않는 사람들이 바로 그 사실 때문에 믿는 사람들보다 죄가 크다고 생각하지는 않았다. 오히려 반대로, 바울은 몇 장 뒤에서 우리 **모두**가 죄에 얽혀 있다고 말하는데, 그 **자신도** 포함해서다("나는 곤고한 사람! 누가 나를 이 죽음의 몸에서 건져 낼까?"). 더구나 불신의 뿌리에 자리한 오작동이 꼭 불신자 자신의 오작동은 아니다. 어떤 불신(뒤의 p. 100를 보라)은 눈먼 것과 같다. 제자들은 눈먼 사람을 보고 예수께 이렇게 물었다. "랍비여, 그가 날 때부터 눈이 멀었다 하는데, 누가 죄를 지었습니까? 이 사람입니까, 이 사람 부모입니까?"(요 9:2). 이 질문에 예수는 그가 눈먼 것은 그 사람의 죄 때문도 아니고 그 부모의 죄 때문도 아니라고 대답하셨다.

은 완벽하게 정당화되며 보증을 갖는다고 할 수 있다. 다음 장에서는 아퀴나스/칼뱅 모델을 확장하여 기독교 믿음이라는 총체 전체를 믿는 믿음을 다룰 것이다.

4장

확장된
아퀴나스/칼뱅 모델

아퀴나스/칼뱅 모델에 따르면, 유신론 믿음(하나님을 믿는 믿음)은 보증을 가지며, 실제로 지식을 위해 충분한 보증이다. 이 모델의 중심 특징은 하나님이 우리 인간을 믿음의 산출 과정 내지 믿음의 원천인 신의식이 있는 존재로 창조하셨다는 내용이다. 이 원천은 다양한 조건에서 작동하면서 하나님에 관한 믿음들을 산출하는데, 물론 여기에는 당장 하나님의 존재를 인정하게 하는 믿음들도 들어 있다. 앞서 나는 이런 식으로 산출한 믿음이 보증을 위한 조건을 쉬이 충족할 수 있다고 말했다.

결국 우리가 여태까지 생각하며 고찰한 것은 바로 하나님이라는 인격체가 존재한다는 믿음이었다. 그렇지만 특히 기독교 믿음이 하나님을 믿는 믿음 외에 더 많은 내용을 함축하고 있음은 두말할 나위가 없다. 기독교 믿음이 포함하는 것은, 첫째로 인간이 타락하여 죄에 빠졌고 하나님을 거역했다는 생각이며, 둘째로 그 어떤 것과도 비교할 수 없는 하나님의 반응이다. 즉 하나님은 자신의 아들을 세상에 보내셨으며, 그 아들의 삶, 희생적인 죽음, 부활을 통해 우리 인간이 다시 한번 하나님과 올바른 관계를 가질 수 있게 되었다는 것이다. 내 목표는 아퀴나스/칼뱅 모델을 확장하여 죄, 속죄, 구원을 믿는 완전한 기독교 믿음에 적용하는 것이다. 나는 그리스도인이 완전한 기독교 믿음을 견지하는 것이 어떻게 정당화되고, 합리적이며, 보증될 수 있는지 보여 주고 싶다. 그것도 "무지한 근본주의자"(ignorant fundamentalists)뿐 아니라, 나름대로 프로이트와 니체를 읽었으며 나름대로 흄과 맥키(나름대로 데닛과 도킨스)를 읽은, 교양 있고 의식 있으며 교육받은 21세기 사람들에게 말이다. 정당화는 충분히 쉬운 일이다. 나는 유신론 믿음에 관해 했던 것처럼, 많은 혹은 대다수 그리스도인이 그들의 특징적인 믿음들을 견지하는 것이 정당화될 수 있을 뿐 아니라 또한 정당화**된**다는 것을 논증해 보겠다.

이 확장된 아퀴나스/칼뱅 모델에 따르면, 특히 기독교 믿음은 보증을 가질 수 있고 따라서 지식을 구성한다. 이 모델은 모든 교회가 함께 고백하는 고전적인 기독교 믿음의 큰 줄기를 담고 있다. 그럼에도 이 모델은 어느 정도의 세부 사항이 더 필요하다. 이 추가적인 세부 사항은 넓게 보면 개혁주의 내지 칼뱅주의에서 영감을 얻은 것이지만, 내 나름의 방식으로 전개해 보겠다. 나는 이 모델을 사용하여 세 가지를 논증해 보겠다. 첫째, 나는 이 모델을 사용하여 기독교 믿음이 아주 잘 보증될 **수 있음**을 논증해 보겠다. 이 모델이 어떻게 이런 장점을 가질 수밖에 없는지 완벽히 수긍할 수 있게 하는 인식론적 설명이 있으며, 이 모델이 이런 장점을 가진다는 것에 대한 반론 가운데 설득력 있는 것이 하나도 없다. 둘째, 나는 (유신론 믿음을 다룰 때 그

랬던 것처럼) 만일 기독교 믿음이 참이라면, 대다수 그리스도인은 십중 팔구 이를 합리적이며 보증된다고 여긴다는 것을 논증해 보겠다. 결국 나는 내가 앞에서 언급했던 입장—물론 우리는 기독교 믿음이 실제로 참인지 모르지만(어쨌든 이는 상당히 어려운 요구다), 그것이 우연히 참일지라도 합리적이거나 보증되지 않는다는 것만큼은 확실히 안다는 주장—을 다시 비판하게 될 것이다. 셋째, 나는 내가 제시하는 이야기나 모델을 그리스도인이 기독교 믿음의 인식론적 위상에 관하여 사유하기에 좋은 방법으로 추천해 보겠다. 그렇다고 이것이 유일하게 좋은 방법은 아닐지라도 말이다.

이제 우리의 질문은 이런 믿음들이 정당화되고, 합리적이고, 보증되는지 여부다. 그러나 정당화는 다루기 쉽다. 첫째, 지적인 권리와 의무의 관점에서 볼 때, 정당화는 유신론의 경우처럼 여기서도 문제가 되지 않는다. 분명히 말하지만, 만일 (수준 높은 교육을 받고, 첨단 유행을 완전히 꿰고 있으며, 기독교 믿음에 대한 최신의 반론을 모두 읽은 21세기의 사람을 포함한) 어떤 사람이 (가령) 기독교 믿음들에 대한 반론과 파기자라고 주장되는 견해를 흠잡을 데 없이 꼼꼼하게 살펴보고 조사한 뒤에도 이런 믿음들이 완전히 설득력 있음을 발견했다면, 이 사람이 기독교 믿음의 이런저런 내용을 받아들이는 것은 정당화될 수 있으며 정당화된다고 인정을 **받을** 것이다. 그가 모든 것을 샅샅이 조사한 뒤에 진리일 가능성이 커 보이는 것을 믿었다는 이유로 비난할 수는 없을 것이다. (설마 그 사람이 자기가 **거짓**이라 여기는 것을 믿겠는가?)

하지만 이런 관찰 결과가 나와도 기독교 믿음을 비판하는 이들은 침묵하지 않으며 그럴 수도 없을 것이다. 설령 기독교 신자가 자신의 믿음에 대해 **정당화된다** 해도, 그는 여전히 비합리적이고 따라서 전적으로 보증을 갖지 않을 수도 있기 때문이다. 결국, 미친 사람의 믿음들, 혹은 데카르트가 말했던 악령의 희생자가 된 사람의 믿음들조차 정당화될 수 있다. 그렇다면 합리성과 보증의 경우는 어떤가? 적절히 기능하고 성공적으로 진리를 목표하는(즉 참된 믿음의 산출을 목표하는) 인지 능력이 산출한 믿음이라면—가령 소원 섞인 생각이나 인지적 오작동의 산물이 아니라면—합리적이다. 그런가 하면, 보증은 지식을 단순한 참된 믿음과 구분해 주기에 충분한 속성으로, 오로지 (나는 이렇게 말한다) 어떤 믿음이 동질의 인식론적인 환경에서 성공적으로 진리를 목표하는 설계 계획을 따라 올바르게 기능하는 인지 기능의 산물일 때만 그 믿음이 가진 속성이나 분량이다. (합리적 능력이 올바르게 기능한다는 의미인) 합리성은 보증에 포함되기 때문에, 여기서 진짜 문제는 기독교 믿음이 보증을 갖는지 혹은 가질 수 있는지 하는 것이다.

확장된 아퀴나스/칼뱅 모델의 첫 진술

확장된 아퀴나스/칼뱅 모델에 따르면, 실제로 기독교 믿음은 보증을 가진다. 본질적으로 이 모델이 말하는 것은 다음과 같다. 첫째, 하나님은 우리 인간을 **하나님 자신의 형상대로** 창조하셨다. 이 진술의 핵심은 곧 우리가 **인격체**라는 점에서—즉 **지성과 의지**를 가진 존재라는 점에서—하나님과 닮았다는 것이다. 하나님처럼 우리도 믿음들과 이해를 가진 존재다. 즉 우리는 지성이 있다. 하지만 동시에 의지도 있다. 즉 우리는 감정(affections, 정서 혹은 정감)을 갖고(사랑과 증오), 목표와 의도를 형성하며, 이런 목표와 의도를 이루고자 행동할 수 있다는 것도 하나님을 닮았다. 이를 **넓은 의미**의 하나님 형상이라 부르자.

그러나 처음에 창조된 인간은 **좁은 의미**의 하나님 형상도 보여 주었다. 그들은 폭넓고 친밀한 하나님 지식이 있었고, 하나님의 선하심에 대한 감사를 포함하는 올바른 감정을 가졌다. 그들은 사랑할 만한 것을 사랑하고 증오할 만한 것을 증오했다. 무엇보다도 그들은 하나님을 알고 사랑했다.

넓은 의미의 하나님 형상에 신의식이 들어 있었다. 확장된 아퀴나스/칼뱅 모델은 이런 특징을 유지하면서 더 많은 것을 덧붙인다. 첫째, 이 모델은 우리 인간이 타락하여 죄에 빠졌음을 덧붙이는데, 재앙이라 할 이 상태에서 우리는 구원받아야 한다. 그러나 이 구원은 우리가 자신의 노력으로 이룰 수 없다. 이 죄는 우리를 하나님에게서 소외시키고, 하나님과의 사귐에 부적합한 존재로 만든다. 우리가 타락하여 죄에 빠지면서 우리는 감정과 인지 양면에서 어마어마한 결과에 봉착했다. 감정적인 결과를 보면, 우리의 감정—우리의 사랑과 증오—이 왜곡되고, 우리의 마음은 깊고 뿌리 깊은 악에 닻을 내리고 말았다. 우리는 모든 것보다 하나님을 사랑하지 않고, 대신에 모든 것보다 우리 자신을 사랑한다. 이런 식으로 좁은 의미의 하나님 형상은 거의 파괴되었다.

또한 **인지적인** 결과도 파멸적이었다. 우리가 가졌던 원래의 하나님 지식과 하나님의 경이로운 아름다움, 영광, 사랑을 아는 지식이 이제는 심각하게 손상되었다. 이런 식으로 넓은 의미의 하나님 형상도 손상되고 왜곡되었다. 특히 신의식이 손상을 입어 변형되고 말았다. 우리는 타락하여 죄에 빠졌기 때문에, 더 이상 우리가 서로 그리고 주위 세계를 아는 자연스럽고 아무 문제없는 방식으로 하나님을 알지 못한다. 더구나, 죄는 첫째 요인 때문에 약하게 된 신의식이 나타나는 것에 대한 저항을 우리 안에 불러일으킨다. 우리는 신의식이 나타나는 것에 주목하고 싶어 하지 않는다.

우리가 우리 자신의 노력으로 이 궁지에서 벗어나기는 불가능하다. 하지만 하나님 자신이 죄와 그 죄의 파멸적인 결과들을 치료할 길, 곧 죄에서 구원을 얻고 하나님의 은총과 하나님과의 사귐을 회복할 수단을 직접 제공하셨다. 이 치료책은 하나님의 신적인 아들이신 예수 그리스도의 삶, 속죄하는 고난과 죽음, 부활을 통해 가능하게 되었다. 구원은 다른 무엇보다도 거듭남(rebirth) 및 중생(regeneration)과 관련이 있는데, 우리 안에서 하나님 형상이 회복되고 고침을 받는 것을 수반하는 (현세에서 시작하여 내세에 열매를 맺기에 이르는) 과정이다.

여태까지 우리가 여기서 다루는 것은 C. S. 루이스(Lewis)가 말했던 "순전한 기독교"이고,[1] 이제 이 모델의 인지 측면을 더 자세하게 살펴보겠다. 하나님은 많은 시대, 많은 장소의 사람들에게 하나님이 은혜로이 마련하신 구원 체계를 알릴 방법을 필요로 하셨다. 분명히 하나님은 다른 수많은 방법을 사용하여 이 일을 하실 수도 있었다. 실제로, 확장된 아퀴나스/칼뱅 모델에 따르면, 하나님은 이 일을 다음과 같은 방법으로 하기로 정하셨다. 첫째, 선지자와 사도, 그리고 성경이 있었는데, 성경은 인간 저자의 기록이지만 하나님을 주된 저자라 부를 수 있을 정도로 하나님이 특별히 영감을 불어넣으신 기록의 모음이다. 둘째, 하나님은 그리스도가 죽음과 부활 전에 약속하셨던 성

---

1 *Mere Christianity* (New York: Macmillan, 1958). 『순전한 기독교』(홍성사).

령을 보내셨다.[2] 그리고 셋째, 성령이 우리 인간과 관련하여 하시는 중요한 일은 우리 인간 안에 **신앙**(faith)이라는 선물을 산출하시는 것이다. 칼뱅은 이를 가리켜 "하나님이 우리에게 베푸신 자비에 관한 견고하고 확실한 지식으로, 그리스도 안에서 값없이 주어진 약속의 진리에 기초하며, 성령을 통해 우리의 지성에 계시되고 또한 우리의 마음에 인(印)쳐졌다"고 말한다.[3] 성령의 내적 증언(testimony or witness)을 통해, 우리는 기독교가 긍정하는 중심 내용들이 진리라는 것을 알게 된다.

죄, 그리고 그 본질

확장된 아퀴나스/칼뱅 모델의 개요를 살펴보았으니, 이제 이 모델의 다양한 측면 가운데 두 측면을 더 상세히 들여다보아야 한다. 우선 죄의 본질과 그에 따른 결과부터 살펴보자.

죄란 무엇인가? 죄가 무엇이든, 그것은 놀랄 만큼 깊고 파악하기가 심히 어렵다. 확장된 아퀴나스/칼뱅 모델은 가장 먼저 **죄짓는** 현상이 있다고 본다. 그릇된 일을 하는, 하나님의 뜻을 거스르는 일을 하는 현상이다. 이것이 바로 죄인이 **책임져야** 할 일이다. 그는 유죄이며, 비난을 받아 마땅하다. 그러나 그가 자신이 한 일이 **죄라는** 것을 인식

---

2 가령 요 14:25-26을 보라. "내가 아직 너희와 함께 있으므로 이 모든 말을 했다. 그러나 아버지가 내 이름으로 보내실 보혜사(상담자)이신 성령이 너희에게 모든 것을 가르치시며 내가 너희에게 말한 모든 것을 너희에게 다시 알려 주시리라."

3 John Calvin, *Institutes of the Christian Religion*, ed. John T. McNeill and trans. Ford Lewis Battles [Philadelphia: Westminster, 1960 (1559)], III.ii.7, p. 551. 『기독교강요』 인용은 이 판을 따랐다.

할 때만 그렇고, 그게 아니라 그것이 죄라는 것을 인식하지 못할 때는 비난을 받아야 한다. 또한 죄 **안에 있음**이라는 상태가 있는데, 우리 인간이 태어나는 그 순간부터 처해 있는 상태다. 이런 상태를 가리키는 전통적인 기독교 용어가 "원죄"(original sin)다. 내가 저지르는 죄와 달리, 원죄는 내가 비난을 받을 것이라 생각할 필요가 없다[원죄가 꼭 **원죄책**(原罪責, original guilt)은 아니다]. 내가 이런 곤경 속에서 태어난 이상, 이런 곤경 속에 있는 나의 처지는 내가 통제할 수 있는 범위 밖에 있으며 나의 책임도 아니다. (어쨌든 덜 원래적인 죄의 다양성 경우에는 비난을 받을 기회가 대단히 많다.)

어쩌다가 우리 인간은 이렇게 절망적이고 통탄할 만한 상태에 빠지게 되었을까? 전통적인 기독교는 우리의 원래 조상이며 첫 인간인 아담과 하와가 죄를 저질러 일어난 결과라고 답한다. 이것이 실제로 일어난 일의 경과인지는 확장된 아퀴나스/칼뱅 모델이 새삼 어떤 입장을 밝혀야 할 문제는 아니다. 이 모델이 **말하는** 것은 우리가 실제로 이 상태에 있다는 것이다. 일찍이 G. K. 체스터턴(Chesterton)은 기독교의 모든 교리 가운데 원죄 교리가 "경험적 실증 가능성"(empirical verifiability, 실증주의가 왕성하던 과거에 "인지적 유의미성"의 판단기준으로 떠들썩하게 전파된 성질)을 가장 강력히 주장할 수 있다고 말했다. 인류 역사를 시초부터 현재에 이르기까지 특징지어 온 전쟁, 잔인함, 광범위한 증오는 원죄를 아주 분명하게 증명해 왔다. 실제로 인류 역사를 통틀어 가장 조직된 증오, 모욕, 잔인함을 목격한 세기가 바로 지난, 슬픔조차 마른 20세기였다. 이전의 어떤 세기도 그렇게 대규모로 목격하지 못했다.

죄에는 깊고 분명한 **사회적** 측면이 있다. 우리 인간은 심히 공동체적이다. 우리는 모방과 가르침을 통해 부모, 교사, 동료, 다른 사람들에게 배운다. 우리는 믿음들도 이런 식으로 얻지만, 그것 못지않게 중요한 (그리고 어쩌면 덜 의식하고 있는) 것은 태도와 감정, 사랑과 증오도 이런 식으로 얻는다는 점이다. 우리의 사회적인 본성 때문에, 죄와 그에 따른 결과도 한 사람에게서 다른 사람으로 퍼짐으로써 결국 사회 전체나 부분을 썩게 만드는 감염과 비슷할 수 있다.

원죄는 지성 및 의지 모두와 관련이 있다. 인지적이며 감정적인 것이다. 원죄는 지식 문제이자, 사랑과 증오 문제이기도 하다. 한편으로 보면, 원죄는 일종의 **눈먼** 것, 일종의 무감각, 둔감함, 어리석음을 동반한다. 이것은 인지적 제약 상태로, 그 희생자가 무엇보다도 올바른 하나님 지식과 하나님의 아름다움, 영광, 사랑에 관한 지식에 접근하지 못하게 한다. 그뿐 아니라, 사랑할 만한 것이 무엇이며 증오할 만한 것이 무엇인지, 구해야 할 것이 무엇이며 거부해야 할 것이 무엇인지 알지 못하게 한다. 결국 사실에 관한 지식과 가치에 관한 지식을 모두 훼손한다.

그러나 죄는 **감정의** 고장이나 오작동이기도 하다. 어쩌면 이것이 죄가 낳은 가장 중요한 결과일지도 모른다. 우리의 감정은 왜곡되어 잘못된 대상을 향해 있다. 우리는 잘못된 것을 사랑하고 증오한다. 나는 먼저 하나님 나라를 구하지 않고, 나 자신의 영광을 드높이는 일을 추구하며 나 자신을 좋아 보이게 만드는 일에 모든 노력을 쏟으려 한다. 나는 가장 먼저 하나님을 사랑하고 내 이웃을 나 자신처럼 사랑하기보다, 나 자신을 가장 먼저 사랑하려 하며 하나님과 내 이웃을 원망하거나 심지어 증오하는 경향도 자주 드러낸다.

이런 적의(敵意)는 본래적인 죄인 **자만**, 그리고 그 결과로 자신을 크게 높이려는 시도에서 나올 때가 많다. 우리는 세상의 좋은 것을 차지하는 것을 제로섬 게임(zero-sum game)이라 생각한다. 여러분이 차지하는 조각은 내가 차지할 수 없는 조각이다. 그러면 나는 그것을 갖고 싶어 한다. 내가 학자라면 나는 여러분보다 더 유명해지고 싶어 하고, 따라서 여러분이 뭔가 주목받을 만한 일을 하면 나는 질투가 날 찔러 대는 것을 느낀다. 나는 부자가 되고 싶다. 틀림없이 말하거니와, 중요한 것은 내가 얼마나 많은 돈을 가졌는지가 아니다. 중요한 것은 내가 여러분보다, 혹은 대다수 사람이나 다른 모든 사람보다 많이 가졌는가 하는 것이다. 하지만 그렇다면 여러분과 다른 모든 사람은 내 욕구 충족을 가로막는 방해자일 뿐이다. 이런 이유 때문에 나는 분개하며 여러분을 증오하게 될 수 있다.

그리고 하나님 자신이, 내 존재 자체의 근원이신 그분도 내게 위협일 수 있다. 자만에 겨워 자율과 자족을 향유하고픈 욕구에 빠진 나는 내 호흡 하나하나까지 의존해야 할 누군가가 있다는 것에, 그 누군가와 비교하면 나는 정말 미물(微物)에 불과하다는 것에 분개하게 될 수 있다. 그 때문에 나는 그를 증오하게 될 수 있다. 나는 어느 누구에게도 신세를 지지 않고 자율적이고 싶다. 어쩌면 이것이 죄라는 상태를 낳은 가장 깊은 뿌리이며, 소원 충족이라는 무신론의 동기일 것이다.[4]

여기서 결함은 감정적인 것이지, 지적인 것이 아니다. 우리의 감정은 고장이 났다. 이제 감정은 인간을 위한 하나님의 원래 설계 계획대로 작동하지 않는다. 올바르게 기능하지도 않고, 감정적으로 고장이

---

[4] 이와 같은 자율, 자기 정의, 자기 창조의 욕구가 아주 두드러진 부분을 차지할 수 있다. 리처드 로티(Richard Rorty)에 따르면 유명한 철학자 마르틴 하이데거(Martin Heidegger)는

났으며, 의지도 일종의 미친 상태다. 바로 이런 상태에서 우리는 사랑받아야 할 것(객관적으로 사랑할 수 있는 것)을 (어떻게든 그리고 어느 정도나마) 알지만, 정말 사랑해야 할 것에는 등을 돌린 채 거꾸로 다른 무엇인가를 사랑한다. ["내 마음도 제 생각이 있죠"(My heart has a mind of its own)라는 팝송 가사가 말한 그대로 말이다.] 우리는 무엇이 옳은지 (어느 정도는) 알지만, 정작 잘못된 것에 끌린다. 하나님과 우리 이웃을 사랑해야 함을 알지만, 그리하기를 좋아하지는 않는다.

물론 이것은 아주 오래된 의문을 제기하는데, 그 가운데 하나는 소크라테스까지 거슬러 올라가는 다음과 같은 질문이다. 정말로 사람이 자신이 잘못이라고 알거나 믿는 것을 행할 수 있을까? 무엇이 옳은지 알면서 어떻게 잘못된 일을 할 수 있을까? 대답은 간단하다. 인간은 무엇이 옳은지 **알지만, 잘못된 것을 더 좋아한다.** 소크라테스는 지성의 결함이나 무지에 반대되는 **감정적인** 고장의 가능성을 알지 못했다. 실제로, 어쩌면 감정적인 고장이 **없는** 상태에서는 선을 아는데 악이 악함을 알면서도 그 악을 선호하기는 불가능할지도 모른다. 하지만 불행히도 우리는 감정적인 고장이 없는 상태를 생각할 수 없다. 죄는 대부분 바로 이런 고장이다. 이런 감정적 기능장애 때문에, 나는 나쁘다고 알거나 믿는 것을 욕망하며 찾는다.

아우구스티누스와 파스칼이 모두 언급했듯이, 죄의 상태를 구성하는 이 복잡하고 혼란스러운 태도, 감정, 믿음들의 복합체는 모호함

자신이 창조하지 않은 세계에 사는 것에 죄책감을 느꼈고(섬세한 양심 같은 것이 있었던 셈이다), 이런 세계에서 결코 편안함을 느끼려 하지 않았으며, 스스로가 자신이 창조한 존재가 아니라는 생각을 견딜 수 없었다[*Contingency, Irony, and Solidarity* (Cambridge: Cambridge University Press, 1989), p. 109].

과 자기기만을 위한 기름진 땅이다.[5] 확장된 아퀴나스/칼뱅 모델에 따르면 보통 우리 인간은 적어도 얼마만큼은 하나님 지식을 갖고 있으며, 우리가 요구받는 것을 어느 정도 이해하고 있다. 이는 죄의 상태에서도, 심지어 중생과 상관없이 그렇다. 죄에 빠진 상태는 신의식에 손상을 입히지만, 신의식을 아예 없애지는 않는다. 우리 대다수 속에서는 신의식이 일부나마 여전히 기능한다. 따라서 보통 우리는 하나님의 존재와 속성 그리고 그분이 요구하시는 것을 어느 정도 파악하지만, 이런 지식은 가려지고 방해되며 억제된다. 우리는 하나님을 증오하곤 하지만, 혼란스럽게도 어떤 식으로는 그분을 사랑하고 찾으려 한다. 우리는 우리의 이웃을 증오하며 부족한 재화를 놓고 경쟁하는 상대로 보려 하면서도, 동시에 역설적이게도 그를 칭송하며 사랑한다.

어쩌면 나는, 일종의 반(半)잠재의식으로나마, 내 삶에 깊이 고장 난 부분과 더 못한 부분이 있음을 인식하고 있을지도 모른다. 나는 이기심과 자기중심성이 내가 깨어 있는 시간 대부분을 규정한다는 것을 절반쯤은 인식한다. 어쩌면 나는, 나 홀로 있어 다른 사람의 영향을 전혀 받지 않는 상황에서도(아니 어쩌면 그런 상황에서 특히), 내가 승리자로 혹은 영웅으로 등장하거나, 오래 참음이라는 미덕을 보여 주거나, 아니면 어떤 식으로든 넘치는 칭송을 받을 사람으로 등장하는 다양한 상황을 상상 속에서 창조하고 연습하고 깊이 생각한다는 것을 알아차릴지도 모르겠다. 어쩌면 나는 여기 어리석음과 부패가 있음을

---

5 동시대의 설명을 다음에서 보라. Bas van Fraassen, "The Peculiar Effects of Love and Desire", in *Perspectives on Self-Deception*, ed. A. Rorty and B. McLaughlin (Berkeley: University of California Press, 1988). 반 프라센은 복잡하게 뒤얽힌 몇몇 깊숙한 자기기만의 행태를 절묘하게 설명한다.

어렴풋이나마 알아차릴지도 모르겠지만, 그런 것에 신경을 쓰지 않을 때가 대부분이다. 나는 그런 것을 무시해 버리고, 그런 것을 숨긴 채 일로, 프로젝트로, 가족으로, 일상의 영역 전체로 도피한다. (파스칼이 말하듯이, "지금 당장 나는 그런 것에 개의치 않는다. 나는 내 상대가 날린 서브를 되받아쳐야 한다.")[6]

이런 모호함은 훨씬 더 깊이 퍼져 있다. 우리는 사도 바울의 말에 동의할 수밖에 없다. "이는 내가 하고자 하는 선은 행하지 않고 하고자 하지 않는 악을 행하기 때문이며, 계속 그렇게 하기 때문이다"(롬 7:19). 잘못된 일이라는 것을 인식하는데도, 심지어 그 잘못된 일을 행하고 싶어 하지 않는데도 행할 때가 잦다. 또한 심지어 옳은 일을 행하고 싶어 하는데도 옳은 일을 행하지 않는다. 나는 내가 하고 싶은 일을 행하지 않고 내가 하고 싶지 않은 일을 행하는 것 같다. 아니면 나는 잘못을 범할 때, 바로 그 일을 하고 싶어 했지만 그 일이 잘못**이라** 생각하지 않는 것일까? (비록 다른 때에는—아마도 나중에—그것이 잘못이었음을 절실히 깨닫고 그런 일을 하지 않았다면 좋았겠다 할지라도 말이다.) 아니면 그 일을 행할 때도 그것이 잘못이라는 것을 (적어도 어느 정도는) **알았거나**, 주의를 기울였다면 분명 **알 수 있었을 텐데도**(그리고 그때 그런 사실을 얼추 알았지만), 그 일을 하고 싶다는 마음이 앞서 주의를 기울이지 **않았던** 것일까? 아니면 내가 잘못된 일을 할 때, 비록 내가 잘못된 일을 행하기를 **원하지** 않기를 원했지만, 사실은 그와 상관없이 그것이 잘못이라는 것을 (일종의 잠재지식 상태로) 알면서도 그 잘못된 일을 행하기를 정녕 원했던 것일까? 아니면 나는 잘못된 일을 하려 할 때 그것이 잘못

---

6 van Fraassen, "Peculiar Effects"에서 인용.

인지 스스로 묻지도 않았던 것일까? 그 누가 속내를 알까?

우리의 지성에 계시되다

확장된 아퀴나스/칼뱅 모델의 목적은, 당연히, 기독교 믿음—비단 하나님을 믿는 믿음뿐 아니라 삼위일체, 성육신, 그리스도의 부활, 속죄, 죄 용서, 구원, 중생, 영생을 믿는 믿음까지 포괄하는 믿음—이 어떻게 합리적이고 보증될 수 있는지 아주 자세하게 보여 주는 것이다. 어떻게 이런 믿음들—데이비드 흄이 즐겨 지적하는 바에 따르면 이런 믿음들 일부는 보통 사람의 경험과 완전히 상반된다—이 보증될 뿐 아니라 이치에 맞거나 합리적이라고 생각할 수 있을까? 답을 위한 자료는 가까이 있다. 사실, 이런 자료는 수세기 동안 가까이 있어 왔다. 조나단 에드워즈의 『신앙감정론』[7]과 장 칼뱅의 『기독교강요』가 출간된 뒤로는 분명히 그렇다. 하지만 사실을 따져 보면, 그런 자료는 그보다 훨씬 오래전부터 가까이 있어 왔다. 칼뱅이 말하는 내용 가운데 많은 부분은 토마스 아퀴나스와 보나벤투라(Bonaventure)가 한 말의 발전으로 보는 것이 유익할 것이다. 실제로 이런 자료는 훨씬 더 뒤로 거슬러 올라가 신약성경, 특히 요한복음과 바울 서신에서도 볼 수 있다.

내가 이 자료를 발전시켜 제시한 모델—확장된 아퀴나스/칼뱅 모델—은 기독교 믿음이 어떻게—"무지한 근본주의자"나 어리석은 중세 사람뿐 아니라, 계몽주의 이후로 기독교 믿음에 맞서 만들어진 모든

---

7   Ed. John Smith [New Haven: Yale University Press, 1959 (1746)]. 이 책에서 『신앙감정론』 쪽수를 표시할 때는 이 판을 가리킨다.

무기를 완전히 꿰뚫고 있는 21세기의 박식하고 교육받은 그리스도인에게도—합리적이고 보증될 수 있는지 보여 줄 것이다. 명확성을 위해 나는 기독교 진리에 관한 우리의 지식을 사유하는 한 특정하며 전통적인 방식을 따르도록 하겠다. 나는 이런 설명 내지 이와 비슷한 것이 실제로 있는 그대로의 진리에 가깝다고 믿지만, 다른 전통에 부합하는 다른 모델도 쉽게 구상될 수 있다. 내가 제시하는 확장된 모델은 또 하나의 특징이 있다. 이 모델은 우리의 하나님 지식에 관한 이전의 설명을 완성하고 심화시킬 것이다. 이 확장된 모델의 중심 주제는 성경, 성령의 내적 증언, 신앙이다.

이 모델에 따르면 (우리가 앞서 본 대로) 우리 인간은 하나님 형상으로 창조되었다. 슬프게도 우리는 죄에 빠졌으며, 이 파멸적인 상태에서 우리는 구원과 구속을 받아야 한다. 하나님은 구원 계획을 제시하시고 실행에 옮기셨다. 삼위일체의 둘째 위격으로서 성육신하신 예수 그리스도의 삶, 속죄하는 고난과 죽음, 그리고 부활. 그 결과로 우리는 죄에서 구원을 얻고, 하나님과 새롭게 된 관계를 맺으며, 영생을 얻을 수 있게 되었다. 그러나 (아울러 우리는 여기서 특히 이 모델의 인식론적 확장에 이르는데) 하나님은 자신이 은혜로 가능하게 하신 구원의 체계를 우리에게—많은 다른 시간과 장소에서 살아가는 우리 인간에게—알려 주실 방식이 필요하셨다.[8] 하나님은 3단계 인지 과정을 통해 그렇게 하기로 하셨다. 첫째, 하나님은 선지자와 사도를 통해 말씀하셨으며, **성경**(Bible)인 **성서**(Scripture)가 만들어질 길을 마련하셨다. 이 장서

---

[8] 예수 그리스도와 관련된 분명한 믿음들이 구원의 필요조건이라는 것의 제시가 이 모델의 내용은 아니다. 이를테면, 구약 족장들은 필시 예수 그리스도와 관련하여 분명한 믿음들을 가지지 않았을 텐데도, 신약성경(히 11장)은 그들을 신앙의 영웅으로 여긴다. 그들은 자신들의

(library)에 들어 있는 책이나 기록 하나하나는 인간 저자가 있지만, 동시에 하나님이 주된 저자이시기도 하다. 하나님은 성경에서 우리가 믿고 행해야 할 것을 많이 제시하시지만, 중심 주제이자 초점이 있다 (그리고 이 때문에 성경은 여러 책의 모음이면서 동시에 그 자체가 한 권의 책이다). 복음, 곧 하나님이 은혜로 베풀어 주신 구원의 길에 관한 좋은 소식이 바로 그것이다.[9] 이 3단계 인지 과정의 두 **번째** 요소는 성경과 상관이 있으며 성경이 그 목적을 올바르게 이루는 데 필요한 것으로서, 바로 그리스도의 죽음과 부활 전에 그리스도 자신이 약속하신 성령의 임재와 활동이며,[10] 바울 서신도 이런 성령의 임재와 활동을 간구하고 송축했다.[11] 신앙을 수여받은 사람들의 마음속에서 성령이 일하시는 덕분에, 죄가 남긴 (인지적 손상을 포함하는) 참화가 점차 혹은 갑자기, 크게 혹은 작게, 복구된다. 더구나 성령의 활동 덕분에 그리스도인

---

9   구원과 샬롬을 위해 필요한 것은 무엇이든 하나님이 행하시리라 신뢰했다. 그러나 그들도 그 필요한 것이 정확히 무엇인지 딱히 알지는 못했다. 더구나, 이 모델에는 이런 것들을 믿는 모든 사람이 이 모델이 제시하는 과정을 거쳐 믿게 되었다는 주장도 없다. 예를 들면, 사도들은 이 사실들을 어쩌면 이 모델과 전혀 다른 경로를 통해 믿게 되었을지도 모른다. 그러나 지난 200년 동안의 역사 비평적인 성경 연구는 성경의 신빙성, 그리고 특히 성경이 하나님이 영감을 불어넣으신 것이라는 주장에 심각한 의문을 제기하지 않았는가? 이 주장은 기독교 믿음의 파기자로 제안되었다. 뒤의 8장을 보라.

10 가령 요한복음 14:26, "그러나 아버지가 내 이름으로 보내실 보혜사(상담자)이신 성령이 너희에게 모든 것을 가르치시며 내가 너희에게 말한 모든 것을 너희에게 다시 알려 주시리라." 아울러 요한복음 14:11, "내가 아버지 안에 있고 아버지가 내 안에 계신다 말할 때 나를 믿으라", 그리고 15:26, "내가 아버지에게서 너희에게 보낼 보혜사, 곧 아버지에게서 나오는 진리의 영이 오시면, 그가 나에 관하여 증언하시리라."

11 가령 에베소서 1:17, "나는 우리 주 예수 그리스도의 하나님, 곧 영광의 아버지가 너희에게 지혜와 계시의 영을 주셔서 너희가 그를 더 잘 알게 해 주시길 계속 간구한다." 그리고 고린도전서 2:12-13, "우리가 세상의 영을 받지 않고 하나님에게서 온 영을 받았으니, 이는 우리가 하나님이 우리에게 거저 주신 것을 이해할 수 있게 하려 함이다. 이것이 우리가 말하는 것이니, 우리는 인간의 지혜가 우리에게 가르쳐 준 말이 아니라 영이 가르쳐 주신 말씀으로 말한다."

은 복음의 큰일에 관한 진리를 파악하고, 인정하며, 기뻐하게 된다. 바로 이 활동 덕분에 그리스도인은 "하나님이 그리스도 안에서 세상을 자신과 화해시키사, 사람들의 죄를 그들에게 불리하게 헤아리지 않으셨다"는 것을 믿는다(고후 5:19).

장 칼뱅에 따르면, 성령이 하시는 주요한 일은 이 과정의 세 번째 요소인 **신앙**을 (기독교 신자의 마음속에) 산출하시는 것이다. 중생의 한 부분인 신앙은 중생과 마찬가지로 선물로서, 받아들이려 하는 사람이라면 누구에게나 주어지는 것이다. 칼뱅은 신앙이 "하나님이 우리에게 베푸신 자비에 관한 견고하고 확실한 지식으로, 그리스도 안에서 값없이 주어진 약속의 진리에 기초하며, 성령을 통해 우리의 지성에 계시되고 또한 우리의 마음에 인(印)쳐졌다"[12]고 말한다. 따라서 신앙은 분명히 인지 요소와 관련이 있다. 칼뱅은 신앙이 지식 – 예수 그리스도의 인격과 사역을 통해 구속과 구원을 얻을 수 있음을 아는 지식 – 이며, 우리의 지성에 계시되었다고 말한다. 결국 신앙을 가진다는 것은 이런저런 것을 알고 그래서 **믿는**다는 것이다. 그러나 (우리가 6장에서 더 자세히 보겠지만) 신앙은 **감정**과도 관련이 있다. "우리의 마음에 인쳐졌다." 이 인침 덕분에 신자는 하나님이 준비하신 구원 계획을 알 뿐 아니라 (야고보서 2장 19절은 마귀들도 그것을 알고 떤다고 말한다), 그로 인해 진심으로 주께 감사하며, 그 때문에 하나님을 사랑한다. 신자는 제공받은 선물을 받아들이고 감사의 삶을 살아가는 데 헌신한다.[13]

---

12 *Institutes* III.ii.7, p. 551.
13 이처럼 간결하고 아쉬한 형태로 제시하다 보니 이 모델을 부당하게도 개인주의에 치우친 모델로 오해하는 경우가 있을 수 있겠다. 그러나 이 모델도 당연히 기독교 공동체와 교회가 개별 그리스도인의 믿음에서 차지하는 중요성을 결코 배제하지 않는다. 복음을 선포하

그러나 이 모든 내용은 완전히 구닥다리이며 믿을 만한 구석이 하나도 없는 근본주의(fundamentalism)를, 말하자면 많은 세속주의자가 그보다 못한 것은 아예 생각조차 할 수 없다고 여기는 상태를 지지하는 것에 불과하지 않은가? 나는 이런 종류의 모델을 말하면 무서운 욕지거리가 어딘가에서 튀어나와 비난하고 조롱하리라는 것을 아주 잘 안다. 하지만 그런 욕지거리에 답하기 전에, 우선 이 "근본주의자"(fundamentalist)라는 말의 용법부터 살펴보아야 한다. 이 말을 이 시대의 학자들 사이에 가장 널리 퍼져 있는 용법에서 보면 "개자식"(son of a bitch)처럼 누군가를 욕하거나 비난하는 말이다. 더 정확히 말하면, "sonofabitch", 혹은 어쩌면 (적어도 발음 문제에 관한 한 옛 서부 발음이 표준이라 여기는 권위자들이 보기에는) "sumbitch"라 말하는 것이 훨씬 더 정확할지도 모르겠다. 이 말을 이렇게 사용할 때, 보통은 아무런 정의도 제시하지 않는다. (누군가를 개자식이라 부를 때, 먼저 그 말부터 정의하고 말해야 한다고 느끼는가?) 그러나 (요새 널리 퍼져 있는 용법을 보면) "근본주의자"라는 말에는 좀더 많은 의미가 들어 있다. 이 말은 **단순히** 욕하는 말이 아니다. 이 말에는 감정적인 의미도 들어 있지만, 그뿐 아니라 **얼마간의** 인식적인 내용도 들어 있으며, 보통은 상당히 보수적인 신학 견해를 나타낸다. 그렇게 사용하면 이 말은 "그냥 개자식"이라기보다 "**멍청한 개자식**"이라는 뜻에 더 가깝다. 그러나 이런 뜻도 근본주의자라는 용어와 정확히 들어맞지는 않는데, 이 용어의 인식적인 내용은 필요에 따라 확장될 수도 있고 축소될 수도 있기

고, 새 신자를 복음으로 인도하며, 부류와 상태가 다 다른 모든 신자를 북돋우고, 가르치고, 격려하고, 양육하는 곳이 바로 교회 내지 공동체다.

때문이다. 이 용어의 내용은 누가 사용하느냐에 따라 결정되는 것 같다. 이를테면, 자유주의 신학자가 이 말을 사용할 때는 아우구스티누스, 아퀴나스, 루터, 칼뱅, 바르트를 포함한 전통적인 기독교를 받아들이는 사람을 가리키는 경향이 있다. 반면에 리처드 도킨스와 대니얼 데닛 같은 열렬한 세속주의자가 이 말을 사용하면, 하나님 같은 인격체가 존재한다고 믿는 사람을 가리키는 경향이 있다. 설명하자면, 이 말은 어떤 분류표 같은 요소를 갖고 있다. 그 인식 내용은 "신학적으로 말해, 나와 나의 계몽된 친구들보다 상당히 오른쪽에 있는 사람들"이라는 말이 표현한다. 따라서 (이런 용법을 따라) 근본주의자라는 말의 온전한 의미를 정의한다면, "신학적인 견해가 나보다 상당히 오른쪽에 치우쳐 있는 멍청한 개자식" 정도가 되겠다.

그렇기 때문에, 내가 제시하는 견해들이 근본주의적이라는 비판을 진지하게 받아들이기는 힘들다. 더 정확히 말하면, 그런 비난을 **비판**으로 진지하게 받아들이기는 힘들다. 제기된 비판은 다만 이런 견해가 반대자들의 견해보다 더 보수적이라는 의미이며, 이런 견해나 그 주장하는 사람이 탐탁지 않음을 표현한 것에 불과하기 때문이다. 그러나 이런 **비난**이 어떻게 어떤 것에 반대하는 견해이며, 또한 이런 비난이 왜 근본주의자라는 용어에 따라붙는 모멸과 오만무례함을 보증해야 할까? 이런 보수적인 견해에 맞선 **논증**이 흥미롭기는 하겠으나, 이런 견해가 그 반대자의 견해와 다름을 지적하기만 하는 것은 (설령 욕설과 감정이 담긴 의미를 덧붙일지라도) 흥미롭지 않다.

그렇다면 어떻게 이 모델이 이러한 신학적인 보론(補論)과 함께 기독교 믿음이 정당화, 합리성, 보증을 갖거나 가질 수 있다는 것을 보여 주는 하나의 모델 역할을 할까? 그 답은 지극히 단순하다. 그리스도인은 이런 믿음들을 단순히 기억, 인식, 이성, 증언, 신의식, 혹은 인간이 본디 창조될 때 부여받은 다른 인지 능력이나 인지 과정을 통해 얻지 않는다. 이런 믿음들은 오히려 성령의 역사를 통해 얻게 되는데, 성령은 우리를 받아들여 주시고 우리로 하여금 복음의 이 위대한 사실들이 진리라는 것을 알게 하신다. 이런 믿음들은 단순히 우리의 자연적 능력이 평상시에 작동하는 방식으로 오지 않으며, 초자연적 선물인 것이다. 그렇지만 이 신앙이라는 선물을 받은 그리스도인은 당연히 그 믿는 것에서 **정당화**될 것이다(그 용어의 기초적 의미에서). 이렇게 믿는 것은 인식적인 임무나 다른 임무에 어긋남이 전혀 없을 것이다(그리고 실제로, 그가 일단 이 선물을 받았으면 그의 힘으로 믿음을 억누르기는 불가능할지도 모른다).

하지만 이 모델을 고려해 보면, 고려의 대상인 믿음들은 보통 (혹은 적어도 종종) 우리가 여태까지 고찰해 온 것과 다른 종류의 인식적 가치도 갖는다. 첫째, 이런 믿음들은 합리적이다. 신자 안에서 아무런 인지적 오작동을 일으킬 까닭이 없다. 신자의 모든 인지 능력은 적절히 기능할 수 있다. 둘째, 이 모델에 따르면, 또한 이런 믿음들은 신자를 위한 **보증**을 가질 것이다. 성공적으로 참된 믿음들의 산출을 목표하는 설계 계획을 따라, 적합한 인지 환경(설계자가 염두에 두었던 환경)에서 올바르게 기능하는 믿음을 산출하는 과정[14]이 신자 안에 이런 믿

---

14 물론 **이런 믿음의 산출 과정이 다른 것들**―기억, 인식, 이성, 심지어 신의식―과 정확히 같지는 않다. 왜냐하면 이러한 다른 것들은 모두 우리의 원래 비(非)창조적(increated) 인지 기능의 일부이지만, (이 모델에 따르면) 여기서 말하는 인지 과정은 성령이 펼치시는 특별하고도 초자연적 활동과 관련이 있기 때문이다. 그러나 이는 곧 이런 개념들이 보증을 갖지 못한다는, 지식을 위해 충분한 보증을 갖지 못한다는 말은 아니다.

음들을 산출할 것이다.

  나는 이 장에서 한 모델―확장된 아퀴나스/칼뱅 모델―의 골격을 정리해 보았는데, 이 모델에 따르면 기독교 믿음은 보증을 가질 수 있다. 다음 두 장에서는 이 모델의 중심 요소, 곧 신앙이라는 현상을 고찰해 보겠다.

5장

신앙

> 신앙은 바라는 것들의 실체이며 보이지 않는 것들의 증거다.
> _히브리서 11장 1절

> 신앙은 증거를 생각하고 평가해야 할 책임을 피하려는 대단한 구실이며 대단한 핑계거리다. 신앙은 증거가 없음에도, 어쩌면 증거가 없기 때문에 믿는 것인지도 모른다.
> – 리처드 도킨스[1]

바로 앞 장에서 보았듯이, 아퀴나스/칼뱅 모델의 본질적 요소는 이 신앙(faith)이라는 개념이다. 나는 우선 이 확장된 모델의 중심 부분을 좀 더 자세히 말하는 것으로 시작해 보자. 첫 번째로 언급할 것은, 철학적으로 유용한 거의 모든 용어가 그렇듯이 이 "신앙"이라는 용어도 다양하게, 여러 상이하면서도 유비적으로 연관된 의미로 사용된다는 점이다. 마크 트웨인의 허클베리 핀에 따르면, 신앙이란 "그렇지 않음을 아는 것을 그렇다고 믿는 것"이다. 이것은 보증이 없는 믿음을 나타내기 위한 일반적인 용어 사용을 조금 과장한 것에 불과하며, 신자를 위한 보증을 가진 것과 관련해서는 사실이 아닐 가능성이 실제로 크다.[2] 그

---

1 도킨스가 1992년 4월 15일에 에든버러 국제 과학 축제에서 한 연설을 편집하여 펴낸 "A Scientist's Case against God", *The Independent*, April 20, 1992.
2 앞에서 인용한 리처드 도킨스 글이 그렇게 말한다.

렇지 않다는 증거가 있음에도 사실은 아들이 아직 살아 있다고 믿는 어머니는 아들이 여전히 살아 있다는 신앙을 가졌다는 말을 들을 것이다. 사람들은 "신앙의 도약"(a leap of faith)을 바로 이런 용법과 관련지어 생각하는데, 이는 오히려 맹목적 도약(a leap in the dark) 같다. 이 용어의 두 번째 용법은 딱히 믿는 대상이 없는 그저 모호하고 두루뭉술한 신뢰(trust)를 가리키는 말로 쓰는 것이다. 매사가 잘 되리라는 확신으로 무슨 일이 벌어지든 대처할 수 있다고 믿으면서 미래 일에 개의치 않는, 일종의 무심한 낙관론이다. 이런 의미의 신앙을 가지는 것은, 19세기 초절주의자(transcendentalist)인 마거릿 풀러(Margaret Fuller)가 스스로 경험했다고 선언했던 것처럼, "우주를 받아들이는" 것이다.[3]

하지만 나는 이 모델을 제시하면서 신앙이라는 용어를 앞에 말한 것들과 다른 의미로 사용한다. 내가 말하는 신앙은 하이델베르크 교리문답이 "참된 신앙"이라 말하는 것에 훨씬 가깝다.

참된 신앙은 하나님이 그의 말씀으로 계시하신 모든 것이 참이라는 지식이자 확신일 뿐 아니라, 또한 성령이 복음을 통해 내 안에 창조하신 뿌리 깊은 확신으로, 곧 그리스도가 우리를 위해 얻으신 완전한 은혜로 말미암아 다른 사람들은 물론이요 나도 내 죄를 용서받았고, 하나님과 영원히 올바른 관계에 있게 되었으며, 구원을 받았다는 확신이다. (답 21)

우리는 이 설명이 칼뱅이 『기독교강요』에서 제시한 신앙의 정의에 담긴 내용(앞의 p. 99)을 더 명확하게 제시한 것이라 생각할 수 있다. 여기서 가장 먼저 알아야 할 것은, 신앙을 그렇게 받아들이면 어떤 인식이나 인지 상태 혹은 활동이 된다는 것이다. 신앙은 **단순히** 인지 활동이 아닌데, 감정 및 의지와 모두 관련이 있기 때문이다. (신앙은 우리의 지성에 계시되었을 뿐 아니라 **우리의 마음에 인쳐진** 지식이다.) 그러나 비록 신앙이 인지 활동 **이상**의 것이기는 하지만, 또한 그리고 적어도 인지 활동이다. 칼뱅은 신앙이 "지식"의 문제이며, 따라서 무엇인가를 믿는 것(believing)과 관련이 있다고 말한다. 이 설명에 따르면 그리스도인은 자신의 정체성을 기독교 이야기에서 발견하거나 그 이야기 안에서 혹은 그 이야기를 토대로 살아갈 뿐 아니라, 그 이야기를 믿고 그 이야기가 있는 그대로의 진리라고 받아들인다.

우리가 믿는 것은 명제(propositions)다. 따라서 신앙을 가진다는 것은 (적어도) 어떤 명제를 믿는다는 말이다. 무슨 명제를 믿는다는 말인가? 예를 들면, 이 세계가 인간이 번성할 수 있는 장소라거나, 심지어 또는 무엇보다도 하나님이라는 인격체가 존재한다거나 하는 것은 분명히 아니다. 실제로, 이 모델에 따르면 우리는 하나님이라는 인격체가 존재함을 신앙으로 알지 않는다. 오히려 신앙은 "하나님이 우리에게 베푸신 자비에 관한 견고하고 확실한 지식"(칼뱅), "다른 사람들은 물론이요 나도 내 죄를 용서받았고, 하나님과 영원히 올바른 관계에 있게 되었으며, 구원을 받았다"는 견고하고 확실한 지식(하이델베르크 교리문답 답 21)이다. 곧 우리 타락한 인간이 본질상 하나님과 올바른 관계에 있느냐에 따라 좌우되는 문제인 샬롬, 번영, 안녕, 행복, 지복, 구원을 얻을 수 있게 할 하나님의 계획에 관한 견고하고 확실한 지식이다.[4] 따라서 신앙

---

3 이에 대해 칼라일(Carlyle)은 "아이고야! 그러는 게 차라리 낫겠다!"고 응수했다. 반면, 마크 트웨인은 풀러에게 우주가 주어졌다는 말을 들은 적이 없다고 주장했다.
4 나는 이것이 신앙의 **패러다임**을 제시함으로써 신앙을 정의하거나 서술한 것이라고 본다. 즉 **완전하게 형성되고 잘 계발된** 신앙은 이와 같을 것이다. 따라서 (가령) 이런 것들을 믿

의 대상인 명제는 하나님이 마련하신 장엄한 구원 체계 전체다. 신앙을 가진다는 것은 하나님이 우리 인간으로 하여금 죄의 참화를 벗어나 하나님과의 올바른 관계를 회복할 수 있도록 하셨음을 아는 것이며, 어떤 방법을 통해 그리하셨는지 아는 것이다. 따라서 신앙은 기독교 복음의 큰 줄거리를 아는 지식이다. 신앙의 내용은 그야말로 복음의 중심 가르침으로, 위대한 기독교 신경들의 교차점에 들어 있다.

더 나아가 신앙에서 중요한 것은 이런 체계가 **있음**을 알 뿐 아니라(앞에서 보았지만, 마귀도 그런 체계를 믿고 떤다), 또한 그리고 더 중요하게는 이 체계가 **내게** 적용되고 유효하다는 사실이다. 따라서 내가 신앙 안에서 아는 것은 특히 기독교 가르침의 주요 줄거리다. 더불어 그 줄거리가 나 자신에게 적용되는 점도 내가 아는 것이라고 말할 수 있겠다. 그리스도는 **나의** 죄를 위한 죽음으로, **내가** 하나님과 화해할 수 있게 해 주셨다. 신앙은 애초부터, 그리고 근본적으로 실천적이다. 신앙은 좋은 소식에 관한, 그 좋은 소식이 내게 적용된다는 것에 관한, 그 좋은 소식이 선포하는 은덕을 얻으려면 내가 무엇을 해야 하는지에 관한 지식이다. 하지만 신앙(faith) 자체는 행동(action)이라기보다는 믿음(belief)의 문제, 무엇인가를 하는 것(doing)이라기보다는 무엇인가를 믿는 것(believing)이다.

신앙은 어떻게 작동하는가?

첫 번째 답은 신앙이 성령의 사역(일)이라는 것이다. 칼뱅에 따르면,

으면서도 지식을 위한 굳건함은 가지지 않은 사람도 신앙이 있다고 할 수 있다.

성령의 주된 사역이다. 성령이 우리 안에 산출하시는 것이다. 종종 사람들은 기독교 복음의 중심 요소를 믿는 믿음이 성령의 특별한 사역에 따른 결과라는 주장을 특별히 조나단 에드워즈 같은 칼뱅주의 사상가들과 장 칼뱅 자신의 가르침이라고 생각한다. 실제로 이것이 그들의 가르침에서 중심이며, 여기서 제시한 모델도 이런 가르침을 따른다. 그러나 칼뱅은, 비록 해로운 교황주의자들과 그들의 어마어마한 범죄를 큰 소리로 비판하긴 해도, 다른 많은 점을 다룰 때처럼 이 점을 다룰 때도 이미 토마스 아퀴나스에서 발견할 수 있는 사상의 흐름을 따르면서 발전시키고 있는 것으로 보인다. 아퀴나스는 이렇게 말한다. "신자는 믿을 만한 충분한 동기가 있다. 기적이 확증해 주는 하나님의 가르침의 권위뿐 아니라, 더 나아가 **하나님의 초청의 내적 자극**이 그를 감동시키기 때문이다."[5] 여기서 우리는 (적어도 처음에는) 동일한 3중의 과정을 거친다. **믿음**이 있다. 이 믿음의 대상인, (성경에 주어진) **하나님의 가르침**이 있다. 그리고 믿음을 산출하는 특별한 하나님의 활동이 있다("하나님의 초청의 내적 자극").[6]

---

5   *Summa Theologiae* II-II, Q. 2, a. 9, reply obj. 3(나의 강조). 결국 아퀴나스에 따르면, 하나님의 행위가 인간 안에 신앙을 산출한다. "인간이 신앙의 일들에 동의할 때 그 자신의 본성 위로 들어 올려지기 때문에, 그의 이런 동의는 그에게 영향을 미치는 초자연적인 근원에서 나온다. 이 근원은 하나님이다. 따라서 신앙의 주된 행위인 신앙의 동의는 그 원인이 하나님이며, 하나님이 은혜를 통해 내적으로 우리를 감동시키신다." ST II-II, Q. 6, a. 1 등 여러 곳.
6   아퀴나스에 따르면, 하나님이 우리의 믿음을 위해 제시하신 사항들 가운데 일부는 '스키엔티아'(scientia)의 대상일 수도 있다. 그럴 때는 그런 사항들이 신앙에 의해 받아들여지지 않는데, 그가 생각하기에, 같은 명제와 관련해 '스키엔티아'와 신앙 둘 다를 가질 수는 없기 때문이다. '스키엔티아'는 종종 "지식"(knowledge)이라 번역되기 때문에, 칼뱅이 신앙을 가리켜 하나님이 우리에게 베푸신 자비에 관한 견고하고 확실한 지식이라 말하면서 아퀴나스와 대립하는 것처럼 보인다. 하지만 겉만 보면 그리 속기 쉬우나, 두 사람의 입장은 전혀 대립하지 않는다. 아퀴나스가 말하는 '스키엔티아'는 단지 아무 종류의 지식이 아니

이 인식 과정에는 어떤 종류의 현상학(phenomenology)이 관련되어 있을까? 이런 인식 과정은 내부에서 어떻게 보이는가? 이 모델에서는, 신앙을 구성하는 믿음들이 기초로 보통 받아들여진다. 즉 이런 믿음들은 다른 명제에서의 논증을 통해서나 다른 명제들을 증거로 삼아 받아들여지지 않는다.[7] 물론 어쩌면 일부 신자들은 사실 이런 식으로 추론할지도 모르겠다. 그러나 이 모델에서는 믿음들을 그렇게 받아들이지 않는다.

우리는 성경을 읽거나, 성경의 가르침을 제시한 무엇인가를 읽거나, 복음이 설교되는 것을 듣거나, 부모님에게 성경 이야기를 듣거나, 성경의 가르침을 어떤 논증의 결론으로 (혹은 심지어 조롱의 대상으로) 만나거나, 혹은 다른 어떤 방식으로 말씀 선포를 직면한다. 들려오는 말씀은 그저 옳아 보인다. 설득력도 있는 것 같다. 말씀을 듣는 사람은 "맞아, 그렇지. 그게 진리지. 그게 바로 주의 말씀이야"라고 말하게 된다. 나는 "하나님이 그리스도 안에 계셔서 세상을 하나님과 화해시키셨다"라는 말씀을 읽는다. 나는 "그래, 그게 진리야. 하나님은 정말 그리스도 안에 계셔서 세상을 하나님과 화해시키셨지!"라고 생각하게 된다. 아울러 나는 조금 다른 어떤 것, 그 명제에 **관한** 어떤 것을 생각할 수도 있다. 그것이 진정 하나님의 가르침 또는 계시이며, 칼뱅의 말

라, 어떤 사람과 명제 사이의 아주 특별한 관계로서, 그 사람이 자신이 참되다고 여기는 제일 원리들에서 명제가 나온다고 알 때 유지되는 관계다. 따라서 '스키엔티아'는 우리의 용어 "지식"보다 훨씬 좁은 의미의 용어다. 칼뱅이 신앙을 하나님이 우리에게 베푸신 자비에 관한 견고하고 확실한 지식이라 말할 때, 그도 아퀴나스가 부여하기를 거부한 지위를 신앙에 부여하지는 않는다.
7 물론 이런 명제들은 다른 명제들을 근거로 받아들여질 **수 있으며**, 어쩌면 그런 경우가 일부 있을지도 모르겠다. 신자는 자신이 성경(혹은 교회, 혹은 내 부모님, 혹은 다른 어떤 권위)

로 표현하면 "하나님에게서" 나온 것이라고 말이다. 우리가 듣거나 읽는 것은 분명하고 명백하게 참인 것으로 보이며, 또한 (적어도 패러다임에 해당하는 사례에서는) 주께서 가르치려 하시는 것으로 보인다. 따라서 신앙에는 어떤 것이 참이라는 것을 갑자기 아는 일을 포함하는 현상학이 있을 수도 있다. "그래! 이제 나는 이것이 정말 참이며 주께서 가르치시는 것이 무엇인지 알았어!" 아니면 이런 확신은 어쩌면 길고 힘든 공부, 사유, 토론, 기도 뒤에 천천히 생겨날 수도 있다. 아니면 그런 확신은 (어쩌면 어릴 때부터) 늘 있어 왔지만 이제는 변화되었거나 새롭게 되었거나 강화된, 활력 있고 살아 있게 된 믿음의 문제일 수도 있다. 이런 과정은 천 가지 방식으로 진행될 수 있다. 그러나 각 경우마다 중심적인 기독교 가르침을 표현하거나 제시하는 일이 있으며, 이에 대한 반응으로 확신을 갖게 되고, 알게 되며, 확신을 형성하는 현상이 나타난다. 읽는 것 혹은 듣는 것이 있으며, 그런 다음에는 우리가 읽거나 듣는 것이 참이고 주의 가르침이라는 믿음 내지 확신이 있다.

확장된 아퀴나스/칼뱅 모델은 이런 확신이 성령의 활동으로 말미암아 온다고 본다. (칼뱅은 여기서 성령의 내적 "증언" 내지 "증거"를 말하며, 아퀴나스는 하나님의 "자극"과 "초청"을 말한다.) 이 모델에는 인간의 믿음을 낳는 성경과 하나님의 활동이 있다. (이 모델에서) 하나님 자신이 성경의 주된 저자시다. 무엇보다 중요하게 성경은 메시지로서, 하나님이 자신의 뜻을 인류에게 전달하신 것이다. 성경은 주로부터 나온 말씀

의 신빙성을 뒷받침할 강력한 역사적이며 고고학적인 증거가 있으며, 성경은 복음의 큰일을 가르치므로, 따라서 이런 일들은 십중팔구 참일 것이라고 추론할 수도 있다. 그러나 이런 것들이 **십중팔구** 참일 것이라는 생각은 "확신"과 "뿌리 깊은 확실성"에는 미치지 못한다.

이다.[8] 그렇다면 이것은 단지 증언이 퍼지는 과정, 곧 사실은 우리가 아는 것 가운데 대부분을 배우는 과정의 특별한 사례일 뿐이다. 이런 관점에서 볼 때, 성경은 여러분이 친구에게 받는 편지만큼이나 증언을 담고 있는 셈이다. 따라서 성경에 우리의 믿음을 위해 제시되는 것은 말 그대로 증언, 하나님의 증언이다. 그러므로 여기서도 "증언"이라는 말이 적절하다. 반면에 성령의 특별 사역도 있어서 우리로 하여금 제시된 것을 믿게 하고, 그것이 진리라는 것을 알 수 있게 한다. 여기서는 아퀴나스의 용어 "초청"과 "자극"이 더 적절하다.

이처럼 성경은 참으로 증언이다. 그러나 아주 특별한 종류의 증언이다. 첫째, 주된 증언자가 하나님이다. 아울러 성경은 보통 증언과 다른데, 성경은 대부분의 다른 증언과 달리 주된 증언자와 종속된 증언자들, 인간 저자들이 모두 있기 때문이다.[9] 또 다른 차이가 있다. 이 확장된 아퀴나스/칼뱅 모델에는 성령의 자극이 있어서, 우리의 믿음들을 위해 성경에 제시된 명제들이 정말로 주로부터의 말씀이라는 것을 우리가 알고 믿도록 한다. 이 경우도 증언이 평상시의 작용과 달

---

8 이 모델에서는 (많은 20세기 기독교 신학자에게는 미안하지만) 계시는 다만 올바르게 해석되어야 할 **사건**(events)으로서 일어나는 것이 아니다. 물론 계시는 분명히 발생한다. 그러나 성경의 많은 부분은 주로 하나님이 말씀하신 내용이며, 하나님이 우리에게 우리가 알아야 할 것을 알리신 내용이고, 하나님이 자신의 뜻을 **명제**로 우리에게 전달하신 내용이다. 성경이 정확히 어떻게 하나님의 말씀일 수 있으며 하나님이 자신의 뜻을 우리에게 전달하신 것일 수 있는지에 관한 자세한 설명을 위해, Nicholas Wolterstorff, *Divine Discourse* (Cambridge: Cambridge University Press, 1995)를 보라. 나는 내 논지를 명확히 전달하고자, 이어지는 내용에서 월터스토프의 설명과 같은 것이 실제로 옳다는 명제를 이 모델에 결합해 보겠다. (물론 다른 설명도 이 모델에 도움을 줄 수 있을 것이다.)
9 **대다수**의 다른 사람들을 말하는 것이다. 이런 일은 때로 한 사람이 또 다른 사람의 위임을 받아 그 사람을 대변하는 인간의 증언에서도 일어난다. 그런 경우에도 마찬가지로 주된/부차적인 저자 구조가 존재한다. Wolterstorff, *Divine Discourse*, p. 38 이하를 보라.

라서, 성령은 편지를 기록하실 뿐 아니라(인간 저자에게 적절히 영감을 불어넣으심), 사람이 그 내용을 믿고 적용할 수 있게 하는 특별한 일을 행하신다. 이처럼 이 증언은 평상시의 증언과 다른 작용을 한다. 그럼에도 성경은 증언이다. 따라서 확장된 아퀴나스/칼뱅 모델에 따르면, 신앙은 성령의 내적 자극으로 인한 결과인 복음의 큰일을 믿는 믿음이다.

신앙과 보증

나는 이 확장된 아퀴나스/칼뱅 모델을 우리가 관심을 가졌던 종류의 인식 가치 내지 긍정적인 인식 위상—정당화, 합리성, 보증—을 가진 기독교 믿음의 모델로 제시한다. 우리는 이미 기독교 믿음이 어떻게 정당화될 수 있는지 살펴보았다(앞의 p. 95를 보라). 기독교 믿음이 정당화될 수 있으며 십중팔구 정당화될 뿐 아니라, 심지어 계몽주의와 포스트모던 진영의 반대자들에 익숙한 사람에게도 정당화될 수 있다는데는 거의 의심이 없어야 한다. 만일 여러분의 믿음이 성령의 내적 자극에 따른 결과라면, 그 믿음은 여태까지 사람들이 제기해 온 다양한 종류의 반론을 고찰한 뒤에도 분명히 참되게 보일 것이다. 그렇다면 확실히 우리는 기독교 믿음을 받아들이면서 어떤 지적인 의무도 어기지 않고 있다. 틀림없이 지적인 의무와 임무는 가까이에 있다. 가령 여러분은 다른 사람들이 여러분의 의견에 동의하지 않음을 알아차렸다면, 그 사람들과 그들의 반론에 귀를 기울일 임무, 다시 생각할 임무, 더 깊이 곱씹어 볼 임무, 다른 사람들에게 의견을 물어 볼 임무, 다른 가능한 파기자들을 찾아보고 고찰해야 할 임무가 있을 것이다. 그러나 여러분이 이런 임무를 이행했는데도 그 믿음이 여전히 아주 설득력이 있음을 발견한다면, 여러분은 임무나 의무를 어기지 않은 셈이다. 고려의 대상인 가르침이 하나님 자신에게서 나왔는지 곱씹어 보았는데도 여전히 그렇게 보인다면 더더욱 그러하다.

그렇다면 합리성과 보증은 어떤가? 합리성도 보증에 포함되기 때문에, 이 질문은 보증은 어떤가 하는 질문으로 간단히 정리해 볼 수 있다. 칼뱅이 신앙을 정의한 말에서 이 시대의 사람들이 듣기에 특히 충격적인 부분은, 그의 설명에서 신앙이 지식의 정말 특별한 사례라는 것이다("견고하고 확실한 지식"; 아울러 앞의 p. 116에서 하이델베르크 교리문답이 참된 신앙을 설명한 내용을 보라). 신앙을 지식과 **대립**시켜서는 안 된다. 신앙은 (적어도 패러다임이라 할 사례에서는) **언제나** 지식이며, 그것도 어떤 특별한 종류의 지식이다. 이 지식은 적어도 두 가지 점에서 특별하다. 첫째, 그 대상이 특별하다. 이른바 알려진 것은 (그것이 참이라면) 대단히 중요한 의미를 가지며, 사람이 알 수 있는 것 가운데 분명히 가장 중요하다. 그러나 동시에 그 내용이 알려지는 방식이 특이하다. 이 지식은 비상한 인지 과정이나 믿음을 산출하는 메커니즘을 통해 알려진다. 여기서 믿음을 산출하는 과정은 이중 과정인데, 한편으로는 하나님이 영감을 (아마도 직접적으로, 아니면 사슬처럼 이어진 증언의 시초에) 불어넣으신 성경과 관련이 있으며, 다른 한편으로는 성령의 내적 자극과 관련이 있다. 둘 다 하나님의 특별한 활동과 관련이 있다.

하지만 신앙이 이처럼 믿음을 견지하는 비상한 방법이라면, 왜 그것을 "지식"이라 부를까? 대체 신앙의 어떤 점이 신앙을 지식이 되게 할까? 여기서 우리는 확장된 아퀴나스/칼뱅 모델을 좀더 깊이 들여다

보아야 한다. 신자는 복음의 위대한 진리들을 만나고, 성령의 활동으로 말미암아 이런 것들이 실제로 참인 것을 알게 된다. 그리고 가장 먼저 알아야 할 것은, 이 모델에서, 신앙이 실제로 믿음을 산출하는 **과정**이나 활동의 산물이라는 사실이다. 인식이나 기억처럼 말이다. 성령의 활동은 믿음을, 특히 어떤 구체적인 주제들에 관한 믿음을 정연한 방법으로 정연하게 산출하는 수단이거나 이런 수단과 관련이 있다. 이런 점에서 믿음은 기억, 인식, 추론, 공감, 귀납, 그리고 다른 더 많은 표준적인 믿음을 산출하는 과정과 비슷하다. (다른 점은 우리의 자연적 인식 능력의 일부가 아니라는 사실이다.)

그렇다면 (내가 앞에서 말한) 지식에 필요한 것은 무엇인가? 믿음이 적절한 인식 환경에서, 진리를 목표한 설계 계획을 따라, 나아가 **성공적으로** 진리를 목표하는 설계 계획을 따라, 올바르게 작동하는 인지 능력 혹은 인지 과정이 산출하는 것이다. 그러나 이 모델에 따르면, 우리가 신앙으로 믿는 것(신앙을 구성하는 믿음들)은 다음의 네 조건을 충족해야 한다. 첫째, 이런 믿음들이 신앙으로 받아들여지고 성령의 내적 자극으로 말미암을 때는 올바르게 작동하는 인지 과정이 산출한 것이다. 이런 믿음들은 인지 오작동 같은 것으로 산출되지 않는다. 이런 믿음들을 산출하는 전체 과정은 특별히 하나님이 바로 이런 결과를 산출하시려고 직접 설계하신 것이다. 하나님이 특정한 종류의 지각과 관련된 믿음을 산출하시려고 설계하신 환상(vision)처럼 말이다. 결국 그 과정이 이런 결과를 산출할 때 올바르게 작동하는 셈이다. 따라서 고려의 대상인 믿음들은 보증의 첫 번째 조건을 충족한다. 둘째, 이 모델에 따르면, 죄로 말미암아 일어난 인지적 오염을 포함하여 우리가 처해 있는 환경이 바로 이런 과정이 일어나게끔 설계된 인지 환경이다. 셋째, 이 과정은 **참된** 믿음들을 산출하도록 설계되었다.[10] 그리고 넷째, 이 모델에 따르면, 이런 인지 과정이 산출하는 믿음들—복음의 큰 일을 믿는 믿음—은 실제로 참이다. 이 과정은 믿음을 산출하는 과정으로서 신뢰할 수 있기 때문에, 고려의 대상인 이 과정은 **성공적으로** 참된 믿음을 산출하는 것을 목표한다.

올바른 기초성, 그리고 성경의 역할

살펴볼 점이 하나 더 있다. 확장된 아퀴나스/칼뱅 모델에 따르면 보통의 경우에 말하는 기독교 믿음이란 어떤 논증에 따른 결론이나 다른 믿음들을 증거로 삼아 받아들인 것이 아니며, 혹은 이 믿음이 이런저런 현상을 잘 설명해 주기 때문에 받아들인 것도 아니다. 특정한 기독교 믿음들은 실제로 이런저런 현상(이를테면, 죄)을 탁월하게 설명하지만, 이렇게 탁월한 설명을 제시하기 때문에 그런 것들을 믿는 것은 아니다. 그렇다고 역사 연구에 따른 결과로 그런 것들을 받아들이는 것도 아니며, **종교적 경험**에 따른 논증의 결과로 그런 것들을 받아들이는 것도 아니다. 확장된 아퀴나스/칼뱅 모델에 따르면 어떤 종류의 경험은 보증된 기독교 믿음의 형성과 긴밀히 관련이 있지만, 그렇다고 이 믿음이 그런 경험에 따른 논증을 통해 보증을 얻는 것은 아니다. 신

---

10 물론 이것이 이 과정과 관련된 **유일한** 목적일 필요는 없다. 어쩌면 이렇게 산출한 믿음들은 진리라는 점 외에 다른 가치도 가질지 모른다. 어쩌면 우리는 이런 믿음들 덕분에 하나님과 인격적인 관계에 설 수 있고, 인생의 부침(浮沈)을 침착함으로 마주할 수 있으며, 신앙을 구성하는 믿음들에서 자연스럽게 나오는 위로를 누릴 수 있으며, 다른 더 많은 것을 할 수 있을지 모른다.

자는 자신이나 다른 누군가가 가진 특정한 경험 때문에 어떻게든 기독교 믿음이 틀림없이 참이라는 결론을 내리지 않는다. 오히려 (인식의 경우처럼) 경험은 고려의 대상인 믿음들을 형성하는 계기가 된다.

따라서 보통의 경우에 기독교 믿음은 **직접적이며, 기초적인 방식으로** 형성된다. 논증을 통해 나오지 않는 것이다. 조나단 에드워즈는 이렇게 말한다. "이 증거는 영적으로 깨어 있는 사람들에게 종교에 관한 것들이 진리라는 것을 증명하고, 직관적이며 직접적인 증거다. 그들은 하나님의 말씀에 관한 교리들이 신적이라고 믿는데, 그 안에서 신성(神性)을 보기 때문이다."[11] 기독교 믿음은 기초적이다. 더구나 기독교 믿음은 **올바르게** 기초적으로, 이 믿음의 타당성은 고려의 대상인 세 가지의 인식 가치를 모두 포괄한다. 확장된 아퀴나스/칼뱅 모델에서 신자는 이런 믿음들을 기초적 방식으로 받아들이는 것에서 **정당화**되며, 그렇게 하는 것에서 **합리적**이다. 더 나아가 믿음들이 기초적 방식으로 받아들여질 때조차 이 믿음들은 보증을 가질 수 있으며, 이는 지식으로 삼기에 충분한 보증이다.[12] 나의 기독교 믿음은 보증을 가질 수 있으며, 이는 지식으로 삼기에 모자람이 없는 보증이다. 심지

11　*The Sermons of Jonathan Edwards: A Reader*, ed. Wilson A. Kimnach et al. (New Haven: Yale University Press, 1999), p. 129. 『조나단 에드워즈 대표설교선집』(부흥과개혁사).
12　물론 이것이 기독교 믿음의 파기자라고 제안된 것들을 검토하지도 않고 곧장 거부하는 것이 올바를 수 있다는 말은 아니다(뒤의 8장, 9장, 10장을 보라). 아울러 신자가 자신도 틀릴 수 있다는 생각을 거부하는 데만 신경을 쓴다는 말도 아니다. 분명 신자도 틀릴 수 있다. 틀릴 수 있음은 인간이 처한 상태의 일부다. 만일 기독교 믿음에 반대하는 다른 자료에 근거한 증명이나 강력한 논증이 있다면, 신자는 물론이고 그리스도인 공동체도 만족할 만한 대답을 내놓을 수 없는 논증이 있다면, 신자에게 문제가 있을 수도 있다. 이것이 정녕 신앙과 이성이 충돌하는 사례일 것이다. 하지만 지금까지 이런 증명이나 논증이 그 흉측한 모습을 드러낸 적은 없다.

어 내가 성경 저자의 신빙성이나 그들이 가르치는 내용을 모르며 역사적으로 잘 논증하지 못한다 할지라도 말이다. 내가 복음의 주요 가르침이 진리라는 것을 역사적으로 잘 증명해야만 비로소 그런 가르침을 받아들이는 것에서 보증되는 것은 아니다. 내가 꼭 예수 그리스도가 부활하신 것이나, 예수가 실제로 하나님의 신적인 아들이라는 것이나, 예수의 고난과 죽음이 실제로 우리를 하나님과의 올바른 관계로 회복시키는 속죄의 희생이라는 것을 증명할 역사적인 혹은 다른 논거를 찾을 수 있어야만 하는 것은 아니다. 확장된 아퀴나스/칼뱅 모델에서, 기독교 믿음을 위한 보증은 나 혹은 다른 누군가가 이런 종류의 역사 정보를 갖고 있을 것을 요구하지 않는다. 보증은 이런 질문과 무관하다. 보증은 신앙 **외의 다른** 믿음의 자료, 가령 역사 탐구에 의해 유효성이 확인되거나 증명되어야 하는 것이 아니다.

확장된 아퀴나스/칼뱅 모델에 따르면 우리는, 가령, 고려의 대상인 성경 어느 부분의 저자와 신빙성에 관하여 역사적으로 확증된 전제에서 끌어낸 논증이 있어야 고려의 대상인 부분이 실제로 참이라는 결론을 내릴 수 있다고 말하지 않는다. 성경은 스스로 자신이 참이라는 것을 증명하는데, 이 말은 곧 복음의 큰일을 믿는 믿음이 정당화되고, 합리적이고, 보증되기 위해서는 고려의 대상인 가르침에 대한, 혹은 성경(또는 가르치는 성경의 일부분)의 진실성이나 신빙성이나 신적인 특성에 대한 역사적 증거와 논증이 필수적이지 않다는 뜻이다. 이런 믿음들이 신자에게 보증을 갖게 되는 과정은 그런 역사적인 혹은 다른 고찰과 무관하게 펼쳐진다. 이런 믿음들은 기초적 방식으로 보증을 가진다.

그러나 어떤 사람이 이런 것들을 **정말** 굳건히 믿는다고 가정해 보자. 하지만 아무리 이유가 있다 할지라도 이런 태도는 비합리적인, 이성에 어긋나는 것이 아닌가? 예를 들어, 내가 복음서를 읽고 예수 그리스도가 실제로 하나님의 신적인 아들이심을, 그리고 우리 인간이 비록 타락했으며 심각한 흠이 있지만 그의 수난과 죽음과 부활로 말미암아 하나님과 화해하고 영생을 얻을 수 있게 되었음을 믿게 되었다고 가정해 보자. 내가 이런 것들을 어떤 외부 증거도 없이 믿는다고 가정해 보자. 나는 그냥 결론으로 비약하면서, 너무 성급하게 믿으려 하는 것은 아닐까? 이런 경우에 내가 정말로 진행하고 있는 일은 무엇인가? 내 기초, 내 근거, 내 증거는 어디 있는가? 만일 내게 명제적인 증거도 없고 지각 경험이 제공하는 근거도 없다면, 나는 그저 무턱대고 어둠 속으로 뛰어드는 것이 아닌가? 이런 신앙의 도약은 그냥 맹목적인 도약이 아닌가? 이런 나는 마치 집에 불이 나자 창밖 어딘가에 있다고 알고 있는 나뭇가지라도 붙잡았으면 좋겠다는 절박한 마음으로 다짜고짜 3층 창에서 뛰어내리는 사람과 같지 않은가? 이런 행동은 무책임하고 비합리적이지 않은가?

결코 그렇지 않다. 확장된 아퀴나스/칼뱅 모델에 따르면 신앙은 결코 맹목적 도약이 아니며, 무턱대고 어둠 속으로 뛰어드는 것과 완전히 다르다. 여러분이 레이니어산 3,600미터 지점에서 빙산을 타고 내려온다고 가정해 보자. 불편한 화이트아웃(whiteout, 눈보라 또는 눈 때문에 온통 하얗게 반사되어 앞이 잘 보이지 않는 현상—옮긴이)이 있어서 1미터 앞도 보이지 않는다. 점점 늦어지고, 바람이 거세지며 기온은 떨어진다. 해질녘이 되기 전에 산을 내려가지 않으면 살아남지 못할 것이다(게다가 산에 오를 때 청바지와 티셔츠만 입는 바보짓을 했다). 결국 여러분은 앞에 있는 크레바스를 뛰어넘어 보기로 결심한다. 반대편이 보이지도 않고 크레바스 폭이 얼마인지 전혀 모르면서도 말이다. 이것은 무턱대고 어둠 속으로 뛰어드는 일이다. 하지만 신앙의 경우는 사정이 완전히 다르다. 여러분은 기억 믿음(memory belief, 기억 신념)이야말로 어둠 속으로 뛰어드는 것이라고 주장할지 모르겠다. 어떤 것을 어둠 속으로 뛰어드는 일이라 말하려면, 그렇게 뛰어드는 사람이 어둠 속에 무엇이 있는지 알지도 못하고 확실한 믿음들이 없어야 한다. 물론 여러분은 크레바스를 뛰어넘는 데 성공하여 의기양양하게 계속 하산할 수도 있지만, 그 대신에 깊이가 60미터나 되는 빙하 속으로 곤두박질칠 수도 있으리라는 것을 여러분은 안다. 여러분은 실제로 자신이 크레바스를 뛰어넘을 수 있다고는 **믿지 않는다**(그렇다고 안 믿는 것도 아니다). 여러분은 자신이 뛰어넘을 수 있기를 **소망**하면서 여러분이 **진정** 믿는 대로 행동하는데, 즉 실제로 뛰어오르지 않으면 기회도 없다는 것이다.

그러나 든든하고 확실한 지식인 신앙의 경우는 사뭇 다르다. 신앙을 가진 사람에게 (적어도 패러다임 사례에서는) 복음의 큰일이 분명 참된, 설득력 있는 것으로 보인다. 이 사람은—분명한 기억 믿음들이나 산술의 기본적인 사실들을 믿을 때의 경우와 마찬가지로—확신이 있다. 따라서 현상적으로, 내면으로부터, 어둠 속으로 뛰어드는 것과는 전혀 유사성이 없다. 물론 그렇다고 (확장된 아퀴나스/칼뱅 모델에서) 외면으로부터 어떤 유사성이 있는 것도 아니다. 이것이 어둠 속으로 뛰어드는 것이 아닌 이유는 신앙이 있는 사람에게 확신이 있기 때문이기도 하지만, 고려의 대상인 믿음이 합리성과 보증을 위한 조건을 실제로 충족하기 때문이다.

중요한 단서가 하나 있다. 확장된 아퀴나스/칼뱅 모델이 제시하는 믿음에 관한 설명은 말하자면 **패러다임이라 할 신앙, 이상적인 신앙**에 관한 설명이라는 것을 알아야 한다. 그러나 이 모델은 신앙의 대다수 사례가 바로 패러다임이라 할 만하다거나 이상적이라고는 주장하지 않는다. 사실은 신앙과 관련된 확신과 믿음은 지극히 견고하다는 것이다. 칼뱅이 말하듯이, "믿는 마음속에는 확신과 의심이 섞여" 있으며, "우리는 불신의 선동 때문에 사방에서 괴롭힘을 당한다"(*Institutes*, III.ii.18). 보통의 경우에는, 패러다임 사례와 반대로, 믿음의 정도가 최대치에 이르지 못하리라는 것은 분명하다. 더구나 신앙을 가진 사람이라도 믿음의 정도는 때에 따라, 상황에 따라 달라지는 것이 보통이다. 그러니 우리가 말할 수 있는 것이 있다면, 어떤 상황에서는 신앙으로 믿는 것이 지식을 구성할 만한 충분한 보증을 갖지만, 내가 추측하기에 이런 상황은 십중팔구 흔하지 않으리라는 것이다. 비록 어떤 시대에 일부 그리스도인은 때때로 그런 상황에 도달하기도 하지만 말이다.

확장된 아퀴나스/칼뱅 모델의 본질적인 특징들을 다시 정리해 보자. 성경에 있는 하나님의 가르침과 보조를 맞추어 작동하는 성령의 내적인 자극은 인지 과정 내지 믿음을 산출하는 메커니즘으로, 우리 안에 다른 많은 믿음들뿐 아니라, 신앙을 구성하는 믿음들을 산출한다. 물론 신자는 이런 믿음들을 참이라 본다. 이것도 신자들이 믿음들이라 여기는 것의 일부다. 이런 믿음들은 믿음의 내적 특징, 곧 참되다고 보이는 것의 내적 특징을 가지며, 또한 다양한 정도로 가질 수 있다. 둘째, 확장된 아퀴나스/칼뱅 모델에 따르면 이런 믿음들은 정당화되며, 아울러 적어도 두 가지의 미덕을 더 갖는다. 먼저, 이런 믿음들은 합리적인데, 즉 믿는 사람이 (믿음에 앞서 주어진) 자신이 한 경험에 대해 보인 반응은 합리성에 의해, 곧 올바른 기능에 의해 허용된 범위 안에 있다. 거기에는 병(病)이라 할 만한 것이 전혀 없다. 다음으로, 고려의 대상인 믿음들은 보증을 가진다. 이런 믿음들은 성공적으로 참된 믿음을 산출하는 것을 목표하는 설계 계획을 따라 적합한 환경에서 올바르게 기능하는 인지 과정이 산출한다.

물론 고려의 대상인 과정은 창조 때문에 우리가 갖게 된 일반적 믿음 산출 메커니즘과 같지 않다. 이 과정은 성령의 특별한 사역으로 이루어진다. 흄의 빈정거리는 조롱을 보라.

> 대체로, 우리는 기독교가 처음에 기적을 수반했을 뿐 아니라 오늘날에도 이성적인 사람이라면 도저히 믿을 수 없다고 결론지을 수 있을 것 같다.…. 신앙으로 기독교에 동의하게 된 사람은 누구나 그 자신 안에서 계속되는 기적을 인식하겠지만, 이는 그의 지성의 모든 원리를 뒤엎는 것이며, 관습과 경험에 가장 어긋나는 것을 믿겠다고 스스로 결심하는 것이다.[13]

확장된 아퀴나스/칼뱅 모델에 따르면 흄은 (조롱을 제외하면) 옳은 부분도 있다. 복음의 주요 줄거리를 믿는 믿음을 그리스도인 안에 산출하는 것은 성령의 특별한 사역이지, 우리가 처음에 창조될 때 주어진 믿음 산출 능력과 과정이 아니다. 더군다나, 그리스도인이 믿는 것 가운데는 (가령 한 인간이 죽었다가 죽은 자들로부터 부활했다는 것처럼) 흄의 말대로 **실제로** 관습과 경험에 어긋나는 것도 일부 있다. 그런 일은 거의 일어나지 않는다. 물론 그렇다고 해서, 흄이 은연중에 주장하는 것

---

13 *An Enquiry Concerning Human Understanding* (LaSalle, IL: Open Court Publishing, 1956), p. 145. 『인간의 이해력에 관한 탐구』(지식을만드는지식).

과는 반대로, 성령의 내적 자극이 있다면 그런 것을 믿는 것이 비합리적이라거나 이성에 어긋나는 일이라고 결론지을 수는 없다.

확장된 아퀴나스/칼뱅 모델을 지지하면서 나는 이 모델을 비판하는 데 성공한 어떤 철학적 반론도 존재하지 않음을 주장한다(7장에서 몇몇 반론을 살펴보겠다). 철학적인 고찰에 관한 한, 기독교 믿음이 참이라면, 확장된 아퀴나스/칼뱅 모델 혹은 이와 비슷한 것은 있는 그대로의 진리일 뿐이다. 물론 기독교 믿음 자체가 진리라는 것을 부인하는 철학적 반론들이 있을 수 있다. 8장, 9장, 10장에서 나는 그런 반론들 가운데 일부를 파기자들이라는 형태로 살펴보도록 하겠다. 그러나 여기서 강조하고픈 것은, 기독교 믿음이 참이라면 여기서 제시한 방식으로 보증을 갖고 있을 가능성이 아주 높다는 점이다. 기독교 믿음이 **진리**라는 것을 전제할 때, 확장된 아퀴나스/칼뱅 모델을 제대로 비판하는 철학적 반론이 전혀 존재하지 않는다면, 이 모델을 비판하는 데 성공적이고자 하는 반론은 또한 기독교 믿음이 진리라는 것을 비판하는 데도 성공적이어야 할 것이다.

우리는 이 문제를 한층 더 깊이 다루어 볼 수 있다. 기독교 믿음이 참이라면, 이 믿음은 보증을 가질 가능성이 아주 높다. 확장된 아퀴나스/칼뱅 모델이 제시한 방식이 아니더라도, 그와 비슷한 다른 방식으로라도 말이다. 기독교 믿음이 참이라면, 우리를 자신의 형상대로 창조하신 하나님이라는 인격체가 실제로 존재하고, 우리는 죄에 빠져 구원이 필요하며, 삼위일체의 둘째 위격이신 예수 그리스도의 성육신, 고난, 죽음, 부활을 통해 회복과 갱신에 이를 방편이 제공되었다. 더군다나 이런 회복을 우리의 것으로 삼는 전형적인 방법은 신앙이며, 이는 이러한 것들에 대한 믿음과 관련이 있다. 곧 복음의 큰일을 믿는 믿음과 관련이 있는 것이다. 하지만 그렇다면 하나님은 우리가 이런 사실들을 알 수 있게 하셨을 것이다. 그리고 **그렇다면**, 기독교 신앙의 중심 요소들을 믿는 믿음을 실제로 산출하는 인지 과정은 그 설계자에 의해 이 과정이 그런 믿음을 산출하는 것을 목표하도록 되었다고 생각하는 것이 자연스럽다. 그렇다면 이런 믿음들은 보증을 가질 것이다.

6장

우리의 마음에 인치다

앞서 보았듯이, 확장된 아퀴나스/칼뱅 모델은 기독교 믿음이 어떻게 보증을 가질 수 있는지 보여 준다. 이 모델에서 기독교 믿음은 성령의 내적 자극에 의해 신자 안에 산출되는데, 이는 그 자체가 성령이 신적으로 영감을 불어넣으신 성경의 가르침을 뒷받침하는 것이다. 성령이 하시는 일의 결과가 신앙이다. 장 칼뱅과 확장된 아퀴나스/칼뱅 모델은 이 신앙을 가리켜 "하나님이 우리에게 베푸신 자비에 관한 견고하고 확실한 지식으로, 그리스도 안에서 값없이 주어진 약속의 진리에 기초하며, 성령을 통해 우리의 지성에 계시되고 또한 우리의 마음에 인쳐졌다"고 말한다. 확장된 아퀴나스/칼뱅 모델에 따르면, 이런 믿음들은 정당화, 합리성, 보증이 있다. 따라서 우리도 칼뱅처럼 이런 믿음들이 "우리의 지성에 계시되었다"고 말한다.

하지만 거기서 그치지 않고, 이런 믿음들은 "우리의 마음에 인쳐졌다." 이것은 무엇을 의미하며, 아울러 이는 이 모델에 어떻게 적용될 수 있을까? 이런 진리가 우리의 지성에 계시되었다면, 우리에게 무엇이 더 필요할까? 왜 이런 믿음들은 우리의 마음에 인쳐져야 했을까? 이에 대답하기 위해, 고려의 대상인 믿음들을 견지하는데도 신앙을 갖지 못하는 일이 있을 수 있는지 묻는다고 가정해 보자. 전통적인 기독교의 대답은 이렇다. "뭐, 그럴 수도 있지. 마귀도 믿으며(believe) 떠니까"(약 2:19). 그러나 마귀에게는 신앙(faith)이 없다. 그렇다면 차이는 무엇인가? 신앙에는 믿음보다 무엇이 더 있는가? 기독교 신자와 마귀를 구분해 주는 것은 무엇인가?

확장된 아퀴나스/칼뱅 모델에 따르면 그 답의 윤곽을 방금 언급한 본문이 제시한다. 마귀가 **떤다**. 마귀는 이런 것들을 믿지만, **증오한다**. 또한 마귀는 하나님도 증오한다. 어쩌면 마귀는 이런 것들이 사실이 아니기를 가망이 없는데도 계속 소망하는지도 모르며, 아니면 믿더라도 자기를 속이는 방식으로 믿을지도 모른다. 마귀도 하나님의 능력을 알기에, 하나님과 겨루어 이길 가망이 없음을 안다. 그런데도 마귀는 하나님과 겨루는 일에 몰두하는데, 어쩌면 어떤 의미에서는 자신이 이길 수 없으리라는 것을 뻔히 알면서도, 또 다른 차원에서는 이런 진실을 받아들이기를 거부하면서, 혹은 그저 그런 진실을 외면하고 싶은 자기기만 상태에 익히 젖어 있기 때문일 것이다.

혹은 여기서는 단지 인지 차원만이 아니라 **감정적인**(affective) 차원도 문제인지 모른다. 말하자면 자신이 하나님을 이길 가망이 없음을 알면서도 어쨌든 계속해서 싸우기를 고집하면서, 자신을 거의 극복할 수 없는 역경에 맞서 영웅처럼 싸우는 용감한 프로메테우스라고 여기는 것이다. 마귀는 하나님이 이런 상태에 결코 계시지 않음을 지적하고, 따라서 어떤 의미에서는 자신이 하나님보다 도덕적으로 우위에 있다고 생각할 수도 있다. 그뿐 아니라 인간을 구원하시려는 하나님의 놀라운 계획을 마귀도 알지만, 이런 계획—그리고 그 자비와 고난당하는 사랑—을 불쾌하며 아무런 가치가 없다고 여긴다. 확실히 마귀는 (성육신과 속죄에서 나타난 사랑을 포함하는) 기독교적 사랑을 내세우는 것이 경멸할 만하게 약하고, 불평만 늘어놓고, 분개하고, 비겁하고, 비열하고, 비굴하고, 겉과 속이 다르고, 겁쟁이인 사람들이나 구사하는 전략이라는 니체의 생각에 동의한다.

하지만 신앙이 있는 사람은 기독교 신앙의 중심 주장을 믿을 뿐 아니라, (으레) 구원 계획 전체가 엄청나게 매력 있고, 기쁨을 주며, 감동적이고, 놀라게 되는 경탄의 원천이라는 것을 발견한다. 신앙이 있는 사람은 주께 그 큰 선하심으로 인해 깊이 감사하면서, 그의 희생적인 사랑에 역시 자신의 사랑으로 응답한다. 따라서 신자와 마귀의 차이는 적어도 일부는 감정(affections)의 영역에 있다. 즉 사랑과 증오, 매력과 역겨움, 욕망과 혐오 같은 감정 말이다. 전통적인 범주는 이런 차이가 의지의 지향에 있다고 보았다. 우선적으로 의지의 **집행** 기능(무엇인가를 결정하고 다양한 사태를 강구하거나 피하는 기능)에 있는 것이 아니라, 물론 그것도 관련되어 있기는 하지만, 오히려 의지의 **감정** 기능, 곧 사랑하고 증오하는 기능, 매력이나 불쾌함을 느끼는 기능, 동의하거나 동의하지 않는 기능에 있는 것이다. 따라서 신자, 곧 신앙이 있는 사람은 올바른 믿음들을 가졌을 뿐 아니라, 또한 올바른 감정을 가졌다. 회개와 중생은 믿음은 물론이고 감정도 바꾼다.

칼뱅은 하나님이 우리에게 베푸신 자비에 관한 견고하고 확실한 지식을 우리의 마음에 인치신 분이 바로 성령이라고 말한다. 바로 이 성령이 감정을 새롭게 하고 그 방향을 바꾸어 주신다. 사람들은 때로 칼뱅을 영적으로 차갑고, 냉정하고, 피도 눈물도 없으며, 이성적이기만 한 사람으로 묘사한다. 지성이 지나치게 지배하는 사람이라는 것이다. 칼뱅보다 한 세기 뒤에 등장한 개혁주의 스콜라 철학의 경우에는 이런 비판이 어느 정도 타당할 수도 (혹은 타당하지 않을 수도) 있다. 하지만 칼뱅의 작품을 대충만 살펴보아도 그를 바라보는 이런 생각들이 대단히 부정확하다는 게 드러난다. 칼뱅의 문장(紋章)은 펼친 손 위에 불타는 심장을 올려놓은 모습이다. 이 문장은 이런 문구를 담고 있다. "주여, 불타는 것 같은 제 심장을 주께 바칩니다"(Cor meum quasi immolatum tibi offero, Domine).[1] 그는 성령에 관해 이렇게 말한다. "그(성령)는 우리의 사악하고 과도한 욕망을 끊임없이 졸이고 태워 없애시면서 우리의 심장이 하나님의 사랑과 열렬한 헌신으로 타오르게 하신다." 『기독교강요』가 철두철미하게 목표하는 것은 (본질상 감정과 관련이 있는) 그리스도인의 삶의 **실천**이지, 신학적 이론이 아니다. 신학적 이론은 어디까지나 삶의 실천에 봉사하는 역할만 할 뿐이다.

따라서 신자와 마귀 사이에 있는 처음의 차이는 부분적으로 감정의 문제다. 신자는 감동을 받아 감사와 사랑에 이르지만, 마귀는 두려움·증오·모욕에 이른다. 성령은 신자 안에 지식을 산출하신다. 하지만 이 지식을 우리의 마음에 인치실 때 올바른 감정도 산출하신다. 올바른 감정 가운데 으뜸은 하나님을 사랑하는 것이다. 하나님을 욕

---

1 이 특별한 현상—누군가의 뜨거워진 심장 혹은 불타는 심장이라는 말로 표현하는 것이 자연스러운 현상—은 기독교 전통에서 적어도 엠마오로 가는 길에 부활하신 그리스도를 만났던 제자들까지 거슬러 올라간다. "그때 그들의 눈이 열리고 그들이 그를 알아보았으나, 그가 그들의 눈에서 사라져 보이지 않았다. 그들이 서로 물었다. '그가 길에서 우리와 말하며 성경을 우리에게 열어 보였을 때 우리 안에서 우리의 심장이 불타지 않았느냐?'"(눅 24:31-32)

망하는 것, 하나님을 알고 하나님과 친밀한 관계를 맺기를 욕망하는 것, 하나님과 어떤 연합을 이루기를 욕망하는 것, 그뿐 아니라 하나님을 기뻐하고 하나님의 아름다움·위대함·거룩함 등을 즐거워하는 하는 것. 아울러 신뢰, 긍정, 감사, 기뻐하려는 의도, 선한 일에 대한 기대, 그리고 그보다 훨씬 많은 것. 따라서 신앙은 단지 어떤 명제를 믿는 차원의 문제가 아니다. 그 명제가 설령 복음에서 아주 중요한 명제라 할지라도 말이다. 신앙은 믿음 이상의 것이다. 신앙을 산출하실 때 성령은 우리 안에 이런저런 명제가 진정 참이라 믿는 믿음을 산출하는 것 이상의 일을 하신다. 아퀴나스가 다섯 쪽에서 네 번이나 되풀이하듯이, "성령은 우리를 하나님을 사랑하는 사람들로 만드신다."[2] 마르틴 루터는 이렇게 말한다.

믿는 것에는 두 가지 방식이 있다. 첫째, 나는 하나님에 **관한** 신앙(faith *concerning* God)을 가질 수 있다. 사람들이 하나님에 관하여 말하는 내용을 내가 참이라 주장할 때가 이런 경우에 해당한다. 이런 신앙은 내가 튀르크(Turk) 사람, 마귀와 지옥에 관한 진술에 표하는 동의와 같은 차원에 있다. 이런 종류의 신앙은 신앙이라기보다 지식이나 정보라 불러야 한다. 둘째, **믿어 그 안으로 들어가는** 신앙(faith *in*)이 있다. 그런 신앙이 내 것이 되는 때는 사람들이 하나님에 관하여 말하는 내용을 내가 참이라 여길 뿐 아니라, 내가 그를 신뢰함으로써 그와 친밀한 관계를 맺고, 가르침을 받은 그대로 그가 계시며 행하실 것을 내가 알게 되리라고 굳

---

2 *Summa contra Gentiles*, trans. Charles O'Neil (Notre Dame: University of Notre Dame Press, 1975), Bk. IV, ch. 21, 22 (pp. 122, 125, 126).

게 믿을 때다.… "**들어가는**"(in)이라는 말은 잘 고른 말이며 마땅히 주목할 만하다. 우리는 내가 하나님 아버지를 혹은 하나님 아버지에 관하여 믿는다고 말하지 않고, 하나님 아버지를, 예수 그리스도를, 그리고 성령을 믿어 **그 안으로 들어간다**(believe in)고 말한다.[3]

조나단 에드워즈는 내면의 삶을 알려준 위대한 스승 가운데 한 사람이며 타의 추종을 불허하는 신앙 감정의 연구자로, 칼뱅이 참된 종교가 단지 올바른 믿음 이상이라 한 것에 동조한다. 그에 따르면 실제로 참된 종교는 **첫째로** 올바른 감정을 갖는 것과 관련된 문제다. "참된 종교에서는 거룩한 감정이 큰 부분을 차지한다."[4] "성경은 정녕 모든 곳에서 종교를 상당히 감정에 둔다. 두려움, 소망, 사랑, 증오, 욕망, 기쁨, 슬픔, 감사, 긍휼, 열정 같은 것들 말이다"(p. 272). 단순한 지식만으로는 참된 종교가 되지 못한다.

구분이 필요하다. 단순한 관념적 이해는 정신이 단지 어떤 사유 능력을 실행하여 사물을 바라보는 것이며, 그에 반해 마음의 감각은 정신이 사유하고 볼 뿐 아니라 음미하고 느끼는 것이다. 이런 종류의 지식, 곧 인간이 다정함과 역겨움, 혹은 달콤함과 불쾌함을 감각을 통해 인식할 때

---

3   *Luther's Catechetical Writings*, trans. J. N. Lenker, 2 vols. (Minneapolis: Lutheran Press, 1907), 1:203, H. R. Niebuhr, *Faith on Earth* (New Haven: Yale University Press, 1989), p. 9에서 인용. 아울러 파스칼의 말을 생각해 보라. "따라서 하나님이 마음의 감정을 통해 종교를 부여하신 사람들은 아주 행운이며 당연히 확신에 차 있다"[*Pensées*, trans. M. Turnell (London: Harvill Press, 1962), p. 282].

4   *A Treatise Concerning Religious Affections*. ed. John E. Smith [New Haven: Yale University Press, 1959 (1746)], p. 95. 본문에서 밝힌 쪽수는 이 판을 따른다.

사용하는 지식은 삼각형이 무엇이며 사각형이 무엇인지 알 때 사용하는 지식과 종류가 다르다. 하나는 단지 사변적인 지식이며, 다른 하나는 지각할 수 있는 지식으로 단순한 지성 이상의 것과 관련이 있다. 마음, 혹은 영혼이 그것의 올바른 주체로서 볼 뿐 아니라 성향을 가져 기뻐하거나 싫어한다. (p. 272)

그렇다고 에드워즈가 믿음과 이해가 하는 역할이 전혀 없는 것처럼 생각하면서 참된 종교는 **단지** 혹은 **단순히** 감정의 문제, 사랑과 증오의 문제라고만 여기는 것은 아니다. "거룩한 감정은 빛 없는 열이 아니다. 도리어 거룩한 감정은 이해에서 나온 어떤 정보, 정신이 받아들이는 어떤 영적인 가르침, 어떤 빛이나 실제의 지식에서 항상 유래한다"(p. 266). 하지만 참된 종교는 **주로** 감정과 관련이 있다(에드워즈는 그렇게 말하는 것 같다). 특히, 참된 종교는 사랑과 관련이 있다. "요컨대 모든 참된 종교는 신적인 것들을 사랑함에 있다"(p. 271). 또한 사랑은 다른 감정을 잇달아 불러온다. 그에 따르면, "하나님을 사랑하는 것은 하나님의 생각을 기뻐하게 하고, 하나님의 임재를 기뻐하게 하며 하나님과 닮기를 욕망하게 하고, 하나님을 즐거워하게 한다"(p. 208). 다른 곳에서 에드워즈는 하나님을 사랑하는 사람은 복음의 큰일을 깊이 생각하기를 기뻐하면서 그 일들을 즐거워하고, 매력적이고 경이롭고 유쾌하게 여긴다고 덧붙인다(p. 250). 더구나 복음의 위대한 진리들을 기뻐하는 사람은 휘황하게 풍성하고 능력 있는 복음을 값싸고 시시한 대체물로 바꾸려는 다양한 시도들을 역겨워할지도 모른다. 더 나아가, 올바른 감정을 갖게 되면 죄의 진정한 가증함을 알아차릴 수 있다. "거룩함의 아름다움을 아는 사람은 그 반대인 죄의 혐오스러움을 알 수밖에 없다"(p. 274). 그리고 (자신과 다른 사람들 안에 있는) 죄의 혐오스러움을 아는 사람은 또한 (그 지식이 올바르게 기능할 경우에) 죄를 **혐오할** 것이다.

따라서 회개는 본디 의지를 돌이키는 것이며, 우리를 억누르던 감정의 고장 상태를 치유하는 것이다. 자아를 사랑하는 것에서, 자신을 우주 최고의 존재로 생각하는 것에서 돌이켜 하나님을 사랑하는 것이다. 그렇다면 하나님을 사랑하는 것이란 과연 무엇일까? 우리는 이를 어떻게 이해해야 하는가? 교양인이며 고매한 빅토리아 시대 뉴잉글랜드 신사인 윌리엄 제임스(William James)는 아빌라의 테레사(Teresa of Ávila)의 글에서 열망과 동경과 욕망의 두근거리게 하는 요소들을 언급하고, 교양 있는 사람으로서 경멸하면서, 모든 것이 참으로 조금은 **무미건조**하다고, 조금은 **저급**하다고 본다. 제임스는 코웃음을 치며 말한다. "대체로 테레사는 종교를 열성적인 신자와 신의…끝없는 연애놀이라고 생각하는 것 같다."[5]

여기 웃음거리가 되는 쪽은 제임스다. 에로스와 계발된 영성 사이에는 친밀하고 오랜 관계가 있다. 그리고 여기서 우리는 에로스를 단지 낭만적이거나 성적인 사랑의 문제로 치부해서는 안 된다. 더 넓게 생각하면, 오히려 에로스는 하나의 속(屬)이며 낭만적인 사랑은 그에 속한 하나의 종(種)이다. 낭만적이고 성적인 사랑은 그중에서도 특별한 사례다. 내가 생각하기에 에로스의 본질은 열망과 욕망, 어떤 연합에 대한 욕망이다.

성경은 그런 열망, 동경, 그리움(Sehnsucht), 욕망을 담은 표현으로 가득하다. 시편에는 이런 에로스를 담은 표현이 특히 풍부하다.

---

[5] *The Varieties of Religious Experience* (New York: Longmans, Grees, 1902), p. 340.

내 영혼이 야훼의 궁정을 동경하며, 쇠약해지도록 그리워하나이다. 내 마음과 내 육체가 살아 계신 하나님을 찾으며 부르짖나이다. (시 84:2)

오 하나님, 당신은 내 하나님이시니, 내가 당신을 간절히 찾나이다. 내 영혼이 당신을 갈구하며, 내 몸이 당신을 갈망하나이다. (시 63:1)

내가 야훼께 바라는 한 가지, 그것을 내가 구하겠습니다. 그것은 내가… 야훼의 아름다움을 보는 것입니다. (시 27:4, KJV)

사슴이 물줄기를 간절히 찾듯이, 오 하나님, 내 영혼도 당신을 간절히 찾습니다. 내 영혼이 하나님을, 살아 계신 하나님을 갈구합니다. (시 42:1-2)

내가 내 입을 열어 헐떡이며 당신의 계명을 갈망하나이다. (시 119:131)

하나님을 향한 이런 사랑은, 말하자면, 여러분이 수집한 우표를 정리하며 오후 시간을 보내는 경향 같은 것이 아니다. 그것은 욕구와 동경으로 가득한 갈망으로, 영적일 뿐 아니라 육체적이기도 하다. "내 몸이 당신을 갈망하며, 내 영혼이 당신을 갈구합니다." 에로스는 성적인 사랑보다 넓지만, 비슷하기도 하다. 하나님과의 **연합**을 위한 강력한 욕구가 있는데, 바로 그리스도가 요한복음 17장에서 언급하시는 하나됨이다. 물론 성적인 사랑만 이 연합과 유사한 것은 아니다. 마찬가지로 이 연합과 아주 유사한 것이 부모와 어린 자식 사이의 사랑일 것인데, 성경은 하나님의 사랑을 비유할 때 이런 종류의 사랑을 자주 원용한다. 우리를 향한 하나님의 사랑과 하나님을 향한 우리의 사랑

모두를 위해서 말이다. 여기에도 친밀함에 대한 갈망, 동경, 욕망이 있다. 여름 동안에 집을 떠나 있어야 하는 여덟 살짜리 아이가 집이 그리워 갈망하는 것이나, 상처받고 고통스러워하는 자식을 생각하는 어머니의 사랑을 생각해 보라.

이와 똑같은 연합의 욕망이 다르게 나타나는 경우들이 있다. 좀체 잊을 수 없는 6월 이른 아침 대평원의 숨 막히는 아름다움을, 혹은 장엄하면서도 조금은 움찔하게 하는 그랜드티턴 국립공원(Grand Tetons) 커시드럴 그룹(Cathedral group)의 모습을, 혹은 스카이라인 리지(Skyline Ridge)에서 바라본 셕산산(Mount Shuksan)과 베이커산(Mount Baker)의 빛나는 광휘를, 혹은 끝없이 부서지고 으르렁거리는 파도를, 혹은 심장을 녹일 듯이 달콤한 모차르트의 "우리에게 평화를 주소서"(*Dona Nobis Pacem*)를, 혹은 미식축구에서 상대방이 찬 공을 잡아 98야드를 질주하는 장면이나 스케이트 동작의 믿을 수 없는 우아함, 아름다움, 힘을 생각해 보라. 각각의 경우에 있는 일종의 동경은 어쩌면 과거를 그리워하는 마음과 좀 비슷한 것일 수도 있고, 어쩌면 고향을 그리워하는 마음과 비슷할 수도 있으며, 알지 못하는 것을 향한 갈망일 수도 있다. 이런 갈망은 성과 결부된 에로스와는 분명 다르다(어쩌면 깊은 차원에서는 연관이 있을지도 모르겠지만 말이다). 이런 경우들을 보면 그 갈망이 무엇을 **향한** 갈망인지 정확하게 말하기가 쉽지 않으나, 일종의 연합을 추구하는 갈망이라 볼 수 있다. 마치 여러분이 음악에 빨려 들어가고 싶어 하는 마음, 대양의 일부가 되고 싶어 하는 마음, 풍경과 하나가 되고 싶어 하는 마음 같은 것이다. 여러분은 그 산에 오르기를 정말 좋아하겠지만, 그것만으로는 충분하지 않다. 또한 여러분은 어떤 식으로든 그 산과 하나가 되고 싶어 하거나, 그 일부가 되고 싶어 하거나, 그 산을 혹은 그 아름다움을 가지거나, 그 산의 특별한 측면을 갖고 싶어 한다. 여러분은 어떤 식으로든 그것이 바로 여러분의 영혼 자체의 일부가 되기를 원한다.[6]

물론 여러분은 그리하지 못한다. 여러분은 늘 만족하지 못한 상태로 있다. 장 폴 사르트르(Jean-Paul Sartre)는 인간(man, 이 말이 남자들만을 가리킨다고 보기에는 의심스럽다)이 "너무 많다"(de trop)고 말한다. 어쩌면 진실은 "충분하지 않다"에 더 가까울지도 모른다. 아울러 그는 인간이 "쓸모없는(useless) 열정"이라고 말한다. 그는 인간이란 다 채워지지 않은(unfulfilled) 열정이라고 말해야 했다. 아름다움을 마주해도, 결코 충분하지 않다. 결코 우리는 온전히 만족하지 않는다. 저 너머에 우리가 지금 마주한 아름다움보다 더 나은 것, 우리가 동경하는 더 나은 것이 있지만, 지금 우리는 그저 희미하게 인식할 뿐이다. 우리는 진정한 만족을 슬쩍 보고 지나치기만 할 수 있을 뿐이다. 하나님의 사랑으로 채워질 때까지는 다 채워지지 않는다. 이런 갈망도 하나님을 향한 갈망의 유형에 속한다. 그리고 짧지만 기쁨을 주는 이런 부분적인 충족은 "하나님을 영화롭게 하고 그분을 영원히 즐거워하는" 사람들이 누리는 충족의 한 유형이며 맛보기다.[7]

---

[6] C. S. 루이스가 우리의 "위로할 길 없는 비밀"에 관해 한 말과 비교해 보라. "우리는 아름다움을 그저 **보는** 것만을 원하지 않는다. 하나님도 아시듯 아름다움이 이미 충분한 혜택인데도 말이다. 우리는 말로 표현하기 힘든 다른 무엇을 원한다. 우리가 보는 아름다움과 결합하여 하나가 되고, 아름다움으로 바뀌고, 아름다움을 우리 자신 안으로 받아들이고, 아름다움으로 목욕하고, 아름다움의 일부가 되기를 원한다"[*The Weight of Glory* (London: Society for Promoting Christian Knowledge, 1942), p. 8]. 『영광의 무게』(홍성사).

[7] 웨스트민스터 신앙고백의 첫 번째 질문과 대답을 보라. "질문: 인간의 가장 주되고 가장 고상한 목적은 무엇인가? 대답: 인간의 가장 주되고 가장 고상한 목적은 하나님을 영화롭게 하고 그분을 영원토록 온전히 즐거워하는 것이다."

이런 종류의 갈망, 욕구, 에로스는 더 깊은 무엇인가를 가리킨다. 더 깊은 실재가 있음을 암시하는 표지 혹은 유형이며, 우리가 지금은 그저 암시와 귀띔을 통해서만 아는 하나님을 향한 사랑의 일종이다. 그러나 또한 이것들은 **하나님의** 사랑을 나타내는 표지, 상징, 혹은 모형이다. 이 사랑은 하나님의 자녀가 언젠가 **하나님을** 향하여 갖게 될 사랑뿐 아니라, 하나님이 **자녀를** 향하여 품고 계신 사랑도 함께 가리킨다. 우리가 앞에서 언급했듯이, 성경은 그 백성을 향한 하나님의 사랑과 교회를 향한 그리스도의 사랑을 신부를 향한 신랑의 사랑에 비유한다.

널리 공유된 전통적인 하나님에 관한 견해는 하나님을 무감정적인(impassible) 분, 곧 욕구나 느낌이나 열정이 없고, 자신이 지으신 세계의 슬픈 상태와 자녀의 고통에도 슬픔을 느끼지 못하며, 마찬가지로 즐거움이나 기쁨이나 갈망이나 동경을 느끼지 못하는 분으로 보는 견해였다. 이렇게 생각한 이유는, 개략적으로 말하자면, 그리스 철학에서 비롯된 전통이 열정(passions)을—여러분이 능동적으로 **행하는** 무엇이라고 생각하지 않고—**수동적인**(passive) 것으로, 여러분에게 **일어나는**, 겪게 되는 일로 생각했기 때문이다(어떤 다른 생각을 할 수 있겠는가?). 여러분은 분노, 사랑, 즐거움 등에 **종속되고** 또한 **겪는다**. 하지만 하나님은 이런 것들을 전혀 "겪지" 않으신다. 그는 행동하시지, 결코 단지 수동적이지 않으시다. 그리고 그 어떤 것에도 종속되지 않으신다.

더군다나, 에로스에 관해서라면 하나님의 삶의 일부가 아니라고 생각할 또 다른 이유가 있다. 갈망과 동경은 필요와 **불완전함**을 상징한다. 어떤 것을 동경하는 사람은 그것을 아직 가지지 않았거나, 필요로 하거나, 또는 적어도 필요하다고 생각한다. 그러나 인간이 보통 생각하는 하나님은 당연히 완전하시며 자신 외에 아무것도 필요로 하지 않으신다. 그런데 어떻게 그런 분이 에로스에 종속될 수 있겠는가? 이런 전통에 따르면 하나님의 사랑이란 오로지 **아가페**, 선의(benevolence)이며,[8] 온전히 타자만 생각하는 관대한 사랑이다. 이런 사랑에는 자비가 있을 뿐, 욕구라는 요소는 전혀 없다. 하나님은 우리를 사랑하시지만, 우리가 그분을 위해 할 수 있는 것은 아무것도 없다. 하나님은 우리에게서 아무것도 바라지 않으신다.

나는 특히 이 지점에서 우리가 전통을 벗어나야 한다고 생각한다. 이곳이 바로 그리스 철학에 지나치게 주목하고 성경에 거의 주목하지 않은 곳 가운데 하나다. 나는 하나님도 고통을 느끼실 수 있고 실제로 고통을 느끼신다고 믿는다. 하나님이 고통을 느끼시는 능력은, 하나님의 지식이 우리의 지식을 능가하는 것만큼이나, 우리가 고통을 느끼는 능력을 능가한다. 그리스도의 고통은 거짓으로 꾸며 낸 것이 아니었다. 그는 십자가와 지옥 자체가 안기는 극심한 고통을 견뎌 낼 준비가 되어 있었다("내 하나님, 내 하나님, 왜 나를 버리시나이까?").[9] 하나님 아버지도 잔인하고 수치스러운 십자가 죽음에 비통한 심정으로 자신

---

8 Anders Nygren, *Agape and Eros*, trans. Philip S. Watson (New York: Macmillan, 1969)를 보라. 원서인 스웨덴어판은 1935년에 출간되었다. 『아가페와 에로스』(CH북스).
9 우리는 그리스도가 인간**으로서**(*qua* human being, 그의 인성을 통하여) 고통을 당하셨지, 하나님**으로서**(*qua* divine, 그의 신성을 통하여) 고통을 당하시지는 않았다고 말할 수 있을까? 이곳이 이 문제처럼 오래되고 깊은 질문을 다룰 곳은 전혀 아니지만, 나는 이런 주장이 비일관적이라고 생각하고 싶다. 이런 인격체, 곧 하나님의 삼위일체의 두 번째 위격으로서 육신이 되신 분이 계신다. 바로 이 인격체가 고통을 당하신다. 만일 정말로 여기에 의식의 중심이 둘이 있어서 하나는 고통을 당하나 다른 하나는 고통을 당하지 않는다면, 여기에는 인간이며 하나님인 한 인격체가 아니라, 두 인격체(곧 한 인간과 한 하나님)가 있을 것이다. 내가 쓴 "On Heresy, Mind, and Truth", *Faith and Philosophy* 16, no. 2 (1999), p. 182를 보라.

을 내맡긴 하나님의 아들, 곧 삼위일체의 두 번째 위격이신 분을 그저 지켜보고만 있어야 하는 극심한 고통을 견뎌 낼 준비가 되어 있었다. 다른 열정의 경우도 마찬가지 아닐까? "하늘에서는 참회가 필요 없는 아흔아홉 의인보다 참회하는 한 죄인 때문에 더 기뻐한다"(눅 15:7). 그럼 하나님 자신은 이런 기쁨에서 제외되는 분일까?

에로스도 비슷하다. "신랑이 그 신부를 기뻐함같이, 네 하나님도 너를 기뻐하시리라"(사 62:5). 신부를 기뻐하는 신랑이 단순한 아가페 사랑으로만 신부를 사랑하지는 않는다. 신랑은 신부에게 선의가 있는 오라비 같지 않다(물론 성경은 그리스도를 우리의 형이라 말하기도 한다). 신랑은 자신 밖에 있는 무엇인가를 원하고 욕망하는데, 즉 그가 사랑하는 사람과의 하나됨이다. 교회는 그리스도의 신부이지, 여동생이 아니다. 성경이 사용하는 이런 이미지들은 하나님이 무감정적이지 않음을, 우리를 향한 그분의 사랑이 그저 아가페 사랑만은 아님을 암시한다. 그런 이미지들은 자신의 백성을 향한 하나님의 사랑이 욕망이라는 요소와 관련이 있음을 알려 준다. 하나님은 우리에게 올바른 반응을 욕망하시며, 우리가 그분과 하나됨을 바라듯이 그분도 우리와 하나됨을 바라신다.

우리는 여기서 한 걸음 더 나아갈 수 있다. 조나단 에드워즈에 따르면, "성부의 무한한 행복은 성자의 기쁨에 있다."[10] 추측건대 이것은 아가페가 아니다. 하나님이 우리에게 베푸시는 사랑과 달리, 자비라는 요소가 없기 때문이다. 오히려 그것은 하나님이 성자 안에서 엄

---

10 "An Essay on the Trinity", in *Treatise on Grace and Other Posthumously Published Writings*, ed. Paul Helm (Cambridge: James Clarke, 1971), p. 105.

청난 즐거움, 기쁨, 유쾌함, 행복함을 누리시는 것이다. 성부와 성자의 필연적인 존재를 생각한다면, 그리고 성부와 성자가 그들의 가장 중요한 속성을 본질적으로 갖고 계심을 생각한다면, 하나님이 성자를 빼앗길 수 있는 길은 없다.[11] 만일 하나님이 (사실상 불가능한 수단에 의해) 성자를 빼앗긴다면, 상상조차 할 수 없는 슬픔을 야기할 것이다. 여기서 관심의 대상인 사랑은 에로스이지, 아가페가 아니다.[12] 하나님을 향한 욕망이 계속, 영원히, 기쁨으로 채워진다. 그리고 하나님의 형상대로 창조된 우리의 존재는 지식을 위한 능력과 행동할 수 있는 능력뿐 아니라, 에로스를 향유하고 진정으로 사랑할 수 있는 것을 사랑하는 능력을 갖는다.

따라서 우리의 삶에 있는 에로스는 하나님의 에로스 사랑을 가리키는 표지 내지 상징이다. 인간의 에로스 사랑은 더 심오한 어떤 것, 아주 심오하여 창조되지 않은 어떤 것을 가리키는 표지이며, 이 우주의 원천이고 영원하며 필연적으로 존재하는 특징이다. 분명히 에로스는 인간뿐 아니라 다른 많은 피조물을 규정하는 특징이다. 살아 있는 우주의 많은 것이 분명히 이 특징을 공유한다. 더 중요한 사실은, 에로스가 있는 우리 모든 피조물이 이 심오한 하나님의 속성을 반영하

---

11 하나님께 열정이 없다는 결론을 지지하는 전통적인 주장 가운데 하나에 대한 답변은, 아버지와 아들은 참으로 서로를 필요로 하지만 그 필요는 필연적으로 그리고 영원히 충족되는 필요라는 것이다.
12 "따라서 우리가 하나님이 성자를 사랑하신다고 말할 때, 우리는 자기를 부인하거나 희생하거나 자비를 베푸는 사랑을 말하지 않는다. 우리가 말하는 사랑은 기쁨과 즐거움의 사랑이다.…하나님은 성자를 아주 기뻐하신다. 하나님의 영혼이 성자를 기뻐한다! 하나님이 성자를 바라보실 때, 자신이 보는 것을 즐기시고, 칭송하시고, 소중히 여기시고, 존중하시고, 음미하신다"[John Piper, *The Pleasures of God* (Portland: Multnomah, 1991), p. 31]. 『하나님의 기쁨』(두란노).

며 참여한다는 것이다. 그러므로 여기서 가장 근본이 되는 실재는 하나님이 펼쳐 보이시고 하나님 안에서 펼쳐지는 사랑이다. 바로 삼위일체 안에 있는 사랑이다.[13] 이 사랑은 어떤 가치 있는 것과 하나됨, 이 경우에는 지극히 고귀한 가치가 있는 그분과 하나됨을 인식하고, 욕망하고, 즐기는 것이다. 그리고 우리를 향한 하나님의 사랑은 하나님이 우리를 이 기뻐하시는 무리로 너그러이 초대하심으로써(물론 존재론적인 동등함은 아니다), 우리의 영혼의 지극히 깊은 열망을 만족시키시는 것에서 분명하게 드러난다.

요컨대, 확장된 아퀴나스/칼뱅 모델에 따르면 신앙은 견고하고 확실한 지식으로, 우리의 지성에 계시되고 우리의 마음에 인쳐졌다. 이 모델에 따르면 이 인침은 올바른 종류의 감정을 가지는 것에 있다. 본질상 무엇보다 하나님을 사랑하는 것이며, 또한 이웃을 자신처럼 사랑하는 것이다. 계시와 인침, 지식과 감정, 지성과 의지 사이에는 친밀한 관계가 있다. 이것들은 신앙을 가진 인격체 안에서 깊고 복잡하고 친밀한 방식으로 협력한다. 그리고 여기에 수반되는 사랑은 부분적으로 에로스의 성격이 있다. 이 사랑에는 우리 모두에게 친숙한 열망 및 동경이 있다. 마지막으로, 인간 사이의 사랑—남자와 여자의 사랑, 부모와 자식의 사랑, 친구 사이의 사랑—은 더 심오한 것에 대한 표지

---

[13] 하나님이 삼위일체라는 생각이 기독교와 다른 유신론 종교를 구분해 준다. 여기서 우리는 이 교리가 실제로 중요한 의미를 가지는 한 부분을 보는데, 이 교리가 에로스와 타자를 향한 사랑을 실재의 가장 근본적인 차원에서 인식하기 때문이다. 이는 우리가, 양태론에 호감을 보이는 아우구스티누스의 삼위일체 개념보다는, 그레고리오스와 갑바도기아 교부들의 삼위일체 개념인 **사회적** 삼위일체 개념을 따라야 한다는 말일까? Cornelius Plantinga Jr., "Social Trinity and Tritheism", in *Trinity, Incarnation, and Atonement*, ed. Ronald Feenstra and Cornelius Plantinga Jr. (Notre Dame: University of Notre Dame Press, 1989)를 보라.

내지 모형이다. 한편으로는 하나님을 향한 인간의 성숙한 사랑이며, 다른 한편으로는 삼위일체의 구성원들 사이에서 그리고 하나님이 하나님의 자녀를 향해 보이시는 사랑에서 드러나는 하나님의 사랑이다.

7장

반론들

확장된 아퀴나스/칼뱅 모델은 기독교 믿음이 정당화, 합리성, 보증을 가질 수 있다는 사실과 그 방법을 보여 주려고 고안한 것이다. 이 모델은 우리 인간이 타락하여 죄에 빠졌다고 보는데, 이는 우리 스스로 빠져나오지 못할 비참한 상태다. 인간이자 신적인 하나님의 아들이신 예수 그리스도가 자신의 고난과 죽음으로 우리의 죄를 속죄하사, 우리로 하여금 하나님과 올바른 관계에 설 수 있게 해 주셨다. 성경은 (다른 것도 있지만 그 가운데 특히) 하나님이 자신의 뜻을 우리 인간에게 글로 전달하시는 것으로, 이 좋은 소식을 선포한다. 하지만 우리가 타락 상태에 있다 보니 이 정보보다 많은 것이 필요하다. 우리는 마음의 변화도 필요한 것이다. 성령의 내적 자극이 이런 것을 제공한다. 성령은 우리가 복음의 큰일이 진리라는 것을 알 수 있게 하시며, 우리의 감정을 올바른 방향으로 돌려놓으신다. 따라서 우리가 이런 것들을 믿게 되는 과정은 합리성과 보증을 위하여 필요한 조건을 충족시킨다.

7장에서 나는 확장된 아퀴나스/칼뱅 모델에 맞서는 두 반론을 고찰하고, 그 결과를 기독교 믿음이 합리성과 보증을 가질 수 있다는 결론을 뒷받침할 논증으로 삼겠다.

보증, 그리고 종교적 경험에 근거한 논증

첫째, 많은 사상가가 기독교 믿음이 **종교적 경험**으로 정당화되거나 보증될 수 있는가의 문제를 숙고하고, 이어서 그리할 수 없다고 주장한다. 그러나 확장된 아퀴나스/칼뱅 모델에서 기독교 믿음이 종교적 경험으로부터 혹은 종교적 경험을 통하여 보증을 얻는지 여부는 분명하지 않다. 복음의 큰일에 관한 나의 믿음이 성령의 내적 자극에 따른 결과라고 가정해 보자. 그렇다면 이 믿음이 종교적 경험을 통하여 보증을 얻는다는 것이 사실인가? 그럴 수도 있고, 그렇지 않을 수도 있다. 그것은 분명하지 않으며, 또한 확장된 아퀴나스/칼뱅 모델에 관한 한 어느 쪽이든 가능할 것이다. 따라서 엄밀히 말하면 이 반론은 이런 믿음이 어떻게 보증을 가질 수 있는지에 관한 나의 주장에 적용되지 않을 것이다. 하지만 이런 반론을 고찰하는 것이 우리의 목적이니, 당연히 틀릴 수 있는 것을 가정해 보자. 즉 (확장된 아퀴나스/칼뱅 모델에서) 이런 믿음들이 **실제로** 종교적 경험으로부터 보증을 얻는다고 가정해 보자. 그러면 어쨌든 우리는 이 반론을 관련 있는 견해로 가장 먼저 볼 수 있다.

이 첫 번째 반론은 사실, 내가 보기에는, 반론이라기보다는 혼동이나 중요한 구분을 하지 못한 견해 같다.

고인이 된 J. L. 맥키는 이렇게 말했다.

경험은 실제 대상을 가질 수 있을 것이다. 일상적으로 우리는 우리의 일반적인 지각 경험이 독립적으로 존재하는 물질적인 시공간의 사물을 인식하는 것이거나 그런 인식을 포함하는 것이라고 가정한다. 그렇다면 질문은 특별히 종교적 경험을 실제 대상이 있는 것으로 받아들여야 하는가, 독립적으로 존재하는 초자연적인 실체나 영적인 존재에 관하여 진정한 정보를 우리에게 제공해 주는 것으로 받아들여야 하는가 하는 것이다.[1]

여태까지는 좋았다. 이 질문은 종교적 경험이 하나님처럼 "독립적으로 존재하는 초자연적인 실체나 영적인 존재"를 믿는 믿음에 보증을 제공할 수 있는지 혹은 그렇게 하는지 묻는 것이다.

그러나 맥키는 계속하여 이렇게 말한다.

그 내용[즉 종교적 경험의 내용]이 어떤 객관적인 진리를 갖는가 하는 것은 또 다른 중요한 질문이다.…쟁점은, 객관적으로 더 많은 어떤 것이 있다는 가설이 그런 가설 없이 할 수 있는 것보다 현상 전체를 더 잘 설명해 주는지 여부다. (p. 183)

맥키는 종교적 경험이 제공할 가능성이 있는 보증에 관한 그의 고찰을 이런 말로 마무리한다.

---

1 *The Miracle of Theism* (Oxford: Clarendon, 1982), p. 178. 맥키를 인용하면서 밝힌 쪽수는 이 책을 가리킨다.

만일 종교적인 경험이 더 심오한 초자연적인 실재가 존재한다는 것에 관한 논증을 전혀 제공하지 않으면, 그리고 우리가 앞선 장들에서 보았듯이 이런 결론을 위한 다른 좋은 논증이 없다면, 이런 경험에 포함된 믿음들은 십중팔구 거짓이며 어떤 경우에도 정당화되지 않는 것이다. [나는 여기서 "정당화되지 않는다"는 말을 "보증이 없다"는 뜻으로 받아들인다.] (p. 186)

여기서 맥키는 유신론(혹은 다른 종교) 믿음이 종교적 경험을 통하여 혹은 종교적 경험이라는 방법으로 보증을 획득할 수 있으려면, 그 경험의 존재와 성격에서 하나님(혹은 "그 이상의 어떤 것")의 존재에 대한 좋은 논증을 이끌어 낼 수 있어야만 한다고 단정한다. 맥키는 이런 주장을 **논증**하지 않고, 믿음이란 것(혹은 어쨌든 종교 혹은 유신론 믿음)이 **혹시라도** 경험으로부터 보증을 얻을 수 있는 길이 있다면 오로지 그런 경험의 존재와 속성에 암묵적으로 근거한 논증에 의해서라는 것을 그야말로 아주 당연하게 받아들인다.

 그러나 왜 그런 것을 생각할까? 확실히 그것은 자명하지 않다. 실제로, 우리가 일단 이 질문을 분명하게 제기하니 아주 큰 문제처럼 보인다. 추측건대, 아무도 지각과 관련된 경험의 존재에서 지각과 관련된 믿음들이 진리라는 것을 잘 논증할 수 있어야만 비로소 **지각과 관련된** 믿음들이 그런 경험에서 보증을 얻는다고 말하고 싶지는 않을 것이다. 그럼 왜 유신론 혹은 기독교 믿음의 경우에는 그렇게 말할까?

 내가 보기에, 맥키가 이렇게 단언하는 이유는 그가 내세우는 또 다른 것, 즉 유신론과 기독교 믿음은 **과학 가설**과 같거나 상당히 흡사하다는 것 때문이다. 가령 특수 상대성이나 양자 역학, 혹은 진화론 같은 것이라고 말이다. 그는 유신론 믿음이 종교적 경험의 방법으로 보증을 얻을 수 있는지 여부를 말하면서, (독특하게도) 이렇게 언급한다. "다른 곳처럼 여기서도 초자연주의 가설은 실패하고 만다. 적절하고 훨씬 더 실속 있는 자연주의적 대안이 있기 때문이다"(p. 198). 이런 언급이 타당성을 가지는 것은, 우리가 하나님을 믿는 믿음을 과학 **가설** 혹은 그와 같은 종류의 것이라고, 어떤 증거를 설명하려고 고안했으며 그 증거를 설명해 주는 범위에서 받아들일 수 있거나 보증된 **이론**이라고 생각할 때뿐이다. 이런 식으로 이 문제를 바라보면, 신자는 물론이고 불신자도 공유할 수 있는 관련 증거가 많이 있다. 유신론은 그런 많은 증거를 설명하려고 고안한 하나의 가설이며, 자연주의는 또 다른 가설이다. 그리고 유신론은 그런 증거를 잘 설명해 주는 정도까지만 보증을 갖거나, 어쨌든 자연주의보다는 더 나은 설명이다.

그러나 우리가 왜 유신론을 이렇게 생각해야 할까? 왜 유신론을 일종의 가설이라고, 일종의 초기 과학이라고 생각해야 할까? 확장된 아퀴나스/칼뱅 모델을 생각해 보자. 이 모델은 우리가 신의식의 작용과 관련된 경험(그 경험이 정확히 무엇이든 상관없다)을 알아차린 뒤에 곧바로 그 경험에서 하나님의 존재를 추론해 낸다고 말하지 않는다. 우리는 이렇게 주장하지 않는다. "나는 하늘(heavens)의 아름다움과 장엄함을 (혹은 나 자신의 죄책을, 혹은 내가 위험에 빠져 있음을, 혹은 아침의 영광스러운 아름다움을, 혹은 나의 좋은 환경을) 알고 있습니다. 따라서 하나님 같은 인격체는 존재합니다." 그리스도인은 이렇게 주장하지 않는다. "나는 나 자신이 복음의 큰일을 사랑하고 기뻐하며 또한 믿으려는 성향이 있음을 발견합니다. 따라서 그것들은 참입니다." 이런 논증은 어리석은 논증일 것이다. 다행히도 우리는 이런 논증에 호소하지 않으며, 이런 논증을 필요로 하지도 않는다. 신의식의 작용 그리고 성령의 내적 자극과 관련된 경험과 믿음들은 유신론 믿음을 위한 계기이지, 유신론 믿음을 증명하는 논증의 **전제**가 아니다.

기억 믿음들에 대해서도 같은 말을 할 수 있다. 물론 여기서도 맥키 같은 견해를 취하는 사람이 있을 수 있다. 어떤 사람은 과거에 관한 우리의 신념들이 실은 과학 가설과 같아서 (특히) 분명한 기억 같은 현재의 현상을 설명하려고 고안한 것이며, 이런 현재의 현상을 과거의 사실을 전제하지 않고 더 "실속 있게" 해명하는 설명이 있다면 보통 우리가 과거에 관하여 가진 믿음들은 보증이 없을 것이라고 주장할 수도 있을 것이다. 그러나 당연히 이런 주장은 허황한 생각일 뿐이다. 실제로 우리는 기억 믿음들을 현재의 경험을 설명해 주는 가설로 받아들이는 것이 전혀 아니다. 모든 사람은, 심지어 어린아이들과 무엇인가를 설명하는 일에 전혀 관심이 없는 다른 사람들조차도, 기억 믿음들을 받아들인다. 우리는 모두 우리가 아침으로 먹은 음식 같은 것을 기억하며, 아울러 이런 신념들을 현재의 경험과 현상을 잘 설명해 주는 것으로 전혀 혹은 거의 제시하지 않는다. 그리고 우리가 제시한 모델이 다루는 유신론과 기독교 믿음의 경우에도 같은 말을 할 수 있다.

분명히 맥키는 (1) 유신론 믿음이 (어쩌면 다른 무엇보다 특히) 종교적 경험을 설명할 목적으로 고안한 유사(類似) 과학 가설이거나 제법 그런 것에 가깝다고 믿는다.

이것은 왜 그가 (2) 유신론 믿음이 종교적 경험에서 아무런 보증을 얻을 수 없다고 믿는 이유를 설명해 준다. 그러기 위해서는 경험들을 보고하는 전제에 근거해 하나님의 존재에 대한 논증이 잘 이루어져야만 하기 때문이다. 하지만 우리가 이미 보았듯이, (1)은 틀렸다.

어쩌면 맥키는 (2)를 고집할 것인데, 보통 그리스도인이 하나님을 믿는 믿음이나 기독교 믿음을 가설로 받아들이지 **않는다**는 것이 분명해도 그럴 것이다. 그럼에도 그는 이런 믿음이 **혹시라도** 보증을 얻을 수 있는 길은 성공적인 유사 과학 가설이 되는 것뿐이라고 고집을 부릴지 모른다.

그러나 바로 이것이 아퀴나스/칼뱅 모델과 확장된 아퀴나스/칼뱅 모델이 논박하는 것이다. 두 모델은 유신론과 기독교 믿음이 보증을 갖는 것이 분명히 가능함을 보여 주지만, 일정 범위의 자료를 훌륭히 설명해 주는 가설이 됨으로써 그럴 수 있다는 것은 아니다. 실제로 기독교 믿음이 참이라면, 신의식과 성령의 내적 자극 내지 신앙 같은 인지 과정들이 분명히 존재할 수 있기 때문이다. 앞서 보았듯이, 이런 과정들이 산출하는 믿음들은 보증을 갖기 위한 필요충분조건을 충족시킨다. 이런 믿음들은 성공적으로 진리를 목표하는 설계 계획을 따라 동종의 인식 환경에서 올바르게 기능하는 인지 능력의 결과일 것이다. 따라서 기독교 믿음이 보증을 갖는 것은 (그리고 지식을 구성할 수 있는 것은) 오직 우리가 성령의 내적 자극 활동과 관련된 경험의 존재에서 기독교 믿음의 참됨을 잘 논증할 때뿐이라는 주장은 명백히 틀린 주장이다. 유신론 믿음과 신의식의 경우에도 같은 점을 지적할 수 있다.

만일 하나님이 우리로 하여금 어떤 종류의 지식을 가질 수 있게 하기를 의도하신다면 틀림없이 특정한 방식으로 사물을 배열하여, 우리에게 하나님 자신이 선택하신 인지 과정과 관련된 경험과 이런 과정이 산출하는 믿음들의 진리 사이에 있는 논증적인 연관성을 알 수 있게끔 하셔야 한다고 생각해야 할 이유가 있을까? 꼭 그래야 한다는 요구는 쓸데없고 잘못된 것인데, 지식의 근원들에 대한 훌륭한 예들인 지각, 기억, 그리고 선험적인 직관에는 그런 요구가 들어맞지 않기 때문이다.

경험은 무엇을 보여 줄 수 있는가?

두 번째 반론은 기독교와 유신론 믿음이 종교적 경험에서 보증을 얻는 것은 불가능하다는 견해인데, 그 이유는 종교적 경험이—하나님이 그리스도 안에서 세상을 자신과 화해시키셨다는 믿음들 같은 것은 고사하고—하나님이라는 인격체가 존재한다는 것 같은 어떤 **구체적인** 사실을 나타내거나 보여 주기가 불가능하기 때문이라는 것이다. 대체 어떤 종류의 경험이 전지하고, 전능하며, 온전히 선하고, 예배를 받기에 적합한 대상인 존재를 드러낼 수 있다는 말인가? 어떻게 경험이란 것이 그런 **유일한** 존재가 있음을 드러낼 수 있다는 말인가? 어떻게 경험이 그런 종류의 정보를 전달할 수 있다는 말인가? 존 맥키는 이런 반론의 대변자이기도 하다.

> 종교적 경험도 유신론의 전통적인 중심 교리를 밑받침하는 어떤 논증을 지지하는 것이 본질적으로 불가능하다. 경험 그 자체에 있는 어떤 것도 세계의 창조주나, 전능함이나, 전지나, 완벽한 선함이나, 영원함이나, 심지어 오직 한 신만 존재한다는 것조차 드러내지 못했다. (p. 182)

맥키는 왜 이런 말을 하는 것일까? 그가 하려는 말이 정확히 무엇일까? 현재 우리의 목적을 생각하여, 우리가 논의할 범위를 신의식의 작동과 관련된 경험에 한정하기로 하자. 내가 **생각**하기에 맥키가 하려는 말은 다음과 같다. 즉 종교적 경험이든 다른 종류의 경험이든 어떤 경험을 했다고 가정할 때—즉 감각적 심상, 감정적 경험, 그리고 내가 가지고 있을 것이라고 믿는 성향을 가정할 때—그 경험은 정확히 그 경험 자체일 수 있을 뿐이지 전능한 존재나, 전지한 존재나, 완전히 선한 혹은 영원한 존재일 수는 없다. 내 경험은 정확히 내가 경험한 그것일 뿐이지 하나님이라는 인격체이거나, 하나님 같은 어떤 분 혹은 어떤 것일 수는 없다. 나는 내가 진정 느끼는 바로 그것을 느낄 수 있을 뿐, 거기에 하나님이 있을 수는 없다.

내가 **생각**하기에 이것이 바로 맥키가 하려는 말이다. 그러나 나는 확신할 수는 없다. 타당성이 그저 의심스러워 보이기 때문이다. 어쩌면 정말 내 경험은 경험 그 자체에 불과하며 하나님이라는 인격체는 존재하지 않을 수도 있다. 어쩌면 내 경험이 존재하고 독특하다 해도, 그것이 꼭 하나님이 존재한다는 결론으로 이어지지 않을 수도 있다. 그렇다면 뒤따르는 결론은 무엇인가? 왜 꼭 내 경험이 세계의 창조주 혹은 전능하거나 전지한 존재를 드러내지 못한다는 결론만 나와야 하는가?

이런 유비를 생각해 보자. 일반적으로 우리는 모두 자신이 여러 해 동안 존재해 왔다고(혹은 여러분처럼 더 젊은 독자의 경우에는 여러 달 동안 존재해 왔다고) 생각한다. 하지만 논리적으로는 내가 단지 짧은 순간만 존재해도 내가 실제로 드러내는 유한하고 특수한 모든 특성을 드러내는 일이 가능하다. 그렇다면 나는 예순 살 넘게 살아온 것이나 10분

전에 일어난 어떤 일에 책임이 있는 것 같은 특성은 갖지 않겠지만, 내가 예순 살이 넘었으며 10분 전에 일어난 어떤 일에 책임이 있다고 생각하는 것 같은 특성은 가질 것이다.

이것은 논리적으로 가능할 뿐 아니라, 현재 내가 하는 모든 경험의 존재 및 특성과 양립할 수 있다. 물론 이것은 내 **믿음들**과 양립하지 않는다(나는 그래도 꽤 오랫동안 존재해 왔다고 믿기 때문이다). 그럼에도 이것은 그런 믿음들의 **존재**와 양립할 수 있다. 그렇다면 내가 비록 1초 전이나 그보다 더 짧은 시간 전에 존재하게 되었을지라도 지금 갖고 있는 바로 그 믿음들과 경험을 가질 수 있는 법이다. (내가 사용하는 "나"라는 단어가 순간의 인격체 단계 같은 것을 가리킨다고 생각하는 사람들에 따르면, 실제로 그것이 정확하게 일어나고 있는 일이다.)[2] 내가 바로 이 순간 갖고 있을 수도 있는 어떤 경험이나 어떤 믿음들은, 지금 그 경험을 갖고 있고 그 믿음을 견지한다 할지라도, 단지 1초 혹은 그보다 더 짧은 시간 동안 존재한 것에 불과할 수 있다.

그렇다면 내 경험 가운데 어떤 것도 내가 1초 이상의 시간 동안 존재했다는 것을 드러내지 못할까? 물론 그렇지 않다. 경험이 p를 드러낼 수 있다면, 그 경험의 존재(혹은 그 경험이 일어난다는 명제)가 p의 진리를 수반해야 한다고 믿을 근거는 조금도 없다. 만약 경험이 명제 p를 드러낼 수 있다면, 틀림없이 그 경험이 p가 거짓일 경우 (논리적으로) 존재할 수 없는 것이어야 한다고 생각할 이유도 없다. 지각을 생각해 보고, 내가 말을 볼 때 하는 경험을 생각해 보라. 이것은 그때 거

---

2   내가 쓴 *Warrant and Proper Function* (Oxford: Oxford University Press, 1993), p. 50 이하.

기에 말이 없었다는 경험, 말이 전혀 없다는 경험, 내가 그런 경험들을 겪지 않고 있을 때는 아무런 물질 대상도 존재하지 않는다는 경험, 그리고 실제로 아무런 물질 대상도 존재하지 않는다는 경험과 양립할 수 있다. 그렇다면 지각 경험은 외부 세계를 드러내지 않는가? 그렇다면 나는 내 경험으로부터 혹은 내 경험을 통해 내 뒤뜰에 말이 있음을 알 수 없다는 결론이 나오는가? 물론 그렇지 않다. 그것은 (비록 기괴하기는 해도) 엄청난 비약일 것이다.

그렇다면 지각 경험은 외부 세계를, 가령 말을 **과연** 어떻게 드러내는가? 나는 말을 지각할 때 다양한 종류의 경험에 대해 주체다. 감각 심상에 대해(나는 복잡하고 묘사하기 힘든 방식으로 이런 심상에 노출된다), 그리고 일반적인 감정 경험에 대해(어쩌면 나는 말 때문에 놀라거나, 감탄하거나, 그 속도와 힘 혹은 다른 무엇에서 기쁨을 느낄 수도 있다). 아울러 우리가 신념(doxastic)[3] 경험이라 부를 수 있는 것이 있다. 내가 말 한 마리를 지각할 때 감각과 감정 경험도 존재하지만, 동시에 어떤 명제(즉 "**나는 말을 본다**"라는 명제)와 관련하여 그 명제가 참이요, 올바르며, 실제 상태가 그렇다고 믿을 수 있는 느낌, 경험, 암시도 존재한다. 이 신념 경험은 지각에서 대단히 중요한 역할을 한다. **대체** 어떻게 지각 경험이 뒤뜰에 말이 한 마리 있음을 내게 가르쳐 주는가? 경험이 이 믿음을 (일부) 산출함으로써, 그 믿음이 보증을 가짐으로써. 그 믿음이 보증을 가지는 일은 올바르게 기능하는 인지 능력이 적절한 인식 환경에서 성공적으로 진리를 목표하는 설계 계획을 따라 산출한 믿음일 때 가능한 것이었다. 그렇다면 나는 거기에 말이 있음을 내 경험으로

---

[3] 이 단어는 신념이나 의견을 뜻하는 그리스어 '독사'(*doxa*)에서 나왔다.

부터 알 수 있을까? 물론이다. 경험으로부터 그런 것을 아는 것은 감각과 신념에 대한 반응으로 말이 거기 있다는 신념을 형성하는데, 이 신념은 보증을 부여하는 조건에서 형성되고 있는 것이다. 사실, 이런 일은 늘 일어난다.

여기서 나의 핵심은 사람들이 그들의 경험에 근거하여 뒤뜰에 말이 있다고 **정말** 말한다는 것이 아니라, 그렇게 하는 것이 **가능하다**는 점이다. 더 정확히 말해 나의 핵심은, 여러분이 뒤뜰에서 말을 보는 것(이를 통해 경험으로 거기에 말이 있다고 판단하는 것)을 여러분의 경험이 논리적으로 거기에 (혹은 다른 어느 곳에도) 말이 없다는 것과 양립할 수 있다는 사실이 제약하지 않는다는 것이다. 여러분의 경험은 논리적으로 거기에 말이 없다는 것과 양립할 수 있다. 충분히 그럴 수 있다. 그렇다고 여러분이 경험으로 거기에 말이 **있다**고 말할 수 없는 것은 아니다. (여러분이라면 이와 달리 어떻게 말하겠는가? 첫 번째 원리와 자명한 진리에서 추론하는가?) **말**의 경우는 그렇다. 그렇다면 나는 **나의 존재가 촌음보다 긴 시간을 지속해 왔다**는 것도 역시 나의 경험을 토대로 말할 수 있을까? 물론이다. 나는 가령 촌음보다 훨씬 긴 시간 전에 아침을 먹었음을, 당황스러울 정도로 오래전에 대학에 다녔음을 기억함으로써 그렇게 한다. 물론 여기서 나의 경험(특히 나의 신념 경험)은 내가 단지 촌음 동안 존재했다는 주장이 타당함과 양립할 수 있다. 그렇다고 내가, 말하자면, 적어도 한 시간이 족히 넘는 시간 동안 존재했다는 것을 내 경험에 비추어 말하기가 불가능하다는 말은 아니다. 만일 내가 촌음보다 긴 시간 전에 무엇인가를 했다는 믿음이 내 경험(신념 경험 혹은 다른 경험)으로 말미암아 산출된다면, 또한 만일 그 믿음이 그에 보증을 부여하는 조건에서 형성된다면, 나는 경험으로 내가 촌음보다

긴 시간 동안 존재해 왔다고 판단한다. 이런 일은 종종 일어난다. 따라서 우리는 종종 (경험으로) 우리가 촌음보다 긴 시간 동안 존재해 왔다고 말한다.

물론 종교적 경험과 유신론 믿음도 마찬가지다. 신의식의 작동과 함께하는 경험이 존재하는 것은 전능하고 전지하며 온전히 선한 우주의 창조주가 존재하지 않는 것과 양립할 수 있다. 하지만 그렇다고 꼭 우리가 그런 인격체가 있음을 알 수 없다는—그리고, 넓게 말하여, 경험으로 안다는—말은 아니다. 다른 곳처럼 여기에도 신념 경험이 존재한다. 내가 충성하고 순종해야 할 어떤 전능한 인격체가 있다는 믿음이 바르고, 옳으며, 참되고, 틀림없는 사실 같다. 아울러 우리는 다음과 같은 조건에서 그런 사람이 존재한다고 경험으로 말한다. (1) 고려의 대상인 믿음들이 신의식의 작동과 함께 이루어지는 경험(신념 경험 및 다른 경험)에 부응하여 형성된다면, (2) 그런 믿음들이 보증의 조건에서 형성된다면. 그런 믿음들은 보증을 가질 수 있고, 그것도 지식을 구성하기에 충분한 보증을 가질 수 있는데, 설령 그런 경험들이 있다는 것이 그런 믿음들을 부인하는 것과 양립할 수 있다고 할지라도 그렇다. 복음의 큰일을 믿는 믿음들도 마찬가지다. 이런 믿음들도 보증을 가질 수 있는데(그것도 지식이 되기에 충분한 보증을 가질 수 있는데), 설령 실제로 성령의 내적 자극을 동반하는 경험이 있다는 것이 이런 믿음들이 거짓이라는 사실과 양립할 수 있다고 할지라도 그렇다.

아퀴나스/칼뱅 모델과 확장된 아퀴나스/칼뱅 모델은 유신론과 기독교 믿음들이 어떻게 보증을 가질 수 있는지 보여 주려고 고안한 것이다. 우리는 이 모델들이 애초에 의도했던 일을 할 수 없다는 결론에 이른 두 독특한 반론을 살펴보았다. 아울러 우리는 이런 반론이 실패하는 것도 보았다. 의미 있는 다른 반론이 더 있을까? 아마 있을 것이다. 그런 반론이 (만일 등장한다면) 등장할 때 그것을 살펴보는 시간을 가지면 될 것이다.

그러나 물론, 설령 기독교와 유신론 믿음이 보증을 가질 수 있다 할지라도, 사실 그것들은 그렇게 고귀한 특성을 갖고 있지 않을지도 모른다. 어쩌면 **파기자들**이 있을지도 모른다. 다음 장에서는 그 주제를 다루어 보겠다.

8장

역사적 성경 비평이 파기자인가?

여태까지 나는 기독교 믿음—삼위일체, 성육신, 속죄, 부활을 포함한 기독교 믿음의 총체—이 참이라면 보증을 가질 수 있다고 주장해 왔다. 기독교 믿음이 참이라면, 그리스도인은 그 사실을 알 수 있다. 확장된 아퀴나스/칼뱅 모델은 이런 종류의 믿음들이 실제로 보증을 가지는 일이 어떻게 가능한지 보여 준다. 이 모델에서 기독교 믿음은 다른 믿음들에서 추론한 논증으로 오지 않는다. 오히려 하나님이 우리 인간에게 이런 믿음들을 산출하고 성공적으로 진리를 목표하는 능력 혹은 믿음을 산출하는 과정을 주신다는 것이 이 모델의 근본적인 견해다. 이런 능력이나 과정이 애초 설계될 때 염두에 두었던 종류의 환경에서 설계된 대로 작동하면, 결과는 지식 내지 보증을 가진 믿음이다.

물론 그렇다고 해서 기독교 믿음이 (설령 참이라 할지라도) 우리 대다수가 실제로 살아가는 환경에서 보증을 갖는가 혹은 가질 수 있는가 하는 문제는 해결되지 않는다. 누군가는 다음과 같이 주장할지도 모른다. "글쎄, 어쩌면 이런 믿음들이 보증을 가지고 지식을 구성할 수도 있을 거야. 이런 일이 일어날 수 있는 상황이 있기는 하지. 하지만 우리 대다수—이를테면, 이 책을 읽는 사람들 대다수—는 그런 환경에 있지 않아. 당신이 여태까지 주장한 것은 단순히 (기초적인 방식으로 받아들인) 유신론과 기독교 믿음이, **파기자가 없을 때**, 보증을 가질 수 있다는 것이지. 그러나 파기자가 없지 않아."

이 주장은 기독교 믿음의 심각한 파기자가 있다는 것이다. 기독교 믿음—어쨌든 기초적인 방식으로 주장하고 지식을 구성할 충분한 견고함 같은 것이 있는 기독교 믿음—을 **비합리적으로** 그래서 보증되지 않게 만든다고 우리가 알거나 믿는 명제처럼 말이다. 예를 들면, 필립 퀸(Philip Quinn)은 "우리의 문화에서 지적으로 세련된 성인"에게는 하나님을 믿는 믿음—적어도, 아퀴나스/칼뱅 모델에서 그런 것처럼, 기초적인 방식으로 주장하는 믿음—에 대한 중요한 파기자가 있다고 믿는다. 그 결과, 아퀴나스/칼뱅 모델에서 그런 것처럼, 기초적 방식으로 주장하는 하나님을 믿는 믿음은 대부분 비합리적이다. "나는 우리의 문화에서 지적으로 세련된 많은, 아니 어쩌면 대다수 성인은 [유신론 믿음들]을 올바르게 기초적으로 여기는 조건에 거의 혹은 전혀 살지 않는다고 결론짓는다."[1]

---

1 "In Search of the Foundations of Theism", *Faith and Philosophy* 2, no. 4 (1985), p. 481. 참고. 내가 쓴 "The Foundations of Theism: A Reply", *Faith and Philosophy* 3, no. 3 (1986), p. 298 이하; 그리고 퀸이 제시한 답변인 "The Foundations of Theism Again", in *Rational Faith: Catholic Responses to Reformed Epistemology*, ed. Linda Zagzebski (Notre Dame: University of Notre Dame Press, 1993), p. 14 이하.

파기자들

퀸이 옳은가? 이에 답하려면, 먼저 예비 질문을 하나 살펴봐야 한다. 파기자(defeater)란 무엇인가? 여기서 몇 가지 사례를 살펴보는 것이 도움이 되겠다. 나는 (90미터쯤 떨어진 곳에서) 들판에 있는 양이라 여긴 것을 보며, 자연스럽게, 들판에 양이 있다는 믿음을 형성한다. 나는 당신이 그 땅의 소유주라는 것을 안다. 다음 날 당신은 내게 들판에 양이 없다고, 하지만 90미터쯤 떨어진 곳에서 보면 양처럼 보이며 들판을 부지런히 돌아다니는 개를 한 마리 소유하고 있다고 말한다. 그렇다면 (특별한 상황이 없을 경우) 나는 들판에 양이 있었다는 믿음의 파기자를 가지며, 내가 합리적이면 더 이상 그런 믿음을 갖지 않을 것이다.

또 다른 종류의 파기자가 있다. 여러분은 한 공장에 들어가 조립 라인에 수많은 부품이 올려 있는 것을 보는데, 모든 것이 붉게 보인다. 여러분은 이 부품들이 붉다는 믿음을 형성한다. 이어 조립 부문 지배인이 나와서, 붉은 적외선이 부품들을 비추고 있으며 이는 다른 방법으로는 찾아낼 수 없는 머리카락 굵기의 균열도 찾아낼 수 있게 해 주는 과정이라고 말한다. 이를 통해 여러분은 자신이 본 부품이 붉은색이라는 믿음의 파기자를 얻는다. 이 경우에 여러분이 알게 되는 것은 파기된 믿음이 거짓이라는 사실이 아니다(여러분은 이 부품이 붉은색이 아니라는 말을 들은 게 아니다). 다만 여러분이 알게 되는 것은 그 부품이 붉다고 생각하게 한 근거나 이유의 기반을 파괴하는 어떤 것이다. (여러분은 그 부품이 붉은색이 아니어도 붉게 보이리라는 것을 깨닫는다.)

따라서 파기자는 여러분이 견지하는 믿음 B를 포기하는 이유다. B가 거짓이라는 것을 믿는 이유가 파기자 때문이라면, 이것은 논박하는 파기자다. 만일 B가 거짓이라는 것을 믿는 이유가 파기자 때문이 **아니라면**, 이 파기자는 기반을 파괴하는 파기자다. 파기자를 얻는 것은 여러분이 그 믿음을 더 이상 합리적으로 견지할 수 없는 위치에 있게 한다.

파기자는 여러분이 알고 믿는 것의 나머지에 달려 있다. A라는 믿음이 B라는 믿음의 파기자인지 여부는 단지 나의 현재 경험에만 달려 있지 않다. 내가 가진 다른 믿음들에, 그리고 내가 그 믿음들을 얼마나 견고히 갖고 있는지에 또한 달려 있다. 들판에 양이 없다는 여러분의 말이 내가 거기서 양을 보았다는 나의 믿음에 파기자 역할을 하는 경우를 다시 살펴보자. 여러분의 말이 정말 내 믿음의 파기자인지 여부는, 적어도 이 경우에 그리고 이 주제에서는, 내가 여러분을 신뢰할 만하다고 생각하는지에 달려 있다. 이와 반대로, 내가 만일 여러분이 양과 관련하여 사람들을 특히 속이면서 못된 장난을 친다는 악평이 자자한 사람이라는 것을 안다면, 여러분이 하는 말은 파기자가 되지 못할 것이다. 내가 만일 고성능 쌍안경으로 양을 찾다가 그것이 양이라는 것을 분명히 본다면, 혹은 내가 신뢰하는 누군가가 양 바로 앞에 서서 휴대전화로 거기에 정말 양이 있다고 내게 알려 준다면, 마찬가지로 여러분이 하는 말은 파기자가 되지 못할 것이다.

파기자의 사례를 하나 더 들어 보겠는데, 역사적으로 유명한 사례다. 수학자이며 철학자인 고트로프 프레게(Gottlob Frege, 1848-1925)는 일찍이 이렇게 믿었다.

(F) 모든 조건이나 속성이 P이면, P를 가진 것들로 이루어진 집합이 존재한다.

철학자 버트런드 러셀(1872-1970)은 프레게에게 편지를 보내 (F)에 아주 심각한 문제가 있다고 지적했다. 첫째, 그 자신을 구성요소로 포함하지 않는 속성이나 조건이 있다. 그 속성은 자신의 구성요소가 아닌 모든 집합으로 이루어진다. (이를테면, 말들의 무리는 그 자체가 말은 아니다. 따라서 그 무리는 자체의 구성요소가 아니다.) 그렇다면 (F)의 경우, 자신을 구성요소로 가지지 않은 집합들이라는 집합이 존재한다. 하지만 이런 집합은 생각해 보나마나 존재하지 않는다. 그런 집합이 존재한다면, 그런 집합이 자신의 구성요소가 아닐 때만 그 자신의 구성요소가 될 것이기 때문이다. 결국 그 집합은 자신을 보여 줌과 동시에 자신을 보여 주지 못하는 셈이 될 것인데(그에 관하여 생각해 보라), 이는 집합으로서 도저히 받아들일 수 없는 성질이다. 프레게는 (F)에 있는 이 문제를 깨닫기 전까지는 파기자가 없었다. 하지만 러셀의 편지를 이해하고 나자 그에게 파기자가 생겼다. 그리고 그 파기자는 그가 새로 얻은 믿음인 (F)가 자신을 구성요소로 갖지 않는다는 조건이 있다는 사실과 모순을 일으킨다는 것이었다.

이제 우리가 파기자와 그 우회로를 분명히 알았으니, 다음 세 장에서는 사람들이 기독교 믿음에 대해 제안한 세 파기자를 살펴보고, 각 경우에 그것들이 사실은 파기자 역할을 하지 못한다는 점을 논증해 보겠다. 8장에서 나는 이 시대의 역사적 성경 비평[historical biblical criticism, "고등 비평"(higher criticism)]의 결과물이라 하는 것들이, 설령 기독교 믿음을 지지하지 않고 실제로 기독교 믿음과 정면으로 배치된다 할지라도, 기독교 믿음에 대한 파기자 역할을 하지 못한다는 것을 논증해 보겠다. 9장에서는 종교 다원주의가 주장하는 여러 사실이 기독교 믿음의 파기자를 구성한다는 주장을 검토해 보겠다(그리고 그 결점을 찾겠다). 마지막으로 10장에서는 사람들이 종종 기독교 믿음을 위협하는 가장 무시무시한 도전이라 여겨 온 고통과 악이라는 사실들을 살펴보겠다. 나는 이 도전도 역시 기독교 믿음에 대한 파기자가 아님을 논증할 것이다.

두 종류의 성경 연구

확장된 아퀴나스/칼뱅 모델에서, 성경은 주께서 주신 메시지다. 이 모델에 따르면 성경은 **명쾌하다**. 성경이 가르치는 큰 줄기—창조, 죄, 성육신, 속죄, 부활, 영생—는 보통의 지성을 갖고 일반적인 교육을 받은 사람이면 누구나 이해하고 파악하고 올바르게 받아들일 수 있다는 것이다. 조나단 에드워즈가 말하듯이, 후서토닉 원주민도 성경의 이런 메시지를 쉬이 이해하고 올바르게 적용할 수 있다. 신학이나 성경 역사를 전공한 철학박사 학위는 필요하지 않다.

이 주장의 밑바탕에는 두 번째 근거가 있다. 이런 가르침이 진리라는 것을 알게 되는 방식인 보증된 참된 믿음의 원천이 있는데, 역사적 연구의 영향을 별로 받지 않는 성경, 성령의 내적 자극, 신앙이 바로 그것들이다. 이 과정 덕분에 평범한 그리스도인, 즉 역사 연구, 고대 언어, 정교한 본문 비평, 깊이 있는 신학 등을 전혀 모르는 사람도 이런 것들이 진정 진리라는 것을 알 수 있다. 나아가, 이런 지식은 (가령 증언의 방법으로) 이 분야에서 전문 훈련을 받은 사람의 지식을 원천으로 삼을 필요도 없다. 여기서는 기독교 공동체는 물론이고 평범한 그리스도인도 전문가에 의해 좌지우지되지 않는다. 그들은 이런 진리를 직접 알 수 있다.

물론, 그럼에도 성경을 진지하고 학문적으로 연구하는 일은 그리스도인에게 가장 중요하다. 이런 연구 작업을 추구해 왔던 사람들의 명단만 살펴보는 것도 최고로 인상적인 일인데, 처음 부분에서는 크리소스토모스, 아우구스티누스, 아퀴나스, 칼뱅, 조나단 에드워즈의 이름을 볼 수 있다. 이 사람들과 그 계승자들은 성경이란 하나님이 영감을 불어넣으신 책이므로, 이 성경이 곧 하나님의 계시, 즉 하나님이 인류에게 주시는 특별한 메시지라는 생각에서 출발한다. 따라서 이들은 성경 전체 혹은 (더 많은 경우에) 어떤 주어진 부분에서 주의 가르침을 확인하려 한다.

하지만 계몽주의 시대 이후, 그와 다른 종류의 성경 연구가 등장했다. "고등 비평", "역사 비평", "성경 비평", 혹은 "역사 비평적 연구" 같은 여러 이름으로 불리는 이 다양한 성경 연구는 신앙으로 아는 것은 고려하지 않거나 제쳐 놓고, "학문적으로", 엄격하게 이성에 기초하여 연구를 진행하는 것을 목표한다. 나는 이를 "역사적 성경 비평"이라 부르겠다. 이런 종류의 성경 연구는 성경이 주께서 주신 특별한 말씀이라는 믿음을 아예 고려하지 않으며(즉 제쳐 놓고), 또한 신앙에 기초하여 받아들인 어떤 다른 믿음에 대해서도 그렇게 한다.

이제는 후자와 같은 종류의 성경 연구를 추구하는 사람들의 선언이 주류 기독교 사상과 명백히 충돌하는 일이 자주 일어나고 있다. 예를 들면, 이런 종류의 연구를 추구하는 사람은 예수가 실제로 거룩한 삼위일체의 두 번째 위격으로, 십자가에 못 박혀 돌아가셨다가 말 그대로 사흘 만에 죽은 자 가운데서 부활하셨다고 결론을 내릴 가능성이 아주 낮다. 반 하비(Van A. Harvey)가 말하듯이, "성경 역사가들을 놓고 보자면, 대중이 예수에 관하여 견지하는 전통적인 믿음을 상당

한 회의를 품고 바라보지 않는 경우가 거의 없다."²

나는 이런 두 종류의 성경 연구를 모두 서술해 보겠다. 그런 다음에 다음과 같은 의문을 제시해 보겠다. 고전적인 그리스도인, 그러니까 "복음의 큰일"을 받아들이는 사람은 역사적인 성경 비평이 기독교 믿음을 축소시키려 하는 것에 어떤 반응을 보여야 할까? 역사적 성경 비평이 전통적인 기독교 믿음을 분명 좁히는 결과를 가져온다는 점을 어떻게 생각해야 할까? 확장된 아퀴나스/칼뱅 모델을 전제할 때, 나는 역사적 성경 비평이 내놓았다고 주장하는 결과들과 기독교 믿음이 충돌해도 크게 당황할 필요가 없음을 논증해 보겠다. 그런 충돌은 복음의 큰일을 받아들이지 못하게 막는 파기자를 제공하지 않는다. 그렇게 내놓았다고 주장하는 결과들이 복음의 큰일을 받아들이는 사람이 공유하지 않는 인식론적인 추정, 말하자면 그런 사람이 성경의 가르침에 기초하여 받아들이는 것이 아닌 가설에 의존한다 해도 마찬가지로 파기자를 제공하지 못한다.

전통적 성경 주석

일반적으로 그리스도인은 성경이 하나님의 말씀이며, 이 성경에서 주께서 중요한 진리를 우리에게 가르치기를 의도하신다는 믿음을 받아들인다. (나는 진리를 가르치는 것이 주께서 성경에서 의도하시는 모든 것이라고 주장하고 싶지는 않다. 성경에는 감정을 불러일으키는 것, 어떻게 찬송하고, 어떻

---

2 "New Testament Scholarship and Christian Belief", in *Jesus in History and Myth*, ed. R. Joseph Hoffman and Gerald A. Larue (Buffalo: Prometheus, 1986), p. 193.

게 기도하고, 우리 자신의 죄가 깊은 것을 어떻게 깨닫고, 구원이라는 선물이 얼마나 경이로운지 등, 다른 수많은 것이 있다.)

물론, 주께서 어떤 본문에서 우리에게 가르치시는 것이 무엇인지 밝혀내기가 늘 쉽지만은 않다. 그분이 가르치시는 것은 진정으로 참이다. 하지만 가끔씩 그분이 무엇을 가르치시는지 분명하지 않을 때도 있다. 성경에 서로 다른 수많은 종류의 내용이 들어 있다는 사실도 그런 문제의 일부분이다. 이런 점에서 보면 성경은 이 시대의 신학이나 철학 책과 같지 않다. 성경은 서술문으로 가득한 책, 학자들이 알면 사랑하게 되는 올바른 분석과 논리 전개 및 다른 모든 요소가 들어 있는 책이 아니다. 실제로 성경에는 진지한 주장이 들어 있지만, 그뿐 아니라 권면, 찬미를 담은 표현, 시, 이야기와 비유, 노래, 경건 자료, 역사, 계보, 애가(哀歌), 신앙고백, 예언, 묵시, 그리고 다른 많은 것이 들어 있다. 이것들 가운데 몇 가지(가령 묵시)는 (현재 우리에게) 진정한 해석 문제를 제기한다. 주께서 다니엘서에서, 혹은 요한계시록에서 우리에게 가르치시는 것은 무엇인가? 대답하기가 쉽지 않다.

설령 우리가 딱 잘라 말하는 주장을 붙잡고 씨름해도, 역시 해석과 관련하여 수많은 질문이 존재한다. 두 예만 들어 보자. 마태복음 5:17-20을 보면, 예수는 율법의 일점일획도 없어지지 않으리라고, "너희의 의가 바리새인과 율법 교사의 그것보다 낫지 않으면, 너희는 분명 하늘나라에 들어가지 못하리라"고 선언하신다. 그러나 갈라디아서에서 바울은 율법 준수가 그리 중요하지 않다고 말하는 것 같다. 이 둘을 어떻게 조화시킬 수 있을까? 우리는 골로새서 1:24을 어떻게 이해해야 할까? "이제 나는 너희를 위해 받는 고난을 기뻐하고, 그리스도의 몸인 교회를 위한 그리스도의 고난에서 여전히 부족한 것을 내 육체에

채운다." 지금 바울은 그리스도의 희생이 불완전하고 불충분하여 바울이나 우리 나머지 사람들이 더 채워야 한다고 주장하는 것인가? 그런 것 같지는 않다. 그렇다면 그가 말하려는 것은 무엇인가? 더 일반적으로 말하자면, 하나님이 성경의 주된 저자라 할 때 성경이 분명하게 드러내는 긴장을 어떻게 생각해야 할까? 요한일서는 그리스도인이 죄를 짓지 않는다고 말하는 것 같다. 그러나 바울이 쓴 로마서를 보면, 모든 사람이 죄를 짓는다고 말한다. 그렇다면 우리는 그리스도인이 없다고 결론지어야 하는가? 아울러 예수의 비유를 어떻게 받아들여야 하는가의 문제도 있다. 예를 들어, 누가복음 18:1-8에서 예수는 우리가 끝까지 견디고 인내하면 하나님이 우리의 간청을 들어주신다고 하는데, 그것은 어쩌면 하나님이 끝까지 충분히 다 들으셨기 때문에 마침내 우리의 간청을 들어주신다는 말씀을 하시는 것인가? 그런 해석은 옳은 것 같지 않다. 그렇다면 이 비유를 어떻게 받아들여야 할까?

성경은 영감된 것이다. 성경이 가르치는 것은 참이다. 그러나 성경이 **진정으로** 가르치는 것을 말하는 것이 언제나 간단한 문제는 아니다. 실제로 주일마다 아침에 수많은 교회에서 전하는 많은 설교와 강론은 그런 설교와 강론이 없다면 성경의 가르침에서 모호하게 남아 있을지도 모를 것들을 끄집어내어 밝히는 데 열중하는 측면이 있다. 성경이 하나님의 계시로서 하나님이 자신의 뜻을 인류에게 전달하신 것이라는 사실을 고려하면, 성경에는 깊고 지각 있는 고찰이 필요한 부분이 많고, 우리에게 최고의 학문적이며 영적인 자원을 최대한 투입할 것을 요구하는 부분이 많다. 이 사실을 아우구스티누스, 아퀴나스, 칼뱅, 그리고 내가 앞에서 언급한 다른 사람들도 명심했다. 이들은 성경의 의미와 가르침을 힘 있게 곱씹은 내용을 담은 책을 놀랍도록 많이 썼다. (칼뱅이 쓴 주석만 해도 20권이 넘는다.) 이들의 목표는 주께서 성경에서 우리에게 가르치시려는 것을 가능한 한 정확하게 밝히는 것이었다. 이런 작업을 "전통적인 성경 주석"이라 부르면서, 아울러 이 전통적인 성경 주석이 적어도 다음과 같은 세 특징을 보인다는 점을 유념하자.

첫째, 이 주석은 성경 자체를 온전히 권위 있고 신뢰할 만한 신앙과 도덕의 인도자로 여긴다. 성경이 권위 있고 신뢰할 만한 이유는 하나님으로부터의 계시이며, 하나님이 우리에게 말씀하신 것이기 때문이다. 따라서 일단 성경의 어느 부분이 가르치는 것이 무엇인지 분명하게 밝혀지면, 그 가르침이 진리이며 받아들일 수 있는가 하는 질문은 저절로 해결된다. 우리는 플라톤을 주석하면서, 그가 실제로 말하려 했던 것은 XYZ였다고 판단할 수 있다. 그러면 우리는 뒤이어 이 XYZ를 다양한 방법으로 고찰하고 평가하면서 이것이 진리인지, 아니면 진리에 가까운지, 아니면 원리상 진리인지, 아니면 플라톤이 쓴 것에서 우리가 배운 내용이 XYZ를 대체했는지 물어볼 수 있다. 아울러 우리는 플라톤이 XYZ를 뒷받침하는 근거나 논거로 제시한 것들이 취약한지, 아니면 받아들일 수 있는지, 아니면 견고한지, 아니면 설득력이 있는지 물어볼 수도 있다. 이런 질문들은 우리가 지금 고찰하는 것과 같은 성경 연구에는 어울리지 않는다. 하나님이 XYZ를 우리의 믿음을 위하여 제시하고 계심을 확신한다면, 우리는 더 이상 그것이 참인지, 혹은 하나님이 그것을 밑받침할 훌륭한 근거를 제시하셨는지 묻지 않는다. 하나님에게는 증명이 요구되지 않는다.

둘째, 이 주석 작업은 성경—성경 전체—의 주된 저자가 하나님 자신이라고 상정한다. 물론 성경 각 책은 인간 저자나 저자들이 있다. 그래도 주된 저자는 하나님이다. 이런 점 때문에 우리는 성경 전체를 고대의 여러 책을 잡다하게 모아 놓은 것이 아니라 어떤 통일된 의사 전달로 다룰 수밖에 없다. 성경은 독립된 책들을 모아 놓은 총서가 아니라, 그 자체가 여러 하위 부분들로 구성된 한 권의 책으로 그 안에 중심 주제—복음의 메시지—를 가졌다. 나아가, 이런 통일성 덕분에(단 한 분의 주된 저자가 있다는 사실 덕분에) "성경을 성경으로 해석"할 수 있다. 어느 바울 서신에 들어 있는 본문의 의미가 명확하지 않으면, 바울 자신이 다른 곳에서 말한 내용뿐 아니라 성경이 다른 곳에서(가령 요한복음에서) 가르치는 내용을 참조함으로써 본문에서 하나님이 가르치시는 것이 무엇인지 명확하게 밝히려고 노력하는 것은 아주 올바르다. 시편이나 이사야서에 있는 본문은 이를 더 완전하고 분명하게 밝힌 신약성경 본문에 비추어 해석할 수 있다. 이스라엘을 재앙에서 건지려고 장대 위로 들어 올린 놋뱀은 그리스도의 모형이라 볼 수 있다(따라서 놋뱀을 들어 올리는 것이 갖는 의미는 그리스도를 암시하는 것으로 봄으로써 어느 정도 찾아낼 수 있는데, 그리스도가 십자가에 달리신 일은 온 인류에게 닥칠 더 큰 재앙을 막은 것이었다). 또 하나의 결과는, 우리가 성경의 다른 부분이 제시하는 전제에서 나온 명제들을 아주 올바르게 받아들일 수 있다는 것이다. 우리가 일단 하나님이 A라는 본문에서 가르치려 하시는 것이 무엇이며 B라는 본문에서 가르치려 하시는 것이 무엇인지 알면, 이 둘을 결합하여 이 명제들이 제시하는 결과 자체를 하나님의 가르침으로 받아들일 수 있다.[3]

셋째, 그리고 둘째 핵심과 연결되어 있는 것은, 성경의 주된 저자

---

3 물론 이런 과정도 거의 모든 다른 것들처럼 악용될 수 있고 또 악용되어 왔다. 하지만 비록 그런 악용 가능성이 유익한 경고 역할을 하기는 해도, 그런 가능성 자체가 이런 과정을 반대할 빌미는 되지 못한다.

가 하나님 자신이라는 사실은 곧 우리가 어떤 본문의 의미를 밝힐 때 인간 저자가 염두에 두었던 것을 발견하는 방법만으로 결정할 수는 없다는 것을 의미한다. 물론 포스트모던 시대의 다양한 해석학은 이런 경우도 다른 모든 경우와 마찬가지로 저자의 의도가 본문의 의미와 어쨌든 아무 상관이 없다고 말하거나, 본문이 가진 의미를 본문에 부여하는 사람은 독자 자신이라고 말하거나, 어쩌면 어떤 본문이 의미를 갖고 있다는 생각을 가지는 것조차도 "해석학적 무지"에 빠지는 것이라고 말함으로써—더구나 이런 무지가 동성애 혐오, 성차별, 인종차별, 억압, 그리고 다른 형편없는 사고방식과 결합하여 뿌리까지 더럽혀졌다는 말을 덧붙임으로써—우리에게 웃음을 안겨 주려고 한다. 실제로 이것은 웃기는 이야기다.

하지만 다시 진지한 이야기로 돌아가자면, (성경의 주된 저자가 하나님이라는 것을 전제할 때) 어떤 성경 본문의 의미는 분명 주께서 그 본문에서 가르치려 하시는 것이 제시하며, 바로 이것이 전통적인 성경 주석이 밝히려 하는 것이다. 그러나 우리는 주께서 가르치려 하시는 것이 인간 저자가 마음에 둔 생각과 당연히 일치할 것이라고 생각할 수 없다. 인간 저자는 고려의 대상인 본문이 실제로 가르치는 것을 생각하지 않았을 수도 있다. 예를 들면, 그리스도인은 이사야서에서 고난당하는 종을 말한 본문이 예수를 가리킨다고 본다. 예수 자신도 (누가복음 4:18-21에서) 이사야 61:1-2이 자신 안에서 이루어졌다고 말씀하신다. 요한복음(19:28-37)은 출애굽기, 민수기, 시편, 스가랴서에 있는 본문이 예수와 그분의 삶과 죽음이라는 사건을 가리킨다고 본다. 히브리서 10장은 시편, 예레미야서, 하박국서에 있는 본문이 그리스도와 그분의 공생애 사역에서 일어난 사건을 가리킨다고 보며, 바울도 사도행전 13

장에 나온 자신의 설교에서 시편과 이사야서 본문을 그렇게 받아들인다. 출애굽기, 민수기, 시편, 이사야서, 예레미야서, 하박국서의 인간 저자가 예수의 영광스러운 예루살렘 입성, 성육신, 혹은 예수의 삶과 죽음에 얽힌 다른 사건들을—아니면 분명 예수에 관한 다른 어떤 것을—염두에 두었으리라고 생각하기는 불가능하다. 그러나 여기서 성경의 주된 저자가 하나님이라는 사실 때문에, 우리가 고려의 대상인 본문에서 배울 수 있는 것은 인간 저자가 가르치려고 생각했던 것과 분명 상당히 다를 수 있다.

역사적 성경 비평

사람들이 처음부터 실행해 온 것은 전통적인 성경 주석이었다. 하지만 내가 앞에서 언급했듯이 지난 두 세기에 걸쳐 사뭇 다른 종류의 성경 연구가 등장했는데, 바로 역사적 성경 비평이다('역사적 성경 비평'은 이제 '역사 비평'으로 줄여서 표기한다—옮긴이). 물론 역사 비평에도 고마워할 점이 많다. 덕분에 우리는 성경과 관련하여 이 비평 방법이 아니었으면 알지 못했을 것을 많이 알 수 있었다. 더구나 전통적 성경 주석도 역사 비평이 발전시킨 몇몇 방법(양식 비평, 자료 비평 등)을 활용하면 훌륭한 결과를 거둘 수 있으며 또 실제로 그렇게 해 왔다.

하지만 역사 비평은 전통적 성경 주석과 중요한 차이가 있다. 역사 비평은 본디 계몽주의가 펼쳤던 작업이다. 이는 성경 각 책을 오로지 이성에 의존하는 관점에서 바라보고 이해하려는 노력으로, 즉 성경이 무엇을 가르치며 그것이 참인지 판단할 때 오로지 이성에 비추어 판단하려는 노력이다. 따라서 역사 비평은 전통이나 신경(信經)의 권위와 지도, 혹은 교회나 "외부의" 인식 가능한 권위 같은 것을 모두 거부한다. 여기서 이상은 우리가 "자연적인, 경험적인 이성"이라 부를 수 있는 것의 관점만을 사용하여 확증할 수 있는 것(또는 적어도 설득력을 갖게 할 수 있는 것)을 아는 것이다. 따라서 보통의 역사에서 사용되는 인식, 증언, 이성이 믿을 만한 것들 혹은 믿음의 자료가 될 것이다. 그러나 인간이 신앙이나 교회의 권위를 통해 알게 된 명제는 어떤 것이든 제외한다. 스피노자(1632-1677)는 이미 이런 작업을 펼치겠다는 헌장을 단호히 천명했다. "[성경] 해석을 위한 규칙은—어떤 초자연적인 빛이나 어떤 외적인 권위가 아니라—바로 모든 사람이 공유하는 이성이라는 자연적인 빛이어야 한다."[4]

사람들은 종종 이 기획 내지 작업을 근대 경험 과학의 발전에서 본질을 이루는 부분이라 생각하며, 실제로 역사 비평을 수행하는 사람들은 스스로 근대 과학이라는 망토로 감싸기를 좋아한다. 역사 비평의 매력은 단지 근대 과학의 특권을 공유하고 있을지도 모른다는 점뿐 아니라, 근대 과학의 분명한 인식 능력과 탁월함도 공유하고 있을 수 있다는 점이다. 일반적으로 사람들은 바로 과학 자체가 이 세계가 실제로 무엇인지 아는 데 이를 수 있는 가장 훌륭한 방법이라고 생각한다. 역사 비평은 무엇보다도 이렇게 사람들이 널리 인정하는 여러 방법을 성경과 기독교의 기원을 연구하는 데 적용하려 한다. 가령 사람들에게 크게 존경받는 성서학자인 레이먼드 브라운(Raymond Brown)은 역사 비평이 "과학적인 성경 비평"이라고 믿는다.[5] 이 비평은

---

4 *Tractatus Theologico-politicus*, 7.196.
5 *The Virginal Conception and Bodily Resurrection of Jesus* (New York: Paulist Press, 1973), p. 6.

"사실적인 결과"를 산출한다(p. 9). 그는 자신의 기여가 "과학적으로 존중받을 만한" 것이기를 원한다(p. 11). 아울러 그는 역사 비평을 수행하는 사람들이 "과학적인 엄밀함"으로 성경을 탐구하고 있다고 여긴다 (pp. 18-19).[6]

그렇다면 성경을 과학적으로 연구한다는 것은 정확히 무슨 뜻인가? 그것은 그리 분명하지 않다. 이 질문에는 하나 이상의 대답이 있다. 하지만 거의 모두가 동의하는 것으로 보이는 한 주제는, 이런 과학적인 작업을 수행할 때 (그것이 정확히 이해해서 무엇이든) 어떤 신학적인 주장이나 전제도 원용하거나 활용하지 않는다는 것이다. 예를 들면, 여러분은 하나님이 어떤 특별한 방법으로 성경 저자에게 영감을 불어넣으셨다든지, 성경이 특별히 하나님의 담화 같은 것을 담고 있다든지 하는 것을 당연하게 생각하지 않는다. 예수가 하나님의 신적인 아들이라든지, 죽은 자 가운데서 부활했다든지, 그의 고난과 죽음이 어떤 식으로 인간의 죄를 위한 화해의 속죄라는 것을 당연하게 생각하지 않는다.

여러분이 이런 것들을 당연하게 생각하지 않는 이유는, 그들이 말하는 바에 따르면, 과학을 탐구할 때 여러분이 그저 신앙으로만 아는 어떤 명제를 당연하게 받아들이거나 사용하지 않기 때문이다. (그 결과로 어떤 본문의 의미는 인간 저자가 강조하려는 것이 되며, 하나님의 의도와 가르침은 그 의미에 들어오지 않는다.)[7] E. P. 샌더스(Sanders)는 "모든 사람이

---

6   아울러 John Meier, *A Marginal Jew: Rethinking the Historical Jesus* (New York: Doubleday, 1991), vol. 1, p. 1를 보라.
7   따라서 벤저민 조엣(Benjamin Jowett, 19세기 옥스퍼드 대학교 베일리얼 칼리지 학장이자 저명한 플라톤 번역가)은 이렇게 말했다. "성경은 하나의 의미를 갖고 있다. 처음에 그

동의할 수 있는 증거"에만 의존하는 것이 이런 연구의 방침이라고 말한다.[8] 또한 존 레벤슨(Jon D. Levenson)은 이렇게 말한다.

이처럼 역사 비평가들은 여러 해석을 주장하는 법정이 신앙을 고백하는 자리이거나 "교리에 얽매인" 자리일 수 없음을 제대로 강조한다. 제시하는 논증은 역사적으로 틀림없이 타당한 논증, 곧 이 논증을 살펴보는 **역사가**에게 종교가 있는지 없는지, 배경이 무엇인지, 어떤 영적인 경험을 했는지, 혹은 개인적인 믿음들이 무엇인지와 상관없이, 계시를 내세우는 어떤 주장에도 특권을 부여하지 않으며 동의할 수밖에 없는 논증이어야 한다.[9]

아주 중요하게 새겨 두어야 할 점이 하나 있는데, 즉 역사 비평이

것을 말하거나 기록했던 선지자나 복음서 기자의 마음속에 있던 의미이며 처음에 그것을 받아들인 청중이나 독자의 마음속에 있던 의미다"["On the Interpretation of Scripture", in *The Interpretation of Scripture and Other Essays* (London: George Routledge, 1906), p. 36; Jon D. Levenson, *The Hebrew Bible, the Old Testament, and Historical Criticism* (Louisville: Westminster/John Knox Press, 1993), p. 78에서 인용]. 조엣은 지식인의 겸손을 보여 주는 모범이 아니었다. 베일리얼 칼리지의 학생들이 지어 퍼뜨렸다는 이 시가 조엣의 그런 면모를 설명해 줄지도 모르겠다.

   내가 제일이지, 내 이름은 조엣.
   지식은 없으나, 그것은 알지.
   나는 이 칼리지의 학장이지.
   내가 모르는 것은 지식이 아니라네.

8 *Jesus and Judaism* (Philadelphia: Fortress, 1985), p. 5. 『예수와 유대교』(CH북스).
9 "The Hebrew Bible, the Old Testament, and Historical Criticism", in *Hebrew Bible*, p. 109. [이 논문의 이전 형태가 같은 제목을 달고 *Hebrew Bible or Old Testament? Studying the Bible in Judaism and Christianity*, ed. John Collins and Roger Brooks (Notre Dame: University of Notre Dame Press, 1990)에 실려 출간되었다.]

방법(method)이라기보다 기획(project)이라는 것이다. 전통적 성경 주석을 수행하는 사람도 역사 비평을 하는 사람과 같은 방법을 사용할 수 있다. 둘의 차이는 이들이 자신들의 기획을 이행할 때 당연히 여기는 것에서 드러난다. 전통적 성경 주석을 수행하는 사람은 기독교 믿음의 큰 줄기들, 곧 하나님의 존재, 삼위일체의 두 번째 위격이신 분이 예수로 성육신하신 것 등을 당연하게 받아들인다. 반면, 역사 비평을 수행하는 사람들은 어떤 신학적인 전제나 우리가 신앙으로 아는 어떤 것을 이용하지 않고 작업을 진행한다고 주장한다. 그런 것들은 옆으로 제쳐 놓아야 한다는 것이다. 대신, 과학적으로 작업을 진행하는 사람들은 오직 이성에만 기초해야 한다. 하지만 이것 이상으로 꽤 큰 불일치가 있다. 무엇을 이성이라 여겨야 하는가? 오직 이성에 근거한 논증에서 사용할 수 있는 전제는 정확히 무엇인가? 과학적으로 작업을 진행한다는 것은 정확히 무슨 의미인가? 여기서 역사 비평은 적어도 두 가지의 상이한 입장을 제시한다.

트뢸치식 역사 비평

첫째, 에른스트 트뢸치(Ernst Troeltsch)의 사상과 가르침을 의지하는 성경 비평이 있다.[10] 트뢸치는 성경을 해석할 때 따라야 할 몇 가지 원리를 제시했는데, 그 가운데는 "유비의 원리"도 있다. 모든 사건이 원리상 비슷하기 때문에 역사적인 지식도 가능하다는 것이다. 이는 성

---

10 특히 그가 쓴 "Über historische und dogmatische Methode in der Theologie", in *Gesammelte Schriften* (Tübingen: Mohr, 1913), vol. 2, pp. 729-753와 그의 논문 "Historiography", in James Hastings, *Encyclopedia of Religion and Ethics* [New York: Scribner's, 1967 (1909)]를 보라.

경 시대의 자연 법칙도 지금의 자연 법칙과 당연히 같았다고 생각해야 함을 의미한다. 역사 비평 공동체는 이 원리를 **하나님이 이 세상에 직접 개입하여 활동하는 것을 인정하지 않는다는** 의미로 이해한다. 따라서 트뢸치식 역사 비평을 추구할 때는 하나님이 이 세상에서 직접 활동하신 적이 결코 없다고 생각해야 한다. 어쩌면 하나님이 이 세상을 창조하셨을 수도 있고, 어쩌면 하나님이 이 세상이 존재하게끔 보존하셨을 수도 있다. 그러나 하나님은 이 세상에서 창조와 보존을 넘어서는 활동을 하시지 않으며 그렇게 하신 적도 없다. 그렇게 생각한다면, 이 원리는 하나님이 사실은 특별히 어떤 인간 저자에게 영감을 불어넣어 그들이 기록하는 것이 진정 우리를 향한 하나님의 말씀이 되게 하신 적이 없음을 암시한다. 아울러 하나님은 예수를 죽은 자 가운데서 부활시키지도 않으셨으며, 물을 포도주로 바꾸신 적도 없고, 다른 어떤 기적도 행하신 일이 없다는 말이 된다. 가령 루돌프 불트만(Rudolf Bultmann)은 이렇게 말한다.

> 역사적 방법은 역사가 하나의 통일체, 곧 개별 사건이 일련의 인과관계를 통하여 연결되어 있는, 결과의 긴밀한 연속체라는 전제를 담고 있다.

> 나아가 이 연속체는 "초자연적인, 초월적인 힘의 간섭으로 단절되지 않는다."[11] 따라서 하나님이 세상을 창조하셨을 수도 있지만, 세상에서 활동하시지는 않는다고 생각한다. 물론 이런 생각은 기독교 믿

---

11 *Existence and Faith*, ed. Schubert Ogden (New York: Meridian Books, 1960), pp. 291-292. 하나님이 자신이 지은 세계에서 특별히 활동한다면, 세상에 "간섭하는" 것이 되리라는 주장에 주목하라.

음과 완전히 충돌한다.

뒤앙식 역사 비평

트뢸치식 성경 연구도 역사 비평의 한 형태이지만, 이와 다르고 더 온건한 형태가 또 있는데, "뒤앙식 역사 비평"이라 부를 수 있겠다. 피에르 뒤앙(Pierre Duhem)은 진지한 과학자였다. 동시에 그는 진지한 가톨릭 신자였다. 그러나 그는 그리스도인으로서 가졌던 종교적이며 형이상학적인 견해를 자신이 탐구하던 물리학에 개입시키는 부적절한 일을 했다고 비판을 받았다. 뒤앙은 이런 비판을 거부하면서, 자신의 기독교는 자신의 물리학에 결코 개입하지 않았을 뿐만 아니라, 부적절하게 개입하는 일은 더더욱 없었다고 주장했다.[12] 더구나, 그는 물리 이론을 탐구하는 **정확한** 혹은 **올바른** 방법은 자신이 실제로 물리 이론을 탐구했던 방법이라고 말했다. 물리 이론은 종교적이거나 형이상학적인 견해 혹은 신념에서 완전히 독립적이어야 한다.

뒤앙이 제시하는 주장의 요지는, 물리학자가 물리학을 연구할 때 자신이 당연하다고 여기는 종교적이거나 형이상학적인 가설을 애초부터 사용하지 말아야 한다는 것이다. 이런 주장은 분명히 물리 이론의 경계를 훨씬 벗어난 영역에도 적용할 수 있다. 예를 들면, 성경 연구가 그렇다. 말하자면 **뒤앙식** 성경 연구는 관련된 공동체 안에 있는 모든 사람이 받아들이지 않는 어떤 신학적인, 종교적인, 혹은 형이상

---

12 Duhem, *The Aim and Structure of Physical Theory*, trans. Philip P. Wiener, with a foreword by Prince Louis de Broglie [Princeton: Princeton University Press, 1954 (1906)]의 부록을 보라. 부록에는 "어떤 신자의 물리학"(Physics of a Believer)이라는 제목이 붙어 있다.

학적인 가설과도 무관한 성경 연구라고 말하는 셈이다. 따라서 뒤앙식으로 성경을 연구하는 학자는 하나님이 성경의 주된 저자라거나 기독교 이야기의 주된 줄거리가 실제로 참이라는 것을 당연하게 받아들이지 않을 것이다. 이런 논의에 참여하는 모든 사람이 이런 주장을 받아들이지 않는다. 이 사람은 예수가 죽은 자 가운데서 부활했다거나, 다른 어떤 기적이 일어났음을 당연한 진리로 받아들이려 하지 않는다. 이 사람은 기적이 가능함을 당연하게 여기지 않는다(왜냐하면 이 논의에 참여하는 많은 사람이 그런 가능성을 부인하기 때문이다). 그렇지만 뒤앙식 성경 연구는 그리스도가 죽은 자 가운데서 부활하시지 **않았다**거나, **아무런** 기적도 일어나지 **않았다**거나, 기적이 불가능하다는 말을 당연시하지 못한다.

뒤앙식 성경 연구는 "더 확실한 증거, 모든 사람이 동의할 수 있는 증거가 필요하다"는 샌더스의 주장과 잘 들어맞는다(앞의 p. 182 이하). 아울러 이런 연구는 존 마이어(John Meier)의 "열쇠로 밖에서 잠긴 비밀회의장"(unpapal conclave)에 대한 공상에도 잘 들어맞는데, 이는 유대교, 가톨릭, 개신교, 불가지론을 따르는 학자들을 하버드 신학대학원 도서관 지하실에 가두어 역사적 방법들이 예수의 삶과 사명에 관하여 무엇을 보여 줄 수 있을지의 문제에서 의견일치에 이르게 하는 것이다.[13] 뒤앙식 역사 비평의 장점이라 하는 것 가운데는 분명히 뒤앙이 언급하는 장점이 들어 있다. 종교적이고 신학적인 신념들이 사뭇 다른 사람들이 이 작업에서 힘을 합칠 수 있다는 것이다.

---

13 *Marginal Jew*, vol. 1, pp. 1-2.

전통적 기독교와의 충돌

역사 비평과 전통적인 그리스도인 사이에는 상당한 긴장의 역사가 존재해 왔다. 가령 다비드 슈트라우스(David Strauss)는 1835년에 이런 말을 했다. "아니, 우리가 우리 자신에게 솔직해진다면, 한때 기독교 신자에게 신성한 역사였던 것이 계몽된 우리 시대의 사람들에게는 그저 꾸며낸 이야기일 뿐이다."[14] 물론 계몽되지 않은 신자도 이런 성경 비평의 특징을 아예 알아차리지 못할 정도로 계몽되지 않은 것은 아니었다. 슈트라우스의 책이 나온 지 10년 뒤에 책을 쓴 윌리엄 프링글(William Pringle)은 이렇게 불평한다. "독일에서는 거의 온 국민이 성경 비평을 추구한다.…그러나 불행히도 [비평가들은] 아주 위험한 잘못을 주장하고, 인간의 지성이 완전히 이해할 수 없는 모든 영감된 말에 반대하며, 종교에서 영적이고 하늘과 관련된 성격을 없애며, 계시된 진리의 전체 구조를 무너뜨리는 데 너무나 자주 사용된다."[15] 브레바드 차일즈(Brevard Childs)는 이렇게 말한다. "수십 년 동안 학생들을 성경으로 맨 처음 인도할 때 보통 써 온 방법은, 비평의 신랄한 기준을 적용하여 성경에 관한 교회의 전통적인 가르침을 서서히 부수는 것이었다."[16]

역사 비평은 기적 이야기를 무시하면서 기적이 실제로 일어나지

---

14 *The Life of Jesus, Critically Examined*, trans. George Eliot (London: Chapman, 1846), p. 776. 이 책은 본디 *Das Leben Jesu kritisch bearbeitet* (Tübingen: Osiander, 1835)로 출간되었다.

15 "Translator's Preface", *Calvin's Commentaries*, vol. 16, trans. William Pringle (Grand Rapids: Baker, 1979), p. vi. 프링글이 쓴 서문에는 Auchterarder, January 4, 1845라는 날짜가 적혀 있다.

16 *The New Testament as Canon: An Introduction* (Valley Forge, PA: Trinity Press International, 1994), p. xvii.

않고 또 일어난 적도 없다는 것을 공리처럼 받아들이든지, 혹은 어쨌든 역사 비평에 올바른 방법은 기적을 증거나 결론으로 인정하지 못한다고 주장한다. 어쩌면 예수가 어떤 심신(心身)의 질병을 치유하는 데 영향을 주었을지도 모르지만, 그것들은 현대 의학으로 모두 설명할 수 있다. 이 방법을 사용하는 많은 사람은 예수가 자신을 결코 신이나 유일한 메시아(혹은 어떤 메시아)나 죄를 용서할 수 있는 존재로 생각하지 않았다고 주장한다. 가령 토머스 시언(Thomas Sheehan)은 이렇게 말한다. "위기는 이제 개신교 및 가톨릭 신학자와 주해가가 거리낌 없이 받아들이는 사실에서 발생한다. 즉 우리가 입수할 수 있는 역사 자료에서 밝혀낼 수 있는 것을 놓고 볼 때, 나사렛 예수는 자신이 신이라 생각하지도 [않았고,] 신약성경이 그에게 돌리는 어떤 메시아 주장도 인정하지 않았다."[17]

이런 방법을 따르는 사람들은 때로 비범한 창조성을 발휘하기도 한다. 나는 더 혁신적이라 할 만한 몇 가지 설명을 언급하지 않을 수 없다. 예를 들면, 바바라 시어링(Barbara Thiering)이 쓴 『예수, 그리고 사해 사본의 수수께끼』(*Jesus and the Riddle of the Dead Sea Scrolls*)[18]에 따르면 예수는 한 동굴에 묻혔다. 하지만 예수는 실제로 죽지 않았으며, 마술사 시몬이 되살렸다. 그 후에 예수는 막달라 마리아와 혼인하고 정착하여 세 자녀를 낳았으나, 이혼한 뒤 결국 로마에서 죽었다. G. A. 웰스(Wells)는 한술 더 떠 우리가 성경에서 만나는 이름 "예수"

---

17 Thomas Sheehan, *The First Coming* (New York: Random House, 1986), p. 9. 내가 쓴 서평 "Sheehan's Shenanigans: How Theology Becomes Tomfoolery", in *The Analytic Theist*, ed. James F. Sennett (Grand Rapids: Eerdmans, 1998)를 보라.
18 San Francisco: HarperSanFrancisco, 1992.

가 실존하지 않은 인물의 이름이라고 주장한다. "산타클로스"처럼 "예수"도 거슬러 올라가 다다를 인물이나 가리키는 인물이 실존하지 않는다.[19] 존 알레그로(John Allegro)는 분명히 나사렛 예수라는 인물은 존재하지 않았다고 생각한다. 기독교는 로마 사람들을 속이려고 만든 날조로 존재하기 시작했으며, 어떤 환각을 유발하는 버섯(Amanita muscaria) 숭배를 보존했다. 하지만 "그리스도"라는 이름은 실존하지 않은 존재의 이름이 아니다. 바로 그 버섯의 이름이다.[20] 다른 어느 주장만큼이나 사람들을 홀리는 주장은 예수가 단지 전설에 나오는 버섯이 아니고 그렇다고 실제로 버섯도 아니었지만, 사실은 무신론자, 첫 번째 기독교 무신론자였다는 것이다.[21] 물론 이런 주장이 역사 비평의 전형은 아니며, 역사 비평은 일반적으로 훨씬 더 분별이 있다. 하지만 우리가 이런 정신 나간 주변부의 주장을 무시한다 해도, 반 하비의 이 말은 옳다. "성경 역사가는…대중이 예수와 관련하여 갖고 있는 전통적인 믿음을 거의 다 상당한 회의를 품고 바라본다."[22]

이처럼 역사 비평은 전통적인 기독교 믿음에 대체로 공감하지 않았다. 신자의 믿음을 든든히 세우는 일은 거의 하지 않았다. 하지만 신자들은 이에 별로 신경 쓰지 않는 것 같다. 이들은 전통적 성경 주석에 아주 큰 관심을 보이고 중요하게 여기지만, 역사 비평이 주류 신학교에서 대세를 차지하고 있음에도 그 신념들과 태도는 신자들에게

---

19 "The Historicity of Jesus", in *Jesus in History and Myth*, ed. Hoffman and Larue, p. 27 이하. 아울러 Richard Carrier, *On the Historicity of Jesus* (Sheffield, UK: Sheffield Phoenix Press, 2014)를 보라.
20 *The Sacred Mushroom and the Cross* (Garden City, NY: Doubleday, 1970).
21 Sheehan, *First Coming*.
22 앞의 각주 2를 보라.

까지 흘러가는 것 같지 않다. 반 하비에 따르면, "수십 년 동안 연구가 이루어졌지만, 보통 사람은 예수의 삶을 3세기 전 그리스도인이 했던 것과 거의 같은 방식으로 생각한다."[23] 이런 일이 가능한 하나의 이유는, 그리스도인이 전통적 성경 주석보다 역사 비평이 따르는 과정과 가설을 좋아해야 한다고 주장할 만한 설득력 있거나 심지어 이성적으로 뛰어난 논거가 없기 때문이다. 우리가 인식론적으로 조금만 깊이 생각해도 더 깊은 것을 알 수 있다. 전통적 그리스도인은, 소위 믿음을 좀먹는다는 역사 비평의 신랄한 주장에도 불구하고, 회의에 찬 역사 비평의 주장을 거부하면서 전통적 기독교 믿음을 계속 고수할 타당한 이유가 있다.

우리는 트뢸치식 그리고 뒤앙식 역사 비평을 모두 갖고 있다. 먼저 트뢸치식 역사 비평을 고찰해 보자. 트뢸치를 따르는 성서학자는 트뢸치의 역사 연구 원리를 받아들인다. 이들은 자신들이 받아들이는 해석을 따라, 기적 사건을 배제하고 성경이 하나님의 영감으로 기록되었음을 인정하지 않는다(더불어 성경이 한 주된 저자를 가진 책이기에 어떤 통일성을 갖고 있다는 추론도 받아들이지 않는다). 따라서 트뢸치식 성서학자가 전통적인 그리스도인이 받아들이는 결론과 완전히 다른 결론을 제시하곤 하는 것은 새삼 놀랄 일이 아니다. 만일 트뢸치식 비평가들이 실제로 이런 트뢸치식 원리가 참이라고 생각할 타당한 이유를 어느 정도라도 제시한다면, 전통적인 그리스도인은 그 이유에 주목할 수밖에 없을 것이며, 그러면 역사 비평가들의 회의적인 주장을 진지하게 받아들여야 할지도 모르겠다. 하지만 트뢸치를 따르는 사람들은

---

23 "New Testament Scholarship", p. 194.

이런 원리를 밑받침할 어떤 타당한 이유도 분명히 제시하지 않는다. 그렇다면 그런 원리에 근거하여—즉 하나님이 이 세상에서 특별히 어떤 행동도 하지 않으신다는 원리에 근거하여—하나님이 예수를 죽은 자 가운데서 부활시키지도 않으셨고 성경은 어떤 특별한 방법으로 하나님에 의해 영감되지 않았다고 암시하는 주장에 그리스도인이 굳이 많은 관심을 기울여야 할 이유가 있을까? 이런 주장이 본질적으로 그런 원리를 근거로 삼고 있다면, 그리스도인은 이런 주장을—적어도 트뢸치를 따르는 사람들이 그런 원리를 밑받침할 논거를 제시할 때까지는—얼마든지 무시해도 좋다.

뒤앙식 역사 비평은 어떤가? 여기는 트뢸치식 역사 비평과 사뭇 다른 방식으로 혼란한 상태다. 뒤앙을 따르는 사람들은 성경 해석 작업에 참여한 모든 사람이 받아들이는 가설만을 사용하자고 주장한다. 성경이나 그리스도의 삶에 관한 전통적 그리스도인의 견해를 (학문 연구의 목적을 내세워) 받아들이지 않지만, 트뢸치식 원리도 받아들이지 않는 것이다. 이런 사람들은 기적이 일어났거나 일어날 수도 있었으리라고 생각하지 않지만, 이것은 기적이 일어나지 않았거나 일어날 수 없었으리라고 단정하는 것과는 완전히 다르며, 이들도 그렇게 단정하지 않는다. 또 이런 사람들은 성경이 실제로 하나님의 계시이고 따라서 권위가 있고 신뢰할 수 있다고 생각하지 않지만, 그렇다고 그렇지 않다고도 생각하지 않는다.

물론 바로 그것이 뒤앙을 따르는 사람에게 논의를 이어갈 여지가 많이 주지 않을지도 모른다. 성경 연구와 관련하여 엄청난 논쟁이 있기 때문인데, 여기서는 이 주제의 기초 자체를 놓고 깊은 논쟁이 벌어지고 있다. 성경은 한 주된 저자가 있으며, 하나님이 바로 그분인가?

성경은 하나님에 의해 영감되었으므로, 따라서 성경이 가르치는 것은 참이며 받아들여야 하는가? 성경은 여러 기적 사건을 보고한다. 죽은 자가 살아난 것, 동정녀 탄생, 물을 포도주로 바꾼 것, 날 때부터 못 보거나 다리를 저는 사람을 고친 것. 이것들은 정도의 차이는 있을지언정 그대로 받아들여야 하는가, 아니면 "우리가 지금 아는 것"에 어긋나므로 무시해야 하는가? 이런 일들에 관한 진실로 들어가는 통로―이를테면 신앙, 혹은 성경을 통한 하나님의 증언―가 있으며 이는 일반적인 역사 탐구와 아주 다른가?

이것들은 모두 격렬한 논쟁이 벌어지고 있는 문제다. 그러나 만일 우리가 이런 문제에 아무런 입장도 밝히지 않고 책임 있게 논의를 진행하지 않는다면, 우리가 제시하는 것들은 논거가 아주 빈약한 것이 될 가능성이 높다. 예를 들어, A. E. 하비(Harvey)는 다음의 내용을 모든 사람의 관점에서(즉 뒤앙식으로) 합리적인 의심의 여지가 없는 것으로 제시한다. "예수가 갈릴리와 예루살렘 모두에서 알려져 있었다는 것, 선생이었다는 것, 여러 질병을 고쳤는데 특히 귀신 들린 자를 고쳤으며 사람들이 전반적으로 이를 기적이라 여겼다는 것, 동료 유대인과 모세 율법의 문제를 놓고 논쟁을 벌였다는 것, 그리고 본디오 빌라도가 총독으로 있을 때 십자가에 못 박혀 죽었다는 것."[24]

아니면 존 마이어의 기념비 같은 저작 『변방의 유대인: 역사적인 예수를 다시 생각하기』(*A Marginal Jew: Rethinking the Historical Jesus*)를 살펴보자. [이 책 1권은 484쪽이며 2권은 1055쪽이다. 3권과 4권도 있다(2016년에 5권이 출간되었다―옮긴이).] 마이어는 뒤앙식을 목표한다. "내

---

24 *Jesus and the Constraints of History* (Philadelphia: Westminster Press, 1982), p. 6.

방법은 간단한 규칙을 따른다. 기독교 믿음이나 후대 교회의 가르침이 예수에 관하여 말하는 것을 아예 고려하지 않으면서, 그런 주장을 시인하지도 부인하지도 않는 것이다"(p. 1). (나는 그의 이 말이 전통적인 기독교 신앙과 양립할 수 없는 가설도 피하겠다는 의미라고 생각한다.) 유대교, 가톨릭, 개신교, 불가지론을 따르는 학자들을 하버드 신학대학원 도서관 지하실에 가두어 역사적 방법들이 예수의 삶과 사명에 관하여 무엇을 보여 줄 수 있을지의 문제에서 의견일치에 이르게 하는 "열쇠로 밖에서 잠긴 비밀회의장"을 꿈꾼 마이어의 공상은 철두철미하게 뒤앙식이다. 그는 이 비밀회의장이 "'모든 합리적인 사람'이라는 허깨비가 역사적 예수에 관하여 말할 수 있는 것의 초고(草稿)"를 내놓으리라고 말한다(p. 2).

마이어는 그런 일치된 의견을 분별력 있고 객관적이며 조심스럽게 확립하기 시작한다. 하지만 그가 제시하는 결론에서 놀라운 점은, 그 결론이란 것이 얼마나 빈약하고 잠정적인가 하는 것이다. 마이어의 고된 작업에서 나온 결과를 거의 다 모아도 예수가 선지자였고, 하나님으로부터의 종말론적인 메시지를 선포한 분이었으며, 하나님 나라를 선포하고 그 메시지를 확인시키는 능력 있는 행위와 표적과 이적을 행한 분이었다는 것 정도다. 물론 마이어는 뒤앙을 따르는 사람이기에 이런 표적과 기적이 하나님의 특별한 혹은 직접적인 행위와 관련이 있다는 말을 덧붙이지 못할 뿐 아니라, 관련이 없다는 말도 하지 못한다. 마이어는 예수가 죽은 자 가운데서 부활하셨다는 말을 하지 못할 뿐 아니라, 부활하지 않으셨다는 말도 하지 못한다. 아울러 그는 우리가 성경이 특별히 영감되었다는 결론을 내리지 못하지만, 그렇지 않다는 결론도 내리지 못한다고 말한다.

따라서 뒤앙식 역사 비평이 인정하는 대상은 오로지 모든 참여자가 받아들이는 것뿐이다. 반면에 전통적 그리스도인은 성경을 하나님의 증언으로 받아들인다. 따라서 이런 그리스도인은, 예를 들어, 예수가 죽은 자 가운데서 부활하셨다고 믿으며, 설령 "열쇠로 밖에서 잠긴 비밀회의장"이 이 명제를 받아들이지 않을지라도 역시 그렇게 믿는다. 그러나 전통적인 그리스도인은 예수가 행하셨고 말씀하신 일에 관한 자신의 견해를 뒤앙식 역사 비평이 지지하지 않는다는 사실에 당황할 필요가 없다. 이런 점 때문에 전통적인 그리스도인이 지성적인 혹은 영적인 위기에 빠질 필요도 없다. 유비를 하나 살펴보자. 우리는 엉뚱한 물리학자들로 이루어진 어떤 배교자 집단을 상상해 볼 수 있는데, 이들은 기억에서 유래한 어떤 신념도 사용하기를 거부함으로써, 혹은 어쩌면 일어난 지 1분이 넘는 일에 관한 기억에서 유래한 신념을 사용하기를 거부함으로써 물리학을 재구성해야 한다고 주장한다. 어쩌면 이런 흐름을 따라 무엇인가가 이루어질 수도 있겠지만, 그런 일은 빈약하고 하찮으며 불완전하고 시시할 것이다. 그리고 이제, 가령, 이런 관점에 비추어 판단해 보니 뉴턴의 법칙이나 특별상대성 이론이 의심스럽고 확증할 수 없는 것으로 드러났다고 가정해 보자. 추측건대, 이런 일이 벌어져도 더 전통적인 물리학자들을 잠시라도 멈추게 하지는 못할 것이다. 이런 불완전한 물리학은 더 폭넓은 다양성을 지닌 물리학에 의문을 품게 하지 못할 것이다.

여기서도 비슷하다. 전통적인 그리스도인은 예수가 하나님이시며 죽은 자 가운데서 부활하셨음을 **신앙으로** 안다고 생각한다. 따라서 전통적 그리스도인은, 뒤앙식 역사 비평이 스스로를 제한하는 증거─즉 신앙으로 아는 것은 분명하게 배제하는 증거─에 비추어 보면 특별히 개연성이 있지 않다는 사실에도 흔들리지 않을 것이다. 이런 사실이 전통적인 그리스도인에게 무슨 문제가 되겠는가? 뒤앙식 역사 비평이 인정하는 결과만 받아들이는 그리스도인은 마치 집 마당의 잔디를 손톱깎이로 깎으려 하거나 집에 페인트를 칠하면서 칫솔로 칠하려는 사람과 조금 흡사할 것이다. 여러분이 주체하지 못할 정도로 시간이 많으면 그렇게 하는 것도 흥미로운 실험이 될지 모르나, 그렇지 않다면 왜 자신을 이런 방식에 제한하겠는가?

따라서 더 일반적으로 말하면, 역사 비평은 트뢸치식이거나 뒤앙식이다. 트뢸치식 역사 비평이라면, 전통적인 기독교 신자가 믿는 것 가운데 많은 것이 틀렸다는 가정에서 시작한다. 따라서 이런 역사 비평이 내리는 결론이 전통적인 믿음과 일치하지 않는 것은 당연하다. 그러나 그것은 또한 고전적 그리스도인에게 직접적으로 중요한 일도 아니다. 이런 역사 비평은 그리스도인이 믿는 것들을 거부하거나 수정할 이유를 제공하지 않으며, 아울러 실제로 일어난 일에 관한 더 나은 혹은 더 깊은 통찰력을 얻게 해 준다는 약속도 제공하지 않는다. 뒤앙식 역사 비평에 관해 말하자면, 이런 종류의 역사 비평은 전통적인 그리스도인이 중요한 증거와 중요한 고려 사항으로 여기는 것들의 상당 부분을 누락시킨다. 따라서 논의를 계속 진행할 여지가 거의 없다. 다시 말하지만, 이 역사 비평이 전통적인 믿음을 옹호하지 못한다는 사실이 반드시 신자를 속상하게 만들지는 않는다. 그 한계를 고려하면 그것은 예상할 수밖에 없는 일이며, 기독교 믿음에 아무런 의혹도 제기하지 못한다. 따라서 트뢸치식 역사 비평을 대하든 아니면 뒤앙식 역사 비평을 대하든, 전통적인 그리스도인은 역사 비평이 제시하는 주장을 안심하고 대할 수 있다. 역사 비평의 주장과 추정된 결과에 비추어 자신을 믿음을 바꾸어야 한다는 의무감을, 지적으로나 혹은 다른 어떤 방식으로도, 느낄 필요가 없다.

9장

다원주의가
파기자인가?

역사 비평은, 내가 논증한 것처럼, 기독교 신자에게 파기자를 제공하지 않으며 최소한 저절로는 그렇게 하지 않는다. 그렇다면 종교 다원주의의 사실들은 어떤가? 이 세계가 혼란을 일으킬 정도로 변화무쌍하고 다양한 종교적이고 반(反)종교적인 사고방식을 펼쳐 보이며, 대단한 지성과 진지함을 가진 사람도 모두 이런 사고방식을 추구한다는 사실은 어떻게 생각해야 할까? 유신론(有神論) 종교도 있지만, 엄청나게 다양한 종교 가운데는 적어도 어느 정도의 무신론(無神論) 종교(혹은 무신론 계열의 종교)도 있으며 그런 종교는 "힌두교"와 "불교"라는 이름으로 활동한다. 유신론 종교에는 기독교, 이슬람교, 유대교, 힌두교 및 불교의 분파, 미국 원주민의 종교, 몇몇 아프리카 종교, 그리고 그 외에도 여러 종교가 있다. 이런 종교들은 모두 서로 상당한 차이가 있다. 더구나 일부 사람들은—선택할 수 있는 종교가 이렇게 많은데도—모든 종교를 거부한다.

이렇게 다양한 종교가 있음을 내가 안다면, 이 많은 종교 가운데 한 종교만 인정하고 다른 모든 종교를 대립하는 종교로 여겨 배척하는 것은 어쨌든 자의적이거나, 비합리적이거나, 정당화되지 않거나, 보증되지 않은 (아니면 심지어 억압적이고 제국주의적인) 주장이지 않을까? 이렇게 다양하고 시끄러운 혼란에서 오직 하나의 종교적 믿음 체계만 선택해서 받아들이는 것이 어떻게 옳을 수 있을까? 어떻게 보면 비합리적이지 않은가? 그렇다면 이런 다원주의는 기독교 믿음의 파기자를 제공하지 않을까? 16세기 저술가 장 보댕(Jean Bodin)이 말했듯이, "각자는 모두에게 논박된다."[1] 존 힉(John Hick)에 따르면, "우리가 다른 위대한 세계 종교들에 관하여 쌓아온 지식에 비추어 보면, 교리에 목을 맨 소수를 제외하고는 [기독교 배타주의를] 받아들일 수 있는 사람은 아무도 없다."[2]

이것이 다원주의라는 문제이며, 우리가 묻고자 하는 질문은 다원주의를 보여 주는 여러 사실을 아는 지식이 기독교 믿음의 파기자인가 하는 것이다. 내가 논의하고 싶은 구체적인 문제는 다음과 같이 생각해 볼 수 있다. 문제를 내적이고 개인적인 방식으로 말하자면, 나는 나 자신에게 종교적 믿음이 있음을 발견하며, 또한 내가 인식하는 종교적 믿음은 다른 모든 사람이 공유하는 것은 아니다. 예를 들면, 나는 다음 두 가지를 모두 믿는다.

---

1 *Colloquium Heptaplorneres de rerum sublimium arcanis abditis*, 1593년에 썼지만 1857년에 처음 출간되었다. 영역본 trans. Marion Kuntz (Princeton: Princeton University Press, 1975), p. 256.
2 *God Has Many Names* (Philadelphia: Westminster, 1982), p. 27.

(1) 세계는 하나님이 창조하셨는데, 그분은 전능하시고 전지하시며 완전히 선한 인격체이시다(즉 믿음들을 견지하고, 목표와 의도를 가지며, 이런 목표를 이루려고 행동할 수 있는 존재다).

그리고

(2) 인간에게 구원이 필요하며, 하나님은 자신의 신적인 아들의 성육신, 삶, 희생적인 죽음, 부활을 통해 유일무이한 구원의 길을 제공하셨다.

지금 나는 이것들을 믿지 않는 사람이 많음을 잘 안다. 첫째, (1)과 관련해서는 나와 의견을 같이하나 (2)에는 동의하지 않는 사람들이 있다. 기독교가 아닌 유신론 종교들이다. 둘째, (1)이나 (2)를 받아들이지 않으면서도, 자연계를 초월한 어떤 것과 올바른 관계를 유지하는 데 인간의 안녕과 구원이 달려 있다고 믿는 사람들이 있다. 셋째, 서구에서 그리고 계몽주의 시대 이후로, 어쨌든, 이 셋 가운데 어떤 것도 믿지 않는 사람들—자연주의자라 부를 수 있는 사람들—이 있다.

세계에 대한 이와 같이 다른 종교적인 반응에 대응하는 한 가지 방법은, 내가 지금까지 믿어 왔던 것을 계속 믿는 것이다. 나는 이런 다양성을 알게 되지만, 앞에서 제시한 (1)과 (2) 같은 명제를 계속 믿으며(즉 참이라고 받아들이며), (1)과 (2)와 양립하지 않는 어떤 믿음도 그것이 종교적이든 아니든 상관없이 거짓이라고 받아들인다. 나는 통용되는 관례를 따라 이를 **배타주의**라고 부를 텐데, 배타주의자는 **하나의** 종교—말하자면, 기독교—가 주장하는 교의 전체 혹은 그 일부가 실제로 참이라고 주장한다. 당연한 일이겠지만, 배타주의자는 자신이 진리라 주장하는 교의와 양립하지 못하는 다른 종교적 신념들을 포함한 어떤 명제도 거짓이라 여긴다. 따라서 우리는 **합리적인** 배타주의자가 있을 수 있는지 묻지 않을 수 없다. 즉 종교 다원주의의 여러 사실을 아는 나의 지식 속에 내가 가진 기독교 믿음의 파기자가 있는가 하는 것이다. 내가 가진 믿음과 다른 사고방식의 존재가 나 자신의 믿음의 파기자를 나에게 제공한다고 인정해야 하는가?

어쩌면 이웃에서 암시하는 가장 중요한 주장은 기독교 믿음을 받아들이는 데 어떤 **자의적인** 것이 있다는 점이다. 사람들은 이런 자의성(arbitrariness)에 도덕적이고 지적인 요소가 모두 있다고 생각한다. **도덕적** 비판은, 어떤 사람이 믿음들을 받아들일 때 다른 사람들이 그 믿음들을 받아들이지 않고 또 그렇게 동의하지 않는 사람들을 설득할 논거가 자신에게 전혀 없음을 인식하고 있으면서도 여전히 자신의 믿음들을 고수한다면, 거기에 일종의 자기중심주의, 어쩌면 자만 내지 오만이 있다는 것이다. **인식론적** 비판도 자의성에 초점을 맞춘다. 여기서 주장은 배타주의자가 비슷한 것을 다르게 다루며, 그렇게 해서 지적인 자의성에 빠진다는 것이다. 이런 비판을 하는 이들은 신자가 둘 가운데 어느 비판이든 알게 되면 자신의 믿음의 파기자를 갖는다고, 그 믿음을 포기하거나 혹은 적어도 이전보다는 덜 확고하게 주장할 이유를 갖는다고 생각한다. 나는 도덕적인 비판에 초점을 맞추면서, 자의적인 인식이라는 비판을 다루어 보겠다. 그리고 여기서 우리는 파기자의 개념을 확장해야 한다. 우리는 여태까지 줄곧 **인식론적** 파기자를 생각해 왔다. 이는—요컨대—내가 B라는 믿음을 가졌다가 새로운 믿음 B'를 갖게 되었다면 나는 B라는 믿음의 인식론적 파기자를 갖는 것인데, B'를 믿게 되었으면서 계속해서 B를 믿는 것은 비합리적이기 때문이다. 그러나 **도덕적 파기자**도 있다. 내가 B라는 믿음을 가졌다가 새로운 믿음인 B'를 갖게 되었다면 나는 B라는 믿음의 도덕적 파기자를 갖는 것인데, B'를 믿으면서 B를 계속 믿는 것은 비도덕적이기 때문이다.

여기서 쟁점은 도덕적 종류의 파기자다. 도덕적 비판의 요지는 (1) 혹은 (2) 같은 명제를 받아들이는 것이 자기 위주의 자의성, 즉 오만 혹은 자기중심주의라는 것이다. 이런 명제들을 받아들이는 사람은 심각한 도덕적인 잘못이나 흠을 범하는 사람이다. (우리가 이 책 2장에서 보았듯이) 윌프레드 캔트웰 스미스에 따르면, "둔감함이나 태만 때문이 아닌 이상, 세상에 나아가 성실하고 지성을 가진 동료 인간에게 다음과 같이 실제로 말하는 것은 도덕적으로 불가능하다. '…우리는 우리가 하나님을 안다고 믿으며, 우리가 옳습니다. 여러분도 여러분이 하나님을 안다고 믿지만, 여러분은 완전히 틀렸습니다.'"[3] 그렇다면 신자는 자신을 무슨 말로 변호할 수 있을까?

신자가 (1)이나 (2)를 믿는다면 이 명제들과 양립할 수 없는 것을 믿는 사람은 틀렸으며, 잘못된 것을 믿는 사람이라는 사실이 즉시 인정되어야 한다. 그것이 논리에 맞는다. 더구나 신자는 자신이 믿는 것을 믿지 않는 사람들 ─ (1)도 (2)도 믿지 않는 사람들로, 그들이 이 명제들의 부정(否定)을 믿는지 여부는 묻지 않는다 ─ 은 참이고 심오하며 중요한 것을 믿지 못하고 있다는 것도 믿어야 한다. 물론 신자는 이 심오하고 중요한 진리를 **실제로** 믿는다. 따라서 신자는 자신이 다

---

3 *Religious Diversity* (New York: Harper & Row, 1976), p. 14.

른 사람들보다 **특권을 누린다고** 보아야 한다. 신자가 생각해야 하는 것은, 대단히 큰 가치를 지닌 것이 있는데 **신자 자신은** 이를 가졌지만 **신자가 아닌 사람들은** 그렇지 않다는 사실이다. 신자가 아닌 사람들은 신자가 알고 있는 것-대단히 중요한 것-을 알지 못한다.

그러나 이런 점 때문에 신자가 앞의 비난을 겪는 것이 타당할까? 다른 사람이 믿지 않음을 알지만 그 사람에게 내가 옳음을 증명할 수는 없는 것을 믿는다고 해서 내가 정말 오만하고 자기중심적일까? 어떻게 그럴 수 있는지 나는 모르겠다. 물론 나도 내가 지적인 측면에서 오만하고 자기중심적일 수 있고 또 그래 왔을 수 있는 경우가 다양하게 존재함을 인정할 수밖에 없다. 나는 분명히 과거에 이런 악덕에 빠졌고, 미래에도 틀림없이 빠질 것이며, 지금도 그런 것에서 자유롭지 못하다. 하지만 내가 이 문제를 심사숙고하고, 반론을 가능한 한 꼼꼼하게 살펴보고, 내가 유한한 존재이며 나아가 죄인이고 나와 의견을 달리하는 사람들보다 나을 것이 없는 존재임이 확실할 뿐 아니라 도덕과 지식 면에서 내가 믿는 것을 믿지 않는 많은 사람보다 별로 나을 것이 없는 사람이라고 깨닫는다고 가정해 보자. 그렇지만 **여전히** 내가 보기에는 고려의 대상인 명제가 분명히 참인 것 같다고 가정해 보자. 이럴 때도 내가 그 명제를 계속 믿는 것이 정말 부도덕할까? 18세기 퀘이커 신자들은 노예 제도가 잘못이라고 믿었다. 물론 그들은 그 시대의 사람 대다수가 그 믿음을 공유하지 않음을 인식했으며, 그 사람들을 설득할 논거가 자신들에게 없다는 것도 인식했다. 그들이 자신들의 견해가 대다수 사람과 다름을 알았을 때, 당연히 이런 믿음을 꼼꼼히 곱씹어 보았다. 그랬는데도 그들이 노예 제도를 여전히 잘못이라 보았다면, 그것도 심각한 잘못이라 보았다면, 그들이 노예 제도는 잘못이라는 믿음을 고수한다 하여 이들이 정말 부도덕한 일을 행한다고 할 수 있을까? 나는 그렇게 생각하지 않는다. 마찬가지로, 여러분이 만일 세심한 성찰과 사유 끝에 (1)과 (2)를 확신한다면, 그것들을 믿는다는 이유로 여러분에게 자기중심주의라는 딱지를 붙이는 것이 과연 타당할까? 설령 다른 사람이 여러분과 의견을 달리함을 여러분이 안다 할지라도 말이다. 따라서 나는 도덕적인 이유를 내세워 배타주의를 반대하는 비판이 어떻게 유지될 수 있는지 이해하지 못하겠고, 또한 만일 그런 비판이 성립하지 못한다면 이는 기독교 믿음에 대한 도덕적인 파기자를 제공하지 못한다.

다윗왕을 생각해 보자. 그는 아름다운 밧세바가 목욕하는 것을 보았고, 홀딱 반했고, 사람을 보내 데려왔고, 동침했고, 임신하게 만들었다. 다윗은 밧세바의 남편 우리아가 **자신**이 아기 아버지인 것처럼 생각하게 만들려고 다양한 술수를 부렸지만 실패하고 말자, 결국 자신의 군대를 이끄는 사령관에게 "우리아를 싸움이 가장 치열한 최전선에 내보내라"(삼하 11:15)고 명령하여 죽게 만들었다. 그러자 선지자 나단이 다윗에게 가서 부자와 가난한 자 이야기를 했다. 부자는 양과 소가 많았다. 그러나 가난한 자에게는 작은 새끼 암양 한 마리뿐이었다. 그는 새끼 암양을 자기 자식처럼 길렀다. 그러다 부자가 예상에 없던 손님을 맞게 되자, 자기 양 가운데 한 마리를 잡지 않고 가난한 자의 작은 새끼 암양을 잡아 손님들에게 내놓았다. 다윗은 격노했다. "이런 일을 한 놈은 죽어도 싸다!" 그러자 나단은 성경 전체에서 가장 기막힌 본문 가운데 하나에서 다윗을 향해 팔을 쭉 뻗더니, 그를 가리키며 이렇게 호통을 쳤다. "**당신이 바로 그놈이오!**" 그제야 다윗은 자신이 무슨 짓을 했는지 깨닫는다.

여기서 나의 관심사는 나단이 한 이야기에 다윗이 보인 반응이다. 나도 다윗과 같은 생각이다. 그런 불의는 철저히 잘못이며 비열한 행위다. 나는 그런 행위가 잘못이라고 믿으며, 또한 내가 믿기에—실제로 **아무것도** 잘못이 **아니기** 때문에, 혹은 **어떤** 일이 잘못일지라도 이것만큼은 잘못이 아니기 때문에—그런 행위가 잘못이 **아니라는** 명제는 틀렸다. 실제로 내가 이보다 강하게 믿는 것은 많이 없다. 하지만 나는 많은 사람이 나와 의견을 달리함을 안다. 많은 사람이 이런저런 이유로 어떤 행위보다 다른 행위가 **낫다**고 믿지만, 내가 **이** 행위가 틀렸다고 생각하는 것만큼 진정한 의미에서 옳거나 잘못된 것은 사실 없다.

한 번 더 말하지만, 나는 내가 옳고 그들이 틀렸음을 그들에게 보여 줄 논거를 발견할 수 있을지 모르겠다. 더구나 그들의 믿음들도 그들 내부에서 바라보면 가령 내가 나의 믿음들을 바라볼 때와 똑같이 보일 것이다. 그렇다면 내가 하는 것처럼, 사실은 그런 행동이 지독히 **잘못이라고** 계속 주장하면서 서로 비슷한 사례를 다르게 다루는 나는 자의적인가? 나는 그렇게 생각하지 않는다. 설령 내가 다른 사람들이 나와 의견이 다름을 알면서도, 심지어 그들을 설득할 논거가 나에게 없음을 알면서도, 인종차별은 비열하며 지독히 잘못된 일이라고 생각하는 것이 잘못일까? 거듭 말하지만, 나는 그렇게 생각하지 않는다.

여기서 그 이유를 제시해 보면 이렇다. 각 경우에서, 고려의 대상인 신자는 고려의 대상인 믿음들이 **실제로** 인식론적으로 동등한 위치라고 생각하지 않는다. 신자는 자신도, 또한 의견이 다른 사람들도 스스로 가진 믿음이 진리라고 확신하기는 매한가지라는 데 아마 동의할 것이다. 하지만 틀림없이 신자는 중요한 인식론적 차이가 있다고 생각할 것이다. 신자는 어쨌든 다른 사람이 실수를 했다거나, 맹점을 갖고 있다거나, 온전히 주의를 기울이지 않았다거나, 자신이 받은 은혜를 받지 못했다거나, 야심이나 자만심이나 모성애나 다른 것 때문에 눈이 멀었다고 생각한다. 분명히 신자는 다른 사람에게는 없는 보증된 믿음의 원천에 자신이 다가갈 수 있다고 생각한다. 만일 신자가 자신에게도 기독교 믿음과 관련해 지식이나 참된 믿음의 특별한 원천이라 할 것이 없음을—신의식이 없음을, 성령의 내적 자극이 없음을, 교회의 가르침이 성령에 의한 영감과 오류에 대한 보호를 받지 못했음을, 자신과 의견을 달리하는 사람이 활용하지 못할 것이 없음을—인정한다면, **그때는** 아마도 자의적인 자기중심주의라는 비판을 받아도 할 말이 없을 것이며, **그때는** 아마도 자신의 기독교 믿음에 대한 파기자를 갖게 될 것이다. 그렇다면 신자가 왜 이런 것들을 인정해야 할까? 일반적으로 신자는 이런 믿음들을 낳는 보증된 믿음의 원천들이 실제로 있다고 생각한다(아니면 적어도 그렇게 생각**해야 하는** 것이 일반적이다). (그리고 여기서 우리는 인식론자가 신자에게 유익할 수 있는 한 사례를 본다.)

    이를테면 신자는 하나님이 그리스도 안에서 세상과 화해하셨다고 믿으며, 이를 성경이나 교회가 가르치는 내용을 근거로 삼아 믿을 수 있다. 신자는 다른 사람들이 이를 믿지 않음을, 나아가 그들이 이것이나 다른 어떤 부분에서도 성경의 (혹은 교회의) 권위를 인정하지 않음을 안다. 신자는 설명을 가지고 있다. 성령의 (또는 하나님이 세우시고 인도하시는 교회의) 증언이 있으며, 성령의 증언 덕분에 우리는 성경이 가르치는 것을 받아들일 수 있다. 바로 이 성령이 성경의 가르침을 우리의 마음에 인치고, 이로써 하나님이 말씀하시는 것을 확실히 알게 한다. 우리가 귀로 듣는 것이 하나님에게서 왔다는 확신을 우리의 마음에 심어 주는 일이 성령의 사역이다.

따라서 신자는 이런 명제에 관하여 자신의 확신을 공유하지 않은 사람들보다 자신이 더 나은 인식론적 위치에 있다고 생각한다. 자신에게는 하나님이 인도하시는 교회의 증언이나 성령의 내적 증언이 있다고, 혹은 어쩌면 이런 지식의 또 다른 원천이 있다고 믿기 때문이다. 물론 신자의 이런 생각이 **착각**일 수도 있고, 망상일 수도 있으며, 심각하고 취약하게 만드는 잘못일 수도 있지만, 신자가 이런 믿음을 가졌다고 **비난을 받아야** 하는 것은 아니다. 이는 신자가 자신과 견해가 다른 사람들에게는 허락되지 않은 지식이나 참된 믿음의 원천을 갖고 있다고 믿는 것에 비난할 이유가 없기 때문이다. 이것이 신자를 자기중심주의와 자의성에 빠지지 않게 보호한다.

그러나 바로 그런 생각—신자에게는 자신과 견해가 다른 사람들에게는 허락되지 않은 지식이나 참된 믿음의 원천이 있다는 생각—자체가 인식론적 자기중심주의에 해당하는 사례가 아닐까? 어떻게 여러분은 인식론적 자기중심주의를 보여 주지 않으면서 이런 생각을 할 수 있다고 보는가? 하지만 그런 일은 언제나 일어난다. 생물 교사가 시험 문제를 낸다. 한 학생이 교사가 동의하지 않는 답을 제시한다. 이 교사는 여러 해에 걸쳐 훈련을 받고 공부해 온 자신이 더 나은 인식론적 위치에 있다고 아주 제대로 믿고 있다. 그의 그런 생각은 자기중심적인 것이 아니다. 따라서 진지한 신자는 자신이 견해가 다른 사람들과 인식론적으로 동등한 위치에 있지 않다고 합리적으로 생각할 수 있다면, 지적으로 오만을 부리거나 자의적일 필요가 없다. 신자는 그런 생각을 분별 있게 할 수 있는가? 만일 우리가 앞에서 제시했던 확장된 아퀴나스/칼뱅 모델이 실제로 옳다는 것을 신자가 분별 있게 생각할 수 있다면 그럴 수 있다.

그렇다면 종교 다원주의를 보여 주는 사실들은 **아무 쓸모가 없는가**? 다원주의자가 제시하는 주장은 아무 실속도 없는가?[4] 이 말이 정말 옳을까? 물론 아니다. 적어도 일부 기독교 신자는 인간의 종교적인 반응의 엄청난 다양성에 관한 의식이 **정말로** 그들 자신이 기독교 믿음을 확신하는 정도를 떨어뜨리는 것 같다고 본다. 이런 일은 **논증**을 통해 이루어지지 않거나, 혹은 그럴 필요는 없다. 실제로, 세상에서 경건해 보이는 많은 사람이 (1)과 (2)에 동의하지 않는다는 명제에서 (1)과 (2)는 틀렸거나 도덕적인 혹은 인식적인 결함을 감수할 때만 받아들일 수 있다는 결론을 이끌어 내는 어떤 존중할 만한 논증은 없다.

그럼에도, 생각을 달리 하는 다른 사람들의 지식이 기독교의 가르침에 관한 믿음의 정도를 떨어뜨릴 수 있다. 그리스도인의 시각에서 보면, 이런 종교 다원주의 상황 자체가 우리 인간의 비참한 상태를 드러내는 것이다. 실제로 이런 상황은 주께서 자신을 따르는 자들에게 약속하신 위로와 평강을 그리스도인에게서 얼마쯤 빼앗아 갈 수 있다. 아울러 이런 상황은 (1)과 (2)가 참이라는 지식을 신자에게서 빼앗아 갈 수 있는데, 설령 (1)과 (2)가 참이며 신자가 이것들이 참이라고 **믿을지라도** 그럴 수 있다. 보증의 정도는 부분적으로 믿음의 정도에 의존하기 때문에, 필연적이지는 않을지라도, 종교 다원주의를 보여 주는 사실들에 관한 지식이 신자의 믿음의 정도를 감소시키고 또한 신자가 누리는 (1)과 (2)의 보증의 정도도 감소시킬 수 있다. 신자

---

[4] W. P. Alston, "Religious Diversity and Perceptual Knowledge of God", *Faith and Philosophy* 5, no. 4 (October 1988), p. 433 이하.

는 마치 종교 다원주의를 보여 주는 사실들을 알지 **못했다면** (1)과 (2)를 알았을 것처럼, 지금 그가 그런 사실들을 **확실히** 알기 때문에 (1)과 (2)를 모른다. 이처럼 신자는 더 많이 앎으로써 덜 알게 될 수도 있다.

일이 이렇게 될 **수도 있다**. 그렇지만 일이 꼭 이렇게만 되는 것은 **아니다**. 도덕과 유사한 점을 한 번 더 살펴보자. 어쩌면 여러분은 상담자가 내담자를 유혹할 목적으로 자신이 가진 신뢰받는 지위를 사용하는 것이 심히 잘못이라고 늘 믿어 왔을 것이다. 어쩌면 여러분은 다른 사람이 거기에 동의하지 않음을 발견할지도 모른다. 다른 사람은 그것을 소소한 잘못에 불과하다고, 오고가는 차가 없으면 정지 신호를 무시하고 막 달리는 경우 같은 것이라고 생각한다. 여러분은 그 문제를 더 깊이 생각하면서, 상상을 통해 그런 상황을 반복해서 재현해 봄으로써 그런 상황에 얽혀 있는 것들이 정확히 무엇인지 더 잘 알게 되고(신뢰를 깨뜨리는 것, 부정과 불공정, 도움을 구하려고 상담자를 찾아온 사람이 상처만 받는 상황의 끔직한 아이러니), 그런 행동이 잘못이라고 이전보다 훨씬 더 확고히 믿게 된다. 이런 식으로 여러분은 어떤 사람들이 이 문제를 여러분처럼 보지 않는다는 사실을 알며 숙고하고, 이로써 이 신념이 더 많은 보증을 획득할 수도 있다.

종교적인 믿음들의 경우에도 비슷한 일이 일어날 수 있다. 종교 다원주의를 보여 주는 사실을 새롭게 혹은 더 자세히 아는 것은 우리에게 자신의 신앙생활을 재평가하고, 다시 각성하게 하며, (1)과 (2)를 새롭게 혹은 다시금 새롭고 깊이 파악하고 이해하는 일이 일어나게 할 수 있다. 확장된 아퀴나스/칼뱅 모델의 시각에서 보면, 이런 일은 우리가 (1)과 (2)를 이해하게 되는 믿음을 산출하는 과정이 다시금 새롭게 그리고 더 강하게 작동하는 계기가 될 수 있다. 이처럼 종교 다원주의를 보여 주는 사실에 관한 지식은 처음에는 파기자 역할을 할 수도 있지만, 결국에는 정확히 정반대 효과를 낳을 수 있다. 따라서, 역사 비평처럼, 종교 다원주의를 보여 주는 사실도 꼭 기독교 믿음의 파기자가 되는 것은 아니다.

10장

악이
파기자인가?

마지막으로, 유신론 믿음을 위협하는 가장 무시무시한 파기자 후보를 살펴보겠다. 전통적인 "악의 문제"(problem of evil)가 바로 그것이다. 우리가 사는 세계에는 고통과 악이 놀라울 정도로 많고 다양하다. 나는 **고통**(suffering)이 온갖 아픔이나 불안을 포함하는 것이라고 생각한다. 이 아픔이나 불안은 질병이나 부상, 혹은 억압, 혹은 과로, 혹은 노령에서 오기도 하지만, 자신이나 자기 인생의 (혹은 자신과 가까운 사람들의) 운명에 느끼는 실망, 그리고 고독, 고립, 배신, 알아주지 않는 사랑의 아픔에서 오기도 한다. 아울러 다른 사람의 고통을 아는 것에서 오는 고통도 있다. 나는 **악**이, 근본적으로는, 자유로운 피조물(인간이든 아니든)이 잘못된 일을 행하는 것의 문제라고 생각하며, 이 잘못된 일에는 특히 우리 인간이 서로 상대를 학대하고 잔인하게 대하는 것도 포함된다. 종종 아픔과 고통은 악에서 생겨나는데, 20세기를 생각하면 떠올리게 되는 몇몇 사건이 그런 예다. 나치의 유대인 학살, 동유

럽에서 70년 동안 이어지며 수백만의 희생자를 낳은 무시무시한 마르크스주의 실험, 폴 포트와 그 추종자들이 저지른 극악한 소행, 보스니아와 아프리카를 덮친 대학살처럼 말이다. 물론 많은 고통과 악은 평범한 일상이며, 이런 사정은 나아지지 않는다.

우리가 사는 세상에 존재하는 악과 고통은 하나님을 믿는 신자들을 실제로 좌절시켜 왔다. 기독교와 히브리 성경은 이런 좌절과 당혹감을 널리 대변하는데, 유일하게는 아니지만 그 가운데 특히 시편과 욥기가 그렇다. 신자가 자신의 삶이나 가까운 사람의 삶에서 특별히 무시무시한 고통이나 악을 충격적인 구체성으로 마주하면, 자신이 하나님을 상대로 책망하는 태도-불신하거나, 의심하거나, 비꼬거나, 반감을 보이는 태도-를 취하고픈 유혹에 빠진다. 이 문제는, 넓게 말하자면, 영적인 혹은 목회적인 문제다. 이런 문제에 사로잡힌 사람이 하나님의 존재 또는 심지어 하나님의 선하심을 의심하고픈 유혹을 많이 받지 않을 수도 있다. 그럼에도 하나님께 분개하며, 신뢰하지 못하고, 경계하고, 하나님을 사랑하는 아버지로 생각하지 못하고 멀리 있으며 자신에게 무관심한 분으로 생각할 수도 있다.

악에 근거한 강력한 반신학적인 논증?

하지만 많은 사람은 고통과 악의 양, 다양성, 분포에 관한 지식("악이라는 사실들")이 신자에게 전혀 다른 종류의 문제를 안겨 준다고 주장해 왔다. 그들은 이 사실들이 하나님의 존재 자체를 부인하는-즉 세계를 창조하고 자신이 창조한 피조물을 사랑하는, 전능하고 전지하며 온전히 선한 인격체의 존재를 부인하는-강력한 논증의 전제가 될 수 있다고 주장한다. 이런 논증은 멀리 고대 세계의 에피쿠로스(주전 341-270년)까지 거슬러 올라가며, 그의 논리는 회의론을 대표하는 철학자였던 데이비드 흄(1711-1776)이 18세기에 되풀이했다.

> 에피쿠로스의 옛 질문은 아직도 대답을 듣지 못했다.
> 그는 악을 막고 싶지만 막을 수 없는가? 그렇다면 그는 무능하다.
> 막을 수 있지만 막고 싶지 않은 것인가? 그렇다면 그는 악의적이다.
> 막을 수 있고 또한 막고 싶은가? 그렇다면 악은 어디에서 오는가?[1]

이는 이런 논증에 관한 지식이 유신론 믿음(하나님을 믿는 믿음)의 파기자라는 주장이다. 그리고 유신론 믿음의 파기자라면, 당연히 기독교 믿음의 파기자이기도 하다는 주장이다.

그렇다면 우리의 질문은, 악을 보여 주는 사실에 관한 지식이 **정말** 유신론과 기독교 믿음의 파기자인지 여부다. 이런 지식은 내가 계속하여 **합리적으로** 기독교 믿음을 견지할 수 없게 만드는 근거인가? 이것이 전통적인 신정론의 문제는 아님에 주의하라. 나는 "하나님의 방식을 인간에게 정당화하는" 것도, 하나님이 왜 악을 일반적으로 허용하시는지 혹은 왜 특별히 극악무도한 몇몇 형태의 악을 허용하시는지 묻는 질문에 대답을 제시하려는 것도 아니다.[2] 대신에 우리의 질문은

---

1 *Dialogues Concerning Natural Religion*, ed. Richard Popkin (Indianapolis: Hackett, 1980), p. 63. 흄은 이 논증을 필론의 입을 빌려 제시하지만, 흄 자신의 견해를 표현한 것이라는 생각이 널리 퍼져 있다.
2 이런 논지를 따라 제시한 견해에 관해 내가 쓴 "Supralapsarianism, or 'O Felix Culpa'", in *Christian Faith and the Problem of Evil*, ed. P. van Inwagen (Grand Rapids: Eerdmans, 2004)을 보라.

인식론과 관련이 있다. 유신론과 기독교 믿음이 내가 제시한 방식으로 보증을 가질 수 있다고 한다면, 악을 보여 주는 사실에 관한 지식이 이런 믿음의 파기자를 제공하는가? 지식이 그런 믿음을 비합리적이거나 보증되지 않은 것으로 만들 위험이 있는가?

물론 대답이 꼭 모든 그리스도인에게 같아야 하는 것은 아니다. 어쩌면 고통과 악을 보여 주는 사실들은—우리가 사는 이 슬픈 세계에서는—믿은 지 오래되지 않은 그리스도인이나, 이 시대의 문화와 단절된 그리스도인이나, 우리의 세계에 있는 고통과 악을 거의 모르는 사람들이나, 자신들이 알고 있는 고통과 악이 얼마나 심각한지 제대로 인식하지 못하고 있는 사람들에게는 파기자가 되지 않을지도 모른다. 하지만 우리의 질문은 "우리의 문화에서 지적으로 세련된…성인"과 관련이 있다(앞의 p. 168). 나는 우리의 세계에 존재하는 고통과 악이 엄청나며 놀라움을 알고, 악을 보여 주는 사실에서 시작하는 최고의 반(反)유신론 논증을 잘 알고, 그러면서도 기독교 믿음이 합리적이며 보증된다고 여길 수 있을 정도로 지적으로나 영적으로 성숙할 수 있을까? 여전히 나는 지식을 이루기에 충분한 보증을, 나를 위해서, 가질 수 있을까? 나는 "당연히 그렇다"가 올바른 대답이라고 논증할 것이다. 그리고 이것은 꼭 극소수의 예외인 사람만 할 수 있는 대답이 아니다. 나는 진지한 그리스도인이라면 약간의 인식론만 있어도, 비록 악을 보여 주는 사실이 아무리 섬뜩할지언정 보증된 기독교 믿음에 방해가 되지 않음을 논증할 것이다.

30년 혹은 35년 전까지만 해도, 악에 근거한 논증 가운데 사람들이 선호했던 것은 그리스도인의 믿음에 **논리적 비일관성**이 있다는 결론을 내리는 논증이었다. 그리스도인은 하나님이라는 인격체(전능하고, 전지하며, 온전히 선한 인격체)가 존재한다고, 이 세상에 악이 존재한 다고 믿는다. 두 믿음이 모두 참이라는 것은 논리적으로 가능하지 않다(이렇게 주장된다). 여기서 주장은 하나님의 존재와 악의 존재가 **논리적으로 양립할 수 없다**는 것이다. 그런데 유신론자가 둘 다 확실히 믿는 이상, 유신론 믿음은 분명히 비합리적이다.

하지만 지금은 하나님과 악을 함께 긍정하는 것이 명백한 모순이라거나 꼭 틀렸다고 볼 필요는 없음이 널리 인정되고 있다. 악의 존재는 전능하시고 전지하시며 완전히 선하신 하나님의 존재와 (광범위한 논리적인 의미에서도) 논리적으로 양립하지 못하는 것이 아니다.³

물론 유신론자가 곤경을 벗어나기에는 이것으로 충분하지 않다. 지구가 평평하다는 생각, 혹은 지구가 거북이 등 위에 있고, 이 거북이는 또 다른 거북이 등 위에 있으며, 이런 식으로 거북이 밑에 거북이가 계속 있다는 생각에는 아무런 논리적 모순도 존재하지 않지만, 그럼에도 이런 견해는 (우리가 지금 안다고 생각하는 것을 고려하면) 비합리적이다. (여러분의 장성한 자녀가 이런 견해를 받아들이면 여러분은 괴로울 것이다.) 따라서 악에 근거한 논증을 제시하는 사람들은 하나님의 존재와 악의 존재가 도저히 양립할 수 없다는 주장에서 이런저런 종류의 **증거론적**(evidential) 혹은 **개연론적**(probabilistic) 논증으로 돌아섰다.

여기서 주장은 기독교 믿음이 논리적으로 비일관적이라는 것이

---

3 중요한 핵심은, 광범위한 논리적인 의미에서 보면, 다음의 사실이 가능하다는 것이다. (1) 늘 옳은 일만 행하는 자유로운 인간을 창조하는 것은 하나님의 능력에 있지 않았으며, (2) 자유로운 피조물을 가지는 것의 가치가 이 피조물이 행하는 악의 무가치를 능가한다. 이 논증의 전개와 관련해, 내가 쓴 *God, Freedom, and Evil* (Grand Rapids: Eerdmans, 1978), p. 7 이하를 보라. 『신·자유·악』(SFC).

아니라, 악을 보여 주는 사실이 하나님의 존재를 **부인하는 강력한 증거**를 제공한다는 것이다. 이런 증거론적 논증도 전형적으로 개연론적이다. 가장 단순한 사례를 보면, 이런 논증은 악을 보여 주는 사실을 고려할 때 하나님의 존재는 있음직하지 않거나 개연성이 없다고 주장한다. 따라서 오늘날 전형적인 반(反)신학 논증은 하나님의 존재가 악의 존재와 **양립하지 않는다**는 것이 아니라, 오히려 악이 하나님의 존재를 반대하는 강력한 증거론적 혹은 개연론적 사례를 제시한다는 것이다.

그렇다면 악이 유신론을 반박하는 어떤 증거를 구성한다고 가정해 보자. 이 증거에서 나오는 결론은 무엇인가? 많지 않다. 내가 믿기에 참이고 합리적으로 수용되는 많은 명제는 또한 그에 반대하는 증거도 있다. 피터가 생후 3개월 아기라는 사실은 이 아이의 몸무게가 약 9킬로그램이라는 것을 부인하는 증거다. 그럼에도 피터의 몸무게가 그렇다고 믿는 것이 합리적일 수 있다(그리고 진실에 부합할 수도 있다). 그럼 우리가 가진 **모든 증거**를 고려할 때 하나님이 존재하지 않을 개연성이 크다는 생각은 우리가 알거나 믿는 것의 나머지 모두인가? 반신학자가 이를 증명하려면 하나님의 존재를 지지하는 증거를 모두 살펴보아야 할 것이다. 전통적인 존재론 논증, 우주론 논증, 목적론 논증, 그리고 다른 많은 논증 모두를 말이다.[4] 반신학자가 자신이 지목한 결론에 이르려면 이 모든 논증의 상대적 장점을 살펴보고, 악에 근거한 논증에 비추어 이 모든 논증을 살펴보아야 할 것이다. 이런 일은

---

4 내가 쓴 "Two Dozen (or So) Theistic Arguments"를 보라. 이는 Deane-Peter Baker, ed., *Alvin Plantinga: Contemporary Philosophy in Focus* (Cambridge: Cambridge University Press, 2007), p. 203 이하에 있는 부록에서 볼 수 있다.

쉽지 않을 것이다.

더 나아가, 내가 믿는 것의 나머지에 비추어 유신론이 개연성이 **없을 것 같다**고 가정해 보자. 아니면, 내가 믿는 것의 나머지가 유신론을 **부인하는** 증거를 제공하며 유신론을 **지지하는** 증거는 하나도 없다고 가정해 보자. 여기에서 나오는 결론은 무엇인가? 다시 말하지만, 많지 않다. 내가 견지하는 (그것도 철저한 합리성으로 견지하는) 많은 참된 믿음들은 내가 믿는 것의 나머지를 고려하면 사실일 것 같지 않다. 내가 포커를 치고 있는데, 내가 알거나 믿는 것의 나머지에 비추어 볼 때 인사이드 스트레이트(4장의 카드가 있는데 연속적인 숫자 구성을 위해서는 숫자 하나만 빠진 상태―편집자)가 나올 개연성은 없다. 그렇다고 해서 내가 방금 인사이드 스트레이트를 채웠다는 믿음에 비합리성이 조금이라도 있다는 말은 아니다. 물론 이유는 이런 믿음이, 그 보증을 위해서, 내가 믿는 것의 나머지에 비추어 적절한 개연성이 있느냐에 달려 있지 않기 때문이다. 이런 믿음을 위한 보증의 원천은 전혀 다른 것인데, 곧 인식이다. 유신론의 경우도 비슷하다. 여기서는 실제로 모든 것이, 내가 논증해 오고 있는 것처럼, 유신론이 보증의 다른 원천―하나님을 인식하는 것, 혹은 신의식, 혹은 신앙과 성령의 내적인 자극―을 가지고 있거나 가질 수 있는지 여부에 대한 질문으로 귀결되는데, 이는 내가 믿는 다른 명제에 비추어 개연성을 갖는 것과 구분된다.

악에 근거한 가장 강력한 주장

악의 존재가 하나님의 존재와 양립할 수 없다는 결론을 설득력 있게 제시한 논증은 없다. 아울러 악에 근거한 증거론적 혹은 개연론적 논증 가운데 진지하게 고려할 만한 것도 없다. 이 정도면 됐다. 하지만 여전히, 하나님을 믿는 **일부** 사람에게는 고통과 악이 **어느 정도** 문제가 된다. 구약성경에는 그런 사례가 가득하다. 실제로 예수 그리스도 자신이 이런 고통스러운 절규를 토해 내신다. "나의 하나님, 나의 하나님, 왜 나를 버리십니까?" 시편 22편의 말을 반영하는 외침이다. 욥기는 악을 보여 주는 사실과 그에 대한 인간의 반응을 샅샅이 그리고 강력하게 탐구한다. 욥은 분개한다. 그는 하나님이 불공평하시다 생각하고, 하나님께 직접 그 이유를 설명하고 정당화하라고 도발한다. 수없이 많은 사람이 자신이 겪는 잔인한 고통 때문에 혹은 자신과 가까운 누군가의 고통 때문에 하나님께 분노했다. 사람은 자신의 삶에 찾아온 고통과 악 때문에 하나님께 분개할 수 있고, 불신할 수 있으며, 거부하고 적대시할 수도 있다.

하지만 이런 상황이 으레 유신론 믿음의 파기자를 산출하지는 않는다. 예수나 시편의 시인이나 욥도 유신론 믿음을 포기하려 한 것 같지는 않다. 이 문제는 차원이 다르다. 유신론 믿음의 파기자라기보다는 영적인 혹은 목회적인 문제인 것이다. 어쩌면 하나님은 내 아버지나 내 딸이나 내 친구 혹은 내가 가장 끔찍한 고통을 겪게 하실지도 모른다. 그러면 나는 이렇게 생각할 수도 있다. "분명히 그분은 신이 가진 멋진 특질을 모두 갖고 있겠지. 그분이 이 지긋지긋한 일을 허용한 것도 분명 타당한 이유가 있을 거야. 요컨대 내가 그 이유를 아무리 떠올리려 해도 나 같은 사람은 그분의 속내를 알 수가 없어. 내가 도저히 이해할 수 없는 이유일 테니. 그러나 그분이 허용한 일은 끔찍해. 정말 지긋지긋해!" 나는 하나님을 대면하여 악을 쓰고 싶을지도 모르겠다. "당신이 훌륭하고, 장엄하고, 전지하고, 전능할 수도 (심지어 온전히 선할 수도) 있겠죠. 온통 탁월한 것만 있을 것입니다. 그러나 나는 당신이 하는 일이 아주 지긋지긋하게 싫어요!" 이런 문제는 사실은 증거와 관련된 문제가 아니며, 유신론의 파기자도 아니다.

그러나 어쩌면 여기서는 그것만이 현실적인 반응이 아닐지도 모른다. 어쩌면 나는 이런 식으로 반응할 수도 있지만, 다른 합리적인 반응이 있지 않을까? 선하신 하나님을 믿는 믿음을 완전히 포기하는 것으로 끝내지 않을 수도 있지 않을까? 어쨌든 어떤 상황에서는 고통과 악이 실제로 이런 하나님을 믿는 믿음을 무너뜨리는 파기자 역할을 할 수 없지 않을까? 인간이 타인에게 저지르는 잔학 행위 목록은 끔찍하고 섬뜩하다. 그뿐 아니라 그 목록이 아주 길고 자꾸 반복되다 보니 결국 사람을 지치게 한다. 그럼에도 가끔은 새로운 깊이에 다다른다.

보스니아의 한 젊은 무슬림 엄마는 남편과 아버지가 지켜보는 앞에서 거듭 강간을 당했다. 이 엄마의 아기는 바닥에서 엄마 옆에 누워 비명을 질렀다. 이 엄마에게 잔학 행위를 저지르던 사람들이 마침내 이 여인에게서 떨어지자, 엄마는 아이를 보살피게 해 달라고 간청했다. 그러자 강간한 사람들 가운데 하나가 재빨리 아이의 목을 베어 그 머리를 엄마 무릎에 내던졌다.[5]

이런 일은 끔찍함 그 자체다. 생각만 해도 고통스럽고, 그대로 마음에 떠올리는 것조차 고통스럽다. 이런 일을 이처럼 차가운 철학 토

---

5 Eleonore Stump, "The Mirror of Evil", in *God and the Philosophers*, ed. Thomas Morris (New York: Oxford University Press, 1994), p. 239.

론의 소재로 끌어들인 것 자체가 비참하며 인정이 없는 짓처럼 보일 수 있겠다. 그렇다면 이제 질문해 보자. 이성적인 인간이라면 이렇게 끔찍한 악을 마주했을 때 전능하고 전지하며 온전히 선한 인격체가 있어서 우리가 사는 세계를 감독하고 있을 수는 없다고 생각하지 않을까? 어쩌면 완전한 인격체라면 이런 일을 허용할 수 없다고 증명할 수는 없을지도 모른다. 어쩌면 개연성이나 증거에 입각하여 신이 존재하지 않음을 훌륭하게 증명하는 논증은 존재하지 않을지도 모른다. 그래서 어떻게 하라는 말인가? 하나님의 명성에 걸맞게 사는 존재라면 이와 같은 일을 허용할 수 없다는 것은 삼척동자도 다 알고, 누가 봐도 명백한 일 아닌가? 그렇다면 설령 악에 근거한 좋은 논증이 없다 해도, 유신론 믿음의 파기자가 여기 존재하지 않는가?

나는 이와 같은 것이 악에 근거한 반(反)유신론 논증 가운데 가장 강력한 사례라고 생각한다. 본질적으로 이 주장은 우리가 사는 이 음침하고 불행한 세상이 펼쳐 보이는 악의 무시무시한 공포를 제대로 지각하고 제대로 아는 사람이라면, 하나님 같은 존재가 그런 일을 허용하리라고 주장할 수는 없으리라는 것을 단박에 알린다. 이는 일종의 역(逆) 신의식이다. 어쩌면 악에 근거한 훌륭한 논증은 전혀 존재하지 않을 것이다. 하지만 어떤 논증도 필요하지 않다. 이런 종류의 호소를 전개할 때는 논증을 자세히 말하는 방법이 아니라, 대화 상대방을 세상의 고통과 악이 지닌 처절한 공포가 그야말로 진저리를 치게 분명히 나타나는 상황에 두는 방법을 사용할 것이다. 실제로 반신학의 관점에서 보면, 여기서 어떤 논증을 제시하는 것은 역효과를 낳는다. 그런 논증은 하나님을 믿는 신자의 시선을 다른 데로 돌리고, 그의 눈이 역겨운 고통을 외면하게 하며, 가능 세계와 개연성 있는 기

능, 그리고 다른 불가사의를 둘러싼 무미건조한 토론으로 도피하게
한다. 그런 논증은 실제로 하나님을 믿는 믿음의 파기자인 상황에서
주의를 돌리게 한다.

철저히 합리적인 사람에게는 파기자가 없다

우리가 이런 주장—악을 분명히 살펴보면 하나님을 믿는 믿음의 파기
자를 발견한다는 주장—을 고찰한다고 가정해 보자. 먼저, 믿음의 파
기자는 **내가 믿는 것의 나머지에 의존한다**는 점을 기억해 두자. 나의
새로운 믿음이 옛 믿음의 파기자인지 여부는 내가 달리 믿는 것이 무
엇이며 나의 경험이 어떠한지에 의존한다. 나는 그 나무가 단풍나무
라고 믿는데, 여러분은 내게 그 나무가 실은 느릅나무라고 알려 준다.
만일 내가 여러분이 스스로 무슨 말을 하는지 알며 진실을 말하기를
목표한다고 생각하면, 그러면서 내가 여러분이 나무에 관하여 나보다
훨씬 모른다고 생각하지 않으면, 혹은 여러분이 스스로 진실이라 여
기는 것을 말하고 있을 확률이 50 대 50에 불과한 것이 아니라면, 여
러분이 한 말은 그 나무가 단풍나무라는 내 믿음을 파기할 것이다. 세
계가 보여 주는 악의 공포를 완전히 알게 되는 것이 **어떤 사람**에게는
유신론 믿음의 파기자가 될 수도 있으나, **다른 사람**에게는 그렇지 않
을 수도 있다.

내가 먼저 논증하고 싶은 것은, 만일 고전적 기독교가 참이라면,
철저히 합리적인 사람, 그 인식 능력이 올바르게 기능하는 사람에게
는 악을 인식하는 것이 하나님을 믿는 믿음의 파기자가 못 된다는 사
실이다. 고전적 기독교의 관점에서 볼 때(어쨌든 아퀴나스/칼뱅 모델에 따

르면), 여기에는 신의식이 올바르게 기능하는 것도 포함된다. 이런 과정이 올바르게 기능하는 사람은 하나님을 친밀히, 자세히, 생생하게, 분명하게 아는 지식을 갖고 있을 것이다. 이런 사람은 하나님의 임재, 영광, 선하심, 능력, 완전성, 경이로운 매력, 달콤함을 깊이 알 것이다. 그리고 이런 사람은 자신의 존재에 관하여 확신하는 것만큼이나 하나님의 존재도 확신할 것이다.

따라서 이런 사람은—하나님이 거룩하고 불타는 열심으로 악을 증오하신다는 것을 알기 때문에—하나님의 세계에 이런 악이 존재함으로 인해 **당황**할 수도 있으나, 그래도 하나님 같은 인격체가 존재하지 **않는다**는 생각은 아마도 결코 하지 않을 것이다. 이런 사람도 악과 고통에 직면하면 하나님이 왜 이런 것을 허용하시는지 자문(自問)할지도 모른다. 악을 보여 주는 사실은 행동하게 만들고 탐구하게 만드는 자극제일 수 있다. 이런 사람은, 그 답을 찾지 못하면, 자신이 모르는 이유가 틀림없이 하나님께 있다고 결론지을 것이다. 이런 사람은 하나님이라는 인격체가 존재한다는 **사실**은 추호도 의심하려 하지 않는다. 아퀴나스/칼뱅 모델에 따르면, 철저히 합리적인 사람에게 악의 존재는 하나님을 믿는 믿음의 파기자가 되지 않는다.

다른 신자는 어떤가?

그러므로 아퀴나스/칼뱅 모델에 따르면, 철저히 **합리적인** 사람에게는 악을 보여 주는 사실들이 유신론 믿음을 무너뜨리는 어떤 종류의 파기자도 되지 않는다. 그럼에도 (교활한 반신학자가 주장하게 될 내용에 따르면) 고작해야 이런 사실은 하나님을 믿는 신자—실제로 존재하는 신자—가 따르는 유신론의 파기자가 이 세상의 불행 속에 존재하는가 하는 질문과 관련하여 의심스러운 연관성을 가질 뿐이다. 기독교 교리 자체에 따르면, 어떤 인간도 본디 처음에 가졌던 완전한 합리성을 향유하지 않기 때문이다. 신의식은 죄 때문에 심각한 손상을 입었다. 우리 대다수는 거의 항상 하나님의 임재를 분명하게 인식하지 못한다. 우리 가운데 많은 사람은 (어쨌든 거의 항상) 하나님의 존재와 하나님의 선하심을 조금은 그림자 같고 덧없이 사라지는 것으로 인식한다. 하나님의 존재가 다른 사람이나 뒤뜰에 있는 나무의 존재만큼이나 뚜렷이 드러나는 곳은 어디에도 없다. 철저히 합리적인 사람에게는 악을 보여 주는 사실을 아는 지식이 유신론의 파기자가 되지 않을 수도 있지만, 실제로 타락한 인간에게는 (주장되는 바에 따르면) 파기자가 될 수 있다.

하지만 이런 논지를 그대로 따라가는 것은 기독교 믿음의 또 다른 특징을 무시하는 일이 될 것이다. 신의식이 입은 손상은 신앙과 중생의 과정에서 원리상 그리고 점차 고쳐진다. 신앙의 사람은 다시 한번, 적어도 몇몇 경우에는, 하나님의 임재를 아주 명백하게 인식하는 사람이 될 수 있다. 게다가 그런 사람은 성육신에서 나타난 하나님의 사랑, 생각조차 불가능한 기독교 이야기 전체의 찬란함, 그 자신이 하나님이며 하나님의 독생자이신 예수 그리스도가 우리를 위해 당하신 고통과 죽음에 관해 듣고 안다. 물론 이런 지식이 하나님은 왜 악을 허용하시는가 하는 질문에 대답을 제공하지는 않는다. 그럼에도 이런 지식은 여기서 대단히 중요하다.

내가 엄청난 잔학 행위에 관하여 하나 더 읽으면 아마 동요할지도 모르겠다. 그러나 그럴 때도 나는 그리스도의 고난과 죽음에서 드러난 상상조차 할 수 없는 큰 사랑, 그리스도가 기꺼이 자신을 비워 종의 본질을 입으려 하신 것, 죄로 가득한 우리 인간이 구속을 얻을 수 있게 고난과 죽음을 감내하신 것, 그리고 내 신앙도 회복될 수 있다는 것을 생각한다. 나는 여전히 하나님이 왜 이런 고통을 허락하시는지, 왜 사람들이 서로 고문하고 죽이도록 내버려 두시는지, 히틀러의 국가사회주의나 공산주의처럼 거대하고 무시무시한 사회적 실험을 왜 허용하시는지 짐작조차 하지 못한다. 그럼에도 나는 그가 기꺼이 우리와 고통을 함께하시며, 그 스스로 엄청난 고통을 겪으시고, 우리를 위해 그렇게 하신다는 것을 안다. 따라서 나는 특히 역겨운 악을 보여 주는 사례를 만나면 하나님께 묻고 싶어 하고, 심지어 하나님께 화를 내며 격분할지도 모르겠다. "나는 내 고통이 어떤 유익에 어떻게 이바지하는지 눈곱만큼도 모릅니다. 그런데 왜 나 혹은 나의 가족이 그분의 (당연히 고상한) 목적을 촉진하려고 고통을 당해야 한다는 말입니까?" 그러나 그럴 때도 나는 하나님이 나를 위해 기꺼이 더 큰 고통을 감내하려 하심을 생각하면서 위로를 받고, 어쨌든 입을 다물게 된다.

개연성은 이 문제와 거의 관련이 없음을 주의하라. 그런 사람은 전능하고 전지하며 온전히 선한 인격체가 이런 역겨운 일을 허용할 가능성이 거의 없다고 추론하지 않으며, 우리를 위하여 스스로 고통을 감내하려는 존재라면 이런 역겨운 일을 허용했을 가능성이 더 높다고 추론하지도 않는다. 여기 나오는 위로는 개연성을 고려한 사유를 통해 오는 것이 아니다.

중요하게 고려할 것이 또 하나 있다. 하나님이 실현하실 수도 있었던 최고의 가능 세계에, 누구도 생각할 수 없었던 위대한 선(善)인 하나님의 성육신과 구속이―그러나 물론 죄와 고통도―있다고 생각하는 것이 타당하다. 하나님은 이 가능 세계 가운데서 하나를 실제 세계로 고르셨으며, 그 세계에서 인류는 고통을 당한다. 하지만 이 세계에는 죄와 고통뿐 아니라, 구속을 받고 하나님과 영원한 사귐을 누릴 경이로운 기회도 존재한다. 이런 것들은 우리가 견뎌야 할 고통을 훨씬 능가하는, 상상조차 할 수 없을 정도로 위대한 선이다.[6] 더 나아가, 하나님과 영원한 사귐을 누릴 기회를 부여받은 우리 인간은 매력이 넘치는 삼위일체의 교제 자체에 동참하라는 초대를 받았다. 어쩌면 이런 초대는 타락하여 고통을 겪었으나 구속받은 피조물에게만 부여될 수 있는 것일지도 모른다. 만일 그렇다면, 인류의 상태는 아무런 죄와 아무런 고통이 없었을 때보다 훨씬 더 나아진 셈이다. "오, 복된 죄로다"(O felix culpa)라는 말은 사실이다!

따라서 신앙을 가진 사람(중생의 과정을 겪고 있는 사람)은 역시, 아퀴나스/칼뱅 모델에 따르면, 하나님의 임재와 선하심을 어느 정도는 뚜렷하게 인식하는 사람이 될 것이다. 그렇기 때문에 이런 사람에게는 하나님이라는 인격체가 존재한다는 믿음이 상당한 보증을 가질 것이다. 그렇다면 이런 사람도, 신의식이 손상되지 않았던 사람처럼, 무시무시한 악을 보여 주는 사례를 직면할 때 무신론이나 불가지론을 따르고픈 유혹을 거의 혹은 전혀 느끼지 않을 것이다. 이런 사람들도 당황할 수 있다. 이런 사람들도 충격을 받을 수 있다. 이런 사람들도 하나님의 세계에 끔찍한 악이 존재하는 것을 보면서 행동하고 따지고픈 충동을 느낄 것이다. 그래도 그들은 믿음을 포기하는 것은 선택 가능

---

6 바울은 계속하여 로마서 8:18에서 이렇게 말한다. "나는 장차 우리 안에서 나타날 영광과 비교할 때 우리의 현재 고난이 하찮다고 생각한다."

한 방안으로 고려하지 않는다. 만일 그들 자신이 두드러진 고통을 겪는다면, 그들은 시편 119:75-76 저자와 뜻을 같이할지도 모른다. "오, 야훼여, 나는 당신의 율법이 의로우며 당신이 신실하심 가운데 나를 괴롭게 하셨음을 압니다. 당신이 당신 종에게 주신 약속을 따라, 당신의 변함없는 사랑이 내 위로가 되게 하소서."

사실 이들은 심지어 복된 만족을 누릴지도 모른다. 여기서 귀도 드 브레[Guido de Bres, 1561년 네덜란드 신앙고백(Belgic Confession)의 저자]가 교수형을 당하기 직전에 아내에게 쓴 편지를 보라.

나는 기쁨과 즐거움 가운데 있는데, 그런 나를 당신의 슬픔과 고통이 괴롭게 하기에 당신에게 이 편지를 쓰오. 나는 당신이 한없이 슬퍼하지 말기를 아주 간절히 기도하고 기도하오….

나는 지금 개미 한 마리도 빠져 나가지 못하는, 비참할 대로 비참한 지하 감옥에 갇혀 있소. 어찌나 어둡고 음울한지 감옥이라는 이름이 딱 들어맞는구려. 공기도, 가장 나쁜 공기조차 그저 조금 맛볼 뿐이오. 내 손과 발에는 무거운 쇠가 채워져 있소. 이것이 나를 끊임없이 고문하면서, 심지어 내 뼈가 드러날 정도로 내 살점을 파먹었소. 그러나 이 모든 고통에도 불구하고 내 하나님은 자신의 선한 약속을 버리지 않으시고, 내 마음을 위로하시며 내게 가장 복된 만족을 주신다오.[7]

드 브레는 큰 고통을 겪었다. 그럼에도 그는 "가장 복된 만족"을

7　Cornelius Plantinga Jr., *A Place to Stand* (Grand Rapids: Board of Publications of the Christian Reformed Church, 1981), p. 35에서 인용.

누렸다. 물론 그의 마음 가장 깊은 곳에는 어쩌면 하나님 같은 인격체는 존재하지 않을지도 모른다는 생각, 어쩌면 드 브레 자신이 줄곧 속았을지도 모른다는 생각이 있었을 수도 있다. 그럼에도 이렇게 계속 하나님을 믿는 것은 결코 비합리성을 드러내지 않는다. 그는 고통 가운데도 유신론 믿음의 파기자를 갖기는커녕, 어떤 식으로든 그것을 억누르고 (어쩌면 소원 섞인 생각을 통해) 어쨌든 계속하여 하나님을 믿었던 것 같다. 아니, 그의 믿음은 오히려 하나님을 믿는 믿음을 산출하는 인지 과정—다시 회복된 신의식, 성령의 내적인 자극—이 올바르게 기능한 결과다.

유신론 믿음을 파기하는 상황이 전혀 없는가?

물론 우리 대부분은 귀도 드 브레와 같은 영적인 상태에 있지 않다. 우리 가운데 고통 앞에서도 위로와 만족을 누리는 사람은 거의 없다. 칼뱅이 지적하듯이(*Institutes*, III.ii.15), 우리 대부분은 때로 하나님이 정말 우리에게 자비를 베풀어 주신다고 생각하는 데 어려움을 겪는다. 심지어 영적인 삶의 위대한 스승들도 때로는 영적인 어둠에 빠진다. 그리스도인은 인식적이며 영적인 상황이 사람마다 천양지차임을 인정해야 하며, 같은 사람조차 때에 따라 다름을 인정해야 한다. 그렇다면 악을 보여 주는 사실이 기독교 혹은 유신론 믿음의 파기자가 되는 상황이 전혀 없는가?

나는 "십중팔구 없다"가 정답이라고 생각하고 싶다. 신의식이 잘 작동하지 않는 사람, 아무 생각 없이 수박 겉핥기식으로 하나님을 믿는 사람, 믿음에 실상 아무런 활기나 깊이나 생기가 없는 사람을 생각해 보자. 어쩌면 그런 사람은 악을 보여 주는 사실을 깊이 인식하게 되면 유신론 믿음을 포기하게 될지도 모른다. 하지만 이것이 곧 이 사람이 유신론 믿음의 파기자를 가졌음을 보여 주지는 않는다. 이런 사람이 그런 파기자를 가질 때는 오로지 그런 상황에서도 하나님을 계속 믿는 것이 올바른 인지 기능에 반하여 비합리적일 때뿐이다. 이런 사람이 그런 파기자를 가질 때는 오로지 그런 상황에서 유신론 믿음을 포기하는 것이 우리의 인지 기능의 설계 계획의 일부일 때뿐이다. 그러나 우리는 우리의 설계 계획이 그런 상황에서 유신론 믿음을 포기할 것을 명령한다고 생각할 이유는 없다. 이 설계 계획에는 신의식이 올바르게 기능하는 것이 포함되어 있다. 인지 과정이 올바르게 기능하지 않을 때 일이 실제로 어떻게 진행되는지도 설계 계획의 일부일 수 있다. 그렇지만 그것은 설계 계획의 일부라기보다는 의도하지 않은 부산물일 가능성이 더 높다.

그럼에도 우리는, 단지 논증을 위하여, 실제로 그런 사람에게 유신론 믿음의 파기자가 **정말** 있다고 가정해 보자. 여기서 중요하게 알아야 할 점은, 만일 그런 사람에게 파기자가 있다면 다만 그의 지성 구조 어딘가에서 일어난 합리성의 고장 때문이라는 것이다(어쩌면 그의 신의식이 오작동을 했는지도 모른다). 이제 우리가 처음에 다루었던 질문으로 돌아간다고 생각해 보자. 하나님이라는 인격체가 존재한다고 믿는 S라는 사람은 악을 보여 주는 사실에서 파기자를 가지는가? 우리는 이제 그렇게 생각할 이유가 없음을 알 수 있다. S가 계속하여 유신론 믿음을 가진다는 사실 자체가 그 사람 안에서 적어도 어느 정도는 신의식이 올바르게 작동함을 보여 주는 증거다. 어쩌면 이런 사람도 (이런 상황에서 믿는 데 실패하는 것이 설계 계획의 일부**라면**) 파기자를 가질 수 있다. 그러나 그렇게 생각할 이유는 없다. 따라서 나는 하나님을 믿는 신자라면 설령 악을 보여 주는 사실에 관한 지식에서도 유신론 믿음의 파기자를 가질 가능성이 거의 없다고 결론짓는다.

그렇다면 이런 결론을 내릴 수 있겠다. 물론 나는 기독교 혹은 유신론 믿음을 무너뜨리는 파기자가 전혀 존재하지 않음을 증명했다고 주장할 수는 없다. 그러나 나는 그런 파기자의 위치에 오를 만한 가장 그럴듯한 후보 셋-역사 비평, 다원주의, 그리고 고통과 악-이 사실은 파기자로서 성공하지 못했다고 주장할 수 있다(그리고 강력히 주장한다).

맺음말

나는 이 책에서 우선 (1장에서) 기독교 믿음이란 것이 실제로 있다는 것과 우리가 정말로 하나님에 관하여 말하고 생각할 수 있다는 것을 주장했다. 2장에서는 기독교 믿음에 대한 **권리에 관한** 반론과 **사실에 관한** 반론을 구분했다. 전자는 이런 믿음이 설령 참이라도 지적으로나 이성적으로 의문이 든다는 취지다. 계몽주의 시대 이후로 **권리에 관한** 반론이 아주 널리 퍼졌다. 그렇지만 그런 반론이 정확히 무엇이라고 말하기는 쉽지 않다. 나는 **권리에 관한** 반론으로서 실현 가능한 견해가 임무와 의무라는 관점에서 이해한 정당화 근처에 전혀 존재하지 않는다고 주장했다. 다음으로 나는 **권리에 관한** 반론으로서 **사실에 관한** 반론과 무관하게 설득력을 가진 견해는 전혀 존재하지 않는다고 주장했다. 기독교 믿음에 대한 **권리에 관한** 반론으로서 애초에 유망한 유일한 후보는 프로이트의 주장을 통해, 곧 기독교 믿음은 **보증**, 혹은 어쨌든 지식이 되기에 충분한 보증을 갖지 않았다는 주장을 통해 접근할 수 있을 뿐이다. 하지만 프로이트는 유신론 믿음, 따라서 기독교 믿음이 거짓이라고 그냥 전제할 뿐이다. 따라서 이 **권리**에 **관한** 반론은 기독교 믿음의 **진리**에서 독립하여 존재하지 못한다. 나아가 나는 보증의 측면에서 표현된 어떤 **권리**에 **관한** 반론도 같은 운명을 맞이하리라고 주장했다.

3장에서 나는 하나님을 믿는 믿음이 보증을, 심지어 지식을 구성하는 데 충분한 보증을 가질 수 있는지 설명해 주는 모델로 아퀴나스/칼뱅 모델을 제시했다. 4장, 5장, 6장에서 나는 아퀴나스/칼뱅 모델을 확장하여 죄는 물론이고 기독교 믿음의 총체―삼위일체, 성육신, 속죄, 부활―를 다루었다. 7장에서는 이 모델에 반대하는 두 견해를 다루었다. 마지막으로 8장, 9장, 10장에서는 기독교 믿음의 실질적인 혹은 가능한 파기자로서 현대의 역사 비평, 다원주의, 그리고 오래된 문제인 악을 고찰했다. 나는 만일 확장된 아퀴나스/칼뱅 모델이 참이라면, 그리고 실제로 기독교 믿음이 참이라면, 이 가운데 어느 것도 기독교 믿음이 누릴 수 있는 보증에 심각한 도전이 되지 않는다고 주장했다.

그렇다면 기독교 믿음은 **참인가**? 이것은 정말로 중요한 질문이다. 그리고 여기서 우리는 철학의 능력을 벗어난다. 나는 모든 사람이 혹은 거의 모든 사람이 받아들이는 전제를 가진 어떤 논증도 완전한 기독교 믿음을 충분히 지지할 수 있을 만큼 강력하지는 않다고 보며, 설령 내가 생각하는 믿음이 그런 종류의 전제가 없을 때보다는 있을 때 더 개연성이 있을지라도 마찬가지다. 철학의 이름으로가 아닌 나 자신의 생각을 말하자면, 나는 기독교 믿음이 진정 내가 보기에 참이라는 것, 그리고 지극히 중요한 진리라는 것을 말할 수 있을 뿐이다.

찾아보기

가설(hypothesis) 157-159
감각 경험(sense experience) 27
감정(affections) 101-105, 117;
  과 성령 137-140
개혁주의 신학(Reformed theology) 94
거팅, 게리(Gary Gutting) 36
경험(experience) 160-166
계몽주의(Enlightment) 173, 180
과학(science) 34, 156-160; 과 역사적
  성경 비평(역사 비평) 180-182
교정 불가능한 믿음들(incorrigible
  beliefs) 43
교회(church) 146
구원(salvation) 94, 96-99, 100
근본주의(fundamentalism) 110-112
기독교 믿음(Christian belief) 19-29,
93-94; 과 성경 126-134, 188-197;
과 파기자 167-172; 과 토대주의 44-
45; 비합리성 52-62; 과 정당화 38-
52, 95; 에 대한 반론 31-37; 과 다
원주의 199-211; 과 악의 문제 213-
216; 과 죄 99-105; 의 보증 106-113
기적(miracles) 119
기초적 믿음들(basic beliefs) 43,
77-78, 81-85; 과 성경 126-134; 과
보증 78-80

나단 선지자(Nathan the prophet)
  205-206
논증(argument) 34, 44; 악에 근거한
  214-223; 다원주의에 근거한 209-
  211; 종교적 경험에 근거한 156-160

니체, 프리드리히(Friedrich Nietzsche) 49, 137

다원주의(pluralism) 34, 199-211
다윈, 찰스(Charles Darwin) 56
다윗(David) 205-206
데닛, 대니얼(Daniel Dennett) 11
데카르트, 르네(René Descartes) 29
도덕성(morality) 48, 203-204
도킨스, 리처드(Richard Dawkins) 58, 110-111
뒤앙, 피에르(Pierre Duhem) 186-187, 191-197
드 브레, 귀도(Guido de Bres) 228

램지, F. P.(Ramsey) 25
러셀, 버트런드(Bertrand Russell) 69, 171
레벤슨, 존(Jon Levenson) 183
로크, 존(John Locke) 38-45
루이스, C. S.(Lewis) 98
루터, 마르틴(Martin Luther) 111, 139-140
리드, 토머스(Thomas Reid) 78

마귀(demons) 135-138
마르크스, 칼(Karl Marx) 49, 54-55, 62, 80; 의 반론 88-89; 와 보증 67-68

마술사 시몬(Simon Magus) 189
마이어, 존(John Meier) 193
막달라 마리아(Mary Magdalene) 189
맥키, J. L.(Mackie) 154-163
모델(model) 70
무신론(atheism) 102, 213-220
믿음들(beliefs): 마귀의 136-138; 과 경험 160-166; 교정 불가능한 43; 의지적인 46-48. 또한 기초적 믿음들을 보라.

바르트, 칼(Karl Barth) 111
바울(Paul) 69, 71; 오작동(기능장애)에 관한 견해 91; 성령에 관한 견해 109; 죄에 관한 견해 103-105
반론(objections) 31-35, 81-88. 또한 특별한 반론을 보라.
보나벤투라(Bonaventure) 106
보증(warrant) 67-68, 95-96; 과 기초적 믿음들 78-80; 과 신앙 123-126; 과 지식 54, 62-67; 과 종교적 경험 153-160
브라운, 레이먼드(Raymond Brown) 181-182
비트겐슈타인, 루트비히(Ludwig Wittgenstein) 32
비합리성(irrationality) 34, 52-62

사도신경(Apostles' Creed) 25
사랑(love) 89, 137; 하나님의
　138-151; 과 죄 101, 103-104
사르트르, 장 폴(Jean-Paul Sartre) 145
삼위일체(trinity) 150n13
샌더스, E. P.(Sanders) 182
선하심(goodness) 89
선험적 지식(a priori knowledge) 27
성경(Bible) 106, 107-108, 126-134; 악에 관한 견해 213-214; 과 믿음 119-123; 과 구원 98; 성경 연구 172-180
성령(Holy Spirit) 107-109, 112, 135; 과 감정 136-141; 과 신앙 118, 121-123, 132-133; 과 종교적 경험 154-155, 158-160; 과 구원 98
소원 충족(wish-fulfillment) 58-62, 81, 88; 과 무신론 102; 권리에 관한 반론으로서의 35, 36-37
소크라테스(Socrates) 103
속죄(atonement) 94
슈트라우스, 다비드(David Strauss) 188
스미스, 윌리엄 캔트웰(Wilfred Cantwell Smith) 36
스피노자(Spinoza) 181
'스키엔티아'(scientia) 119n6. 또한 지식을 보라.
시어링, 바바라(Barbara Thiering) 189
시언, 토머스(Thomas Sheehan) 189

신앙(faith) 99, 107, 109, 112; 기초로서의 126-134; 과 성령 118; 과 지식 150-151; 의 의미 115-118; 과 보증 123-126
신의식(sensus divinitatis): 과 기초적 믿음들 73-77; 과 인간 93; 과 하나님 형상 96; 과 악의 문제 222, 225, 230; 과 종교적 경험 158-162, 165; 과 죄 104
신학(theology) 23-26

아담(Adam) 100
아리스토텔레스(Aristotle) 52
아우구스티누스(Augustine) 103, 111; 와 성경 연구 173, 176; 와 소원 충족 90
악(evil): 과 무신론 213-219; 과 기독교 믿음 219-229; 의 문제 32, 213-214
알레그로, 존(John Allegro) 190
에드워즈, 조나단(Jonathan Edwards) 50, 106, 126-127; 감정에 관한 견해 140-142; 성경에 관한 견해 172; 하나님의 사랑에 관한 견해 148-149; 와 소원 충족 91
에로스(eros) 142-151
역사적 성경 비평(historical biblical criticism, 역사 비평) 180-187; 과 기독교 믿음 188-197

열정(passion) 145-149
영성(spirituality) 142-151
예수 그리스도(Jesus Christ) 153; 와 교회 146; 와 성령 108-109; 와 악의 문제 38, 224-229; 와 구원 96-99
오만(arrogance) 34, 36-38
오작동(dysfunction, 기능장애) 55-58; 과 하나님을 믿는 믿음 81; 마르크스의 견해 88-89; 바울의 견해 91-92
올바른 기능(proper function) 63, 89-90
욕망(desire) 142-151
원죄(original sin) 99-100; 와 감정 101-105
웰스, G. A.(Wells) 189
유신론(theism) 87, 93
의지(will) 46-48, 116-117
이성(reason) 40-45, 52-62
인간(humanity): 의 설계 계획 63-64, 89-90; 과 하나님 형상 84 86-87; 과 신의식 93
인식(perception, 지각) 156, 161-163; 과 신의식 77-78

자기기만(self-deception) 136
자명한 믿음들(self-evident beliefs) 43
자연(nature) 75-76
자연주의(naturalism) 34, 201

정당화(justification) 38-48, 95, 123-124; 와 증거 49-52
제임스, 윌리엄(William James) 142
제정신이 아님(insanity) 52, 58
조엣, 벤저민(Benjamin Jowett) 182n7
종교(religion) 55; 와 다원주의 34, 199; 와 과학 34
종교적 경험(religious experience) 160-166; 과 보증 153-160
죄(sin) 93, 99-105; 와 신의식 80, 97
주장(opinion) 39-46
증거(evidence) 34, 38-42, 45, 156-160; 와 정당화 49-52
지식(knowledge): 과 믿음 116-118, 124, 150-151; 하나님에 관한 93; 에 관한 칸트의 견해 27-29; 과 원죄 101-105; 과 신의식 73-80; 과 보증 54, 62-67
진리(truth) 81-88; 와 보증 65-67
진화(evolution) 58, 86
차일즈, 브레바드(Brevard Childs) 188
체스터턴, G. K.(Chesterton) 100

카우프만, 고든(Gordon Kaufman) 23-26
칸트, 임마누엘(Immanuel Kant) 20-22, 27-29
칼뱅, 장(John Calvin) 106, 110, 131,

229; 과 성경 연구 173, 176-177; 신앙에 관한 견해 99, 109, 116-121; 성령에 관한 견해 137-138; 과 보증 70, 72-77

퀸, 필립(Philip Quinn) 168

크리소스토모스(Chrysostom) 173

테레사 수녀(Mother Teresa) 49

테레사, 아빌라의(Teresa of Ávila) 142

토대주의(foundationalism) 42-46

토마스 아퀴나스(Thomas Aquinas) 70-71; 와 성경 연구 173, 176; 신앙에 관한 견해 119

트뢸치, 에른스트(Ernst Troeltsch) 184-185, 191-192

트웨인, 마크(Mark Twain) 115

파기자(defeaters) 167-172, 229-231

파스칼, 블레즈(Blaise Pascal) 103

포스트모더니즘(postmodernism) 179

풀러, 마거릿(Margaret Fuller) 116

프레게, 고트로프(Gottlob Frege) 170-171

프로이트, 지그문트(Sigmund Freud) 35

49 54 56; 하나님을 믿는 믿음에 관한 견해 58-62; 의 반론 89-92; 와 보증 67

프링글, 윌리엄(William Pringle) 188

하나님(God): 을 믿는 믿음 19-29, 49-52; 과 성경 117; 에 관한 지식 70-77; 의 사랑 138-151; 과 열정 145-149; 과 신의식 79-80

하나님 형상(image of God) 84, 86, 96, 98, 107

하비, A. E.(Harvey) 193

하비, 반(Van A. Harvey) 173, 190, 191

하와(Eve) 100

하이델베르크 교리문답 116-117

확실성(certainty) 43

환경(environment) 65

환상(illusion) 60

회개(conversion) 142

흄, 데이비드(David Hume) 47, 106; 창조에 관한 견해 66; 악에 관한 견해 215; 신앙에 관한 견해 132; 인식(지각)에 관한 견해 78

힉, 존(John Hick) 200

해설

앨빈 플랜팅가의
지식 이론

강영안 | 미국 캘빈 신학교 철학신학 교수

여러분이 지금 손에 든 『지식과 믿음』(Knowledge and Christian Belief)은 앨빈 플랜팅가가 2000년에 옥스퍼드 대학교 출판부를 통해 낸 『보증된 기독교 믿음』[Warranted Christian Belief, "보증 3부작"(Warrant Trilogy, 1993, 2000)의 세 번째 책]을 일반 대중이 쉽게 접근할 수 있도록 요약해서 쓴 책입니다. 따라서 철학을 전공한 사람들만 이해할 수 있는 부분은 모두 빼고 문제 자체와 문제를 해결하기 위한 방안을 간략하게 제시하고 있습니다. 독자는 이 책을 통하여 플랜팅가 철학의 중심이 무엇인지 쉽고도 정확하게 이해할 수 있지만, 문제의 배경을 알지 못할 경우 제대로 이해하지 못할 가능성도 있습니다. 그러므로 저는 이 책을 읽을 때 미리 알면 좋을 배경 지식과 플랜팅가의 주요 사상을 되도록 간략하게 말씀드리겠습니다.

1. 출발점

플랜팅가의 "보증 3부작"은 철학에서 흔히 '인식론'이라 부르는 분야와 관련되어 있습니다. '인식론' 또는 '지식론'은 앎의 문제, 지식의 문제를 다룹니다. 그런데 '앎' 또는 '지식'이라고 하면 우리는 곧장 경험을 통해서 얻은 지식이나 과학이 제공해 주는 지식에 제한해서 생각합니다. 우리가 성경을 통해서, 신앙 체험을 통해서 얻는 '믿음'은 '지식'과 무관하다는 생각이 보편화되어 있습니다. 플랜팅가는 이런 생각이 과연 옳은지, 종교적 믿음은 지식이 아닌지, 성경과 성령의 사역을 통하여 우리에게 생긴 신앙이 지식에서 배제되어야 할 이유가 무엇인지 묻는 물음에서 출발합니다.

지식이 가진 특징이 무엇인가요? 우리가 예컨대 교육을 통하여 배운 여러 학문 분야의 지식처럼, 지식은 (1) 경험과 이성을 통하여 얻은 것들이고 (2) 자신뿐만 아니라 타인에게 전달이 가능하고 (3) 홀로 가질 수 있으나 대부분 공동의 자산으로 타인과 공유할 수 있고 (4) 수정할 수 있으며 만일 전적으로 오류임이 드러났을 때는 폐기할 수도 있습니다. 사물에 대한 지식이나 사람에 관한 지식들은 모두 이런 성격을 지니고 있습니다. 그렇다면 신앙을 통하여 얻은 '믿음'은 어떨까요? 신앙을 가진 사람이 수용하는 '믿음'도 이 가운데 (2)부터 (4)까지 공유할 수 있다는 점에서 '지식'과 비슷합니다. '믿음'도 타인에게 전달할 수 있고(이것이 가능하지 않다면 전도 활동이 가능하지 않습니다), 홀로 가질 수 있으나 타인과 공유할 수 있고(이것이 가능하지 않다면 예컨대 교회와 같은 공동체를 세우는 일은 불가능하겠지요), 매우 힘들겠지만 경우에 따라서는 수정하거나 폐기할 수도 있습니다.

하지만 대부분은 첫 번째 요소, 곧 경험과 이성을 통하여 얻은 것이 아니라는 점에서 지식과 믿음이 구별된다고 생각합니다. 이유는 다를 수 있습니다. 신앙이 없는 사람은 신앙 안에서 얻은 믿음이 우리의 경험 및 이성과 모순된다고 생각합니다. 따라서 믿음이 지식의 언저리에 가기는커녕 아예 신뢰할 수 없는 일종의 환상이라 생각합니다. 기독교 신앙을 가진 사람들도 믿음은 인간의 경험과 이성을 초월해서 오직 성경에 계시된 하나님의 말씀을 통하여 얻은 것이라 생각하는 경향이 있습니다. 따라서 믿음은 지식과 구별될 뿐 아니라 근원적으로 분리되어야 한다고 생각합니다. 신자든 불신자든 대부분의 사람들은 "믿음 따로, 지식 따로"라고 생각합니다. 플랜팅가는 이런 생각, 이런 태도가 과연 옳은지 묻습니다.

그런데 '믿음'을 종교적 의미의 믿음으로 생각하면 철학에서 다루는 '믿음'과 '지식'의 문제를 이해할 수 없습니다. 지식의 문제를 전문적으로 다루는 철학의 한 분야인 인식론(지식론)에서는 '믿음'과 '지식'을 일반인들이 구별하는 방식과는 다르게 구별합니다. 그러므로 이 책에서 '믿음'(belief)이라는 단어가 나올 때 여러분은 그것을 종교적 믿음과 곧장 연관시키는 일이 없기를 바랍니다. 플랜팅가는 만일 종교적 의미의 믿음일 경우라면 '기독교 믿음'(Christian belief)이라 표현합니다. 인식론적 의미의 '믿음'(belief)은 특정한 종교나 정치적 입장을 가리키는 용어가 아니라 어떤 사람이나 사물, 어떤 사태가 어떠하다고 생각하는 행위를 일컫는 말입니다. 예컨대 지금 바깥에 비가 온다고 합시다. 그것을 보고 있는 나는 "비가 온다"는 믿음을 갖게 됩니다. 만일 지금 내가 머리가 아프다고 느낀다면 "나는 지금 머리가 아프다"는 믿음을 가집니다. 지각이나 기억, 또는 이것들에 전혀 의존하지 않는 선험적인 것들[예를 들어, 2+3=5 혹은 논리학의 긍정 논법(modus ponens)]에 대해서도 믿음을 가집니다. 믿음은 명제 형식으로 표현되고, 명제는 문장을 통해 구체적인 옷을 입습니다. 예를 들어, 만일 내가 지금 바깥에 비가 온다는 사실을 보고 그 사실을 의식할 때 그냥 그렇게 생각으로만 그칠 수 있지만, 또한 한 걸음 더 나아가 나의 생각, 곧 나의 믿음을 "지금 바깥에 비가 온다"는 문장으로 표현할 수 있습니다.

이때 만일 내가 믿는 믿음이 참이라면, 다시 말해 내가 믿는 믿음이 맞다면, 그리고 단지 맞을 뿐 아니라 그렇다고 할 만한 근거와 이유가 있다면, 이 믿음은 단순한 믿음과 단순히 참된 믿음에 머물지 않고 '정당화된 참된 믿음', 곧 '지식'이 됩니다. 영미 분석철학 전통에서 지식은 '정당화된 참된 믿음'(justified true belief)을 뜻합니다. 지식은 믿음을 배제하는 것이 아니라 포함하되, 이에 덧붙여 참이라는 요소와 근거 있음, 곧 정당화됨이라는 요소를 더 장착한다는 점에서 '참된 믿음'과도 구별됩니다. 지식은 믿음이되 단순한 믿음이 아니라 '참된 믿음'이고, 참된 믿음이되 우연히 참이 된 믿음이 아니라 명백한 증거와 이유, 근거를 통하여 '정당화된 참된 믿음'이라고 대부분의 영미 분석철학자들이 정의했습니다(이 정의와 관련해서 제기된 '게티어 문제'는 여기서 다루지 않겠습니다).

이렇게 정의된 의미의 지식은 물론 명제로 표현될 수 있는 지식에 한정됩니다. 명제로 표현될 수 있는 지식은 내가 어떤 사람을 안다거나 이해한다거나 하는 경우처럼 친숙함에서 오는 지식(knowledge by acquaintance)이나, 자동차를 운전하거나 테니스를 칠 줄 안다고 할 경우의 수행 능력과 관련된 지식(knowledge by performance)과는 구별됩니다. 예컨대 "철수는 서울이 한국의 수도인 것을 안다"는 "S는 P를 안다"로 표현할 수 있습니다. 이때 S는 앎의 주체를 표시하고, P는 "서울은 한국의 수도다", "7+5=12"의 경우처럼 명제를 표시합니다. '정당화된 참된 믿음'은 이렇게 명제의 형식으로 표현할 수 있는 지식을 말합니다. 이것을 줄여서 '명제적 지식'이라 이름을 붙이는데, 이런 명제적 지식은 세 부분으로 이루어집니다.

1. S는 P를 믿는다.
2. P는 참이다.
3. S가 P는 참이라고 믿는 것이 정당화된다.

세 조건은 믿음의 조건, 참의 조건, 정당화의 조건으로 각각 지식을 위한 필요조건이며, 세 조건이 모여 지식을 위한 충분조건을 이룬다고 대부분 믿습니다. 물론 여기에 추가 조건이 붙어야 한다고 생각하는 철학자들도 있습니다.

세 조건이 각각 가진 의미에 대해서 설명하기는 어렵지 않습니다. 예를 들어 "철수는 서울이 한국의 수도인 것을 안다"고 해 봅시다. 이럴 경우 철수가 서울이 한국의 수도인 것을 '안다'고 말하려면 무엇보다 철수는 서울이 한국의 수도인 것을 믿어야 합니다. 철수가 서울과 한국에 관해서 어떤 생각이 없거나 의식하지 못하거나 믿지 않는다면 안다고 할 수 없습니다. 이 조건에 따르면 앎은 S가 P를 (무의식으로 잠재되어 있더라도) 의식하고, 의식할 뿐 아니라 그것에 관해서 그렇다고 믿어야 앎으로 성립될 수 있는 필요조건이 충족됩니다. 이것이 지식에 있는 '믿음'(belief)의 조건입니다. 두 번째 조건은, 만일 S가 P를 안다고 하려면 P는 참이어야 합니다. 철수가 서울이 한국의 수도인 것을 안다고 하려면 "서울이 한국의 수도다"라는 명제가 참이어야 합니다. 만일 서울이 한국의 수도가 아니라면 철수는 "서울이 한국의 수도다"라는 것을 안다고 할 수 없습니다. 이것이 '참'(truth)의 조건입니다. 세 번째 조건은, S가 P를 수용하는 것이 정당화될 때 S는 P를 안다고 할 수 있습니다. 철수가 서울이 한국의 수도라고 말할 때 그가 서울이 한국의 수도라는 것을 안다고 할 수 있으려면 서울이 한국의 수도라는 사실을 수용하는 것이 정당화될 수 있어야 합니다. 만일 정당화될 수 없다면 안다고 할 수 없다는 것이 세 번째 조건입니다. 이때 정당화(justification)는 P를 수용할 만한 이유나 근거, 증거가 있을 경우를 뜻합니다. 철수가 서울이 한국의 수도라는 것을 안다고 할 때 서울이 한국의 수도라는 사실을 증명하거나 그럴 만한 근거나 이유를 제시할 수 없다면 철수는 서울이 한국의 수도라는 것을 안다고 할 수 없다는 말입니다.

　우리는 신앙에 관련된 것들에 관해서도 명제를 사용해서 믿음을 표현할 수 있습니다. 예컨대 "하나님은 존재한다", "하나님은 이 세계를 창조했다", "나는 예수 그리스도를 믿는다", "예수 그리스도는 메시아다"라는 기독교의 신앙고백도 앞에서 "지금 바깥에 비가 온다"고 말하거나 "지금 나는 책상에 앉아 글을 쓰고 있다"고 말하는 경우와 마찬가지로 믿음의 내용을 담고 있습니다. 어떤 사태, 어떤 상태나 속성 등에 관해서 내가 그것이 또는 그것들이 어떠하다고 생각하고 상태나 속성 등에 관해서 나의 태도를 명제에 담아 표현한 것들입니다. 그런데 신앙고백의 내용들이 단순한 믿음에 머무는가, 아니면 지식의 반열에 들 수 있는가 하는 것이 문제가 됩니다. 플랜팅가는 기독교 믿음이 단순한 감정이나 신념의 표현이 아니라 '보증된 참된 믿음', 곧 지식이라고 믿습니다. 다시 말해, 기독교의 믿음은 합리적으로 충분히 수용 가능한 지식이라는 것을 드러냅니다. 그의 대안은 '정당화된 참된 믿음'이 아니라 '보증된 참된 믿음'(warranted true belief)이 '지식'이라는 것을 보여 주는 방식이었습니다. '보증'(Warrant) 이론에 이르기까지 플랜팅가는 20세기 분석철학의 작업에서 지식 이론으로 제안된 내재론, 정당화론, 의무론, 신빙론 등을 검토합니다. 그 결과, 자신의 보증론을 가능한 대안으로 제안합니다. 복잡하고 어려운 설명은 건너뛰고 곧장 플랜팅가의 보증 이론을 살펴보겠습니다.

2. 대안: '보증'과 '올바른 기능'

플랜팅가는 지식을 "보증된 참된 믿음'(warranted true belief)으로 이해합니다. '정당화된 참된 믿음'에서 '정당화된'이 '보증된'으로 바뀌어 '보증된 참된 믿음'이 되었습니다. 그러나 이것이 함축하는 바는 생각보다 큽니다. 앞에서 지식을 세 요소로 나누었듯이, 플랜팅가가 이해하는 '지식'도 세 부분으로 분석할 수 있습니다.

    1. S는 P를 믿는다(S believes that p).
    2. P는 참이다(P is true).
    3. P는 보증된다(P is warranted).

믿음이 지식이 되는 첫째 조건은 인식 주체 S가 P를 믿는다는 것입니다. 믿지 않는다면 안다고 할 수 없습니다. 다시 반복해서 말하니

다만, 여기서 '믿는다'는 신앙적인 의미나 타인과의 인격적인 관계에서 말하는 믿음보다 훨씬 넓은 개념입니다. '생각한다', '수용한다'와 비슷한 뜻으로 생각해도 무방합니다. 예컨대 "서울은 한국의 수도다"라는 것에 대해서 어떤 사람 S가 서울은 한국의 수도라는 생각 또는 믿음을 가지지 않는다면 여기서 표현되는 내용을 그가 '안다'고 말할 수 없습니다. 그뿐 아니라, 만일 '안다'고 하려면 두 번째 조건, 곧 참의 조건이 충족되어야 합니다. 왜냐하면 만일 실제로 서울이 한국의 수도가 아니라면 S는 서울에 관해서 그렇게 '생각'하는 것에 그칠 뿐 '안다'고 할 수 없기 때문입니다. 앞의 두 조건이 충족되었다고 해도 지식을 보증할 수 없기 때문에 세 번째 조건이 제시됩니다. 예컨대 차를 타고 지나가다가 교각에 커다랗게 "광식이는 미숙이를 사랑한다"고 써 놓은 낙서를 보았다고 해 봅시다. 그 내용을 차를 운전해서 지나가던 박 아무개가 받아들였다고 생각해 봅시다. 그리고 실제로 어디엔가 사는 (그러나 지나가던 박 아무개는 모르는) '김광식'이라는 사람이 '이미숙'이라는 여인을 사랑한다고 해 봅시다. 이럴 경우, 믿음이 발생했고 이 믿음에 담긴 내용이 사실이므로 첫 두 조건은 충족되었다고 하더라도, 김광식이 이미숙을 사랑한다는 사실을 교각에 새겨진 낙서를 보고 박 아무개가 '안다'고 말할 수 있을까요? 박 아무개가 가진 믿음이 그의 생각과 무관하게 실제로 참이라고 해도, 그에게는 그것이 지식이 되도록 '보증'해 주는 제3의 요소가 결여되어 있습니다.

그렇다면 플랜팅가가 생각하는 '보증'이 무엇일까요? 플랜팅가가 정당화, 일관성, 신뢰 가능성, 이 세 가지 모두 보증이 되기에는 충분하지 않다고 할 때, 그가 뜻하는 '보증'은 무엇일까요? '보증'은 '참된 믿음'을 단순히 믿음에 머물지 않고 '지식'이 되게 해 주는 '그 무엇입니다. 그런데 이 '그 무엇'이 무엇일까요? 플랜팅가는 이렇게 말합니다.

내가 알기로는 어떤 믿음을 만일 (1) 올바르게 작동하는 (어떠한 인식적인 역기능에 종속되지 않고 반드시 기능해야 하는 방식으로 기능하는) 인식 능력에 의해 내 안에 산출할 경우, (2) 그 믿음의 산출을 지배하는 설계 계획의 부분이 참된 믿음의 산출을 목표할 경우, (3) 그러한 조건에서 산출한 믿음이 참될 것이라는 통계적인 확률이 높을 경우, 오직 이 경우에만 나에게 보증이 된다.

플랜팅가는 여기서 보증을 위한 각각의 필요조건과 이것들을 모두 합하면 충분조건이 되는 조건들을 제시하고 있습니다. 다시 좀더 세분하여 분석하면 다음과 같이 도식화할 수 있습니다.

P는 다음 조건이 충족되는 경우, 오직 그 경우에만 S에 대해서 보증을 가진다.
1. S는 P를 올바르게 기능하는 인식 능력, 다시 말해, 설계 계획에 따라 제대로 기능하는 능력의 결과로 P를 수용한다(또는 P를 믿는다).
2. S의 인식 능력은 알맞게 주어진 환경에서 올바르게 기능한다.
3. 인식 능력은 참된 것, 곧 진리를 목표한다.
4. 인식 능력의 설계 계획은 좋은 계획이다.

이제 각 조건들에 대해서 살펴봅시다. S는 올바르게 기능하는 인식 능력의 작동으로 P를 믿는다고 해 봅시다. 예컨대 만일 지금 바깥에 비가 온다면 S는 바깥에 비가 오는 것을 보고 "비가 온다"고 믿습니다. 이때 "비가 온다"는 믿음은 S의 의지의 결과가 아니라 그의 눈이 제대로 작동하고, 그가 보는 것이 무엇인지 분별하고 판단한 결과입니다. 따라서 엄밀하게 말하면 이때의 믿음은 S가 자발적으로 만들어낸 믿음이 아니라 그의 눈이 적합한 환경에서 제대로 작동한 결과로 갖게 된 믿음, 곧 '형성된 믿음'입니다. 플랜팅가는 믿음이 이처럼 의지의 산물이 아니라 지각이나 기억 등의 인식 능력의 기능에 따라 형성된 믿음이라는 것을 강조합니다. 만일 인식 능력이 제대로 작동하지 않으면 잘못된 믿음을 산출하고, 인식 능력이 제대로 작동하면 올바른 믿음을 산출한다고 보는 것이지요.

그런데 여기서 '올바르게' 또는 '제대로 기능한다'는 말이 무슨 뜻일까요? 예를 들어 "이 칼은 제대로 기능한다"고 말하거나 "그 사람은 한국말을 올바르게 사용한다"고 말할 때, '제대로' 또는 '올바르게'는 '의도된 대로 기능한다'는 뜻을 담고 있습니다. '제대로 기능한다'거나 '올바르게 기능한다'는 말은 원래의 의도, 원래 그것을 만들었을 때의 설계 계획에 맞게 기능한다는 뜻입니다. 그렇다면 여기서 '제대로 또는 올바르게 기능한다'(function properly)는 말은 '설계 계획'(design plan)을 따라 기능한다는 말입니다. 만일 설계 계획이 없다면 '제대로' 또는 '올바르게'라는 말을 쓸 수 없습니다. 왜냐하면 '올바른 기능'은 기능이 올바른지 아닌지 기준 역할을 하는 '설계 계획'을 전제해야 하기 때문입니다. 따라서 '올바른 기능'과 '설계 계획'은 서로 분리할 수 없는 개념입니다. 일상 생활에서나 과학 지식의 경우, 이 둘의 연관을 우리 모두 익숙하게 잘 알고 있습니다. 예컨대 자전거 체인이 망가지거나 바퀴에 바람이 빠지면 자전거는 자전거로 제대로 기능할 수 없습니다. 만일 새의 날개가 부러지면 부러진 날개는 날개로 제 기능을 하지 못합니다. 마찬가지로 우리의 인식 능력이 원래 기능해야 하는 방식으로 기능하지 않으면 참된 믿음을 산출할 수 없습니다. 이런 의미에서 '올바르게 기능한다' 혹은 '원래의 설계 계획을 따른다' 하는 개념은 모두 규범적인 개념입니다.

그런데 이때 '올바르게 기능해야 한다'거나 '설계 계획을 따라야 한다'고 할 때 '해야 한다'는 개념은 내재론자들이 말하는 인식적 의무와는 구별됩니다(내재론은 지식 주체가 지식 행위와 내용을 스스로 의식하고 있어야 한다는 주장을 담고 있습니다). 왜냐하면 내재론이 요구하는 '인식적 의무'는 '도덕적 의무'와 마찬가지로 나의 자유로운 의지의 결정 여부와 관련되지만, 외재론적인 관점을 취하는 플랜팅가가 의도한 '해야 한다'는 의지의 개입과 상관없이 '해야 한다'는 것이기 때문입니다. 예컨대, 만일 새의 날개가 부러지면 새는 날 수 없습니다. 새는 날개가 원래 그렇게 반드시 기능해야 하는 방식으로 설계된 것에 따라 기능할 때 제대로 기능할 수 있습니다. 부러진 날개는 원래의 설계와 거리가 멉니다. 따라서 새가 스스로 날개를 부러뜨리지 않았다면 부러진 날개로 날 수 없는 것에 대해서 책임질 이유는 없습니다. 마찬가지로, 인식 능력이 제대로 작동하지 않았다면 인식 능력이 제대로 작동하지 않은 것에 대해서 인식 주체가 의무를 포기했거나 게을리했다고 할 수 없습니다. 왜냐하면, 앞에서도 말했듯이, 의지를 통해서 믿음이 형성되는 것이 아니라 인식 기능의 올바른 기능에 의해서(또는 오작동에 의해서) 믿음이 형성되기 때문입니다.

보증을 위한 두 번째 조건을 봅시다. 두 번째 조건을 따르면 알맞은 환경에서 인식 능력이 제대로 기능해야 S가 P를 믿는 것이 보증됩니다. 만일 기능이 있는 어떤 것이 있다면 적합한 환경에서 기능해야 제대로 기능한다는 생각이 여기에 깔려 있습니다. 예컨대 우리의 폐가 정상이라 하더라도, 산소가 부족한 환경에서는 폐가 제대로 기능할 수 없습니다. 정상적이고 적합한 환경에서는 시계가 제대로 작동하지만, 만일 지나치게 수심이 깊은 곳이라든지 지나치게 온도가 높은 환경에서는 제대로 작동할 수 없습니다. 우리의 인식 기능도 제대로 작동할 수 있는 환경에 있어야 그 작동을 신뢰할 수 있습니다. 설계 계획은 애초에 적합한 환경을 고려한 계획이고, 일정한 환경을 떠난 설계 계획은 상상할 수 없습니다. 그러므로 설계 계획은 그 안에 일정한 환경을 포함하는 방식으로 이루어진 것이어야 합니다. 예컨대 우리가 보통 차고 다니는 시계는 극한 상황에서도 작동하도록 만들지 않았기 때문에, 그런 환경에서는 제대로 기능하지 못합니다. 우리의 폐도 산소가 있는 환경에서만 기능하도록 되어 있기 때문에, 이 환경을 떠나서는 제대로 기능하지 못합니다. 이와 마찬가지로 우리의 인식 능력도 설계 계획이 목표한 환경에서만 올바르게 기능합니다. 만일 캄캄한 밤에 500미터 떨어진 곳에 있는 나무에 참새가 앉아 있는 것을 맨눈으로 보았다고 내가 믿는다면, 그리고 그렇게 말한다면, 실제로 그 시간에 그리고 그 나무에 내가 보았다고 말하는 새가 앉아 있었다 해도 나의 믿음은 보증될 수 없고, 다른 사람들도 정상적인 상황에서는 당연히 그것을 믿지 않을 것입니다. 여기서 보증이 결여된 까닭은 나의 시각 능력 때문이 아니라, 시각 능력이 제대로 작동할 수 있는 적합한 환경이 주어지지 않았기 때문입니다. 우리의 시각 능력은 밝은 빛이 있는 곳에서는 제대로 기능하지만, 캄캄한 밤에는 제대로 기능할 수 없습니다. 다시 말해, 두 번째 조건이 충족되지 않았기 때문에 이 경우에 내가 가진 믿음은 보증되지 않습니다.

세 번째 조건은, 만일 P가 S에게 보증을 가지려면 S가 P를 믿게 하는 결과를 가져오는 인식 능력이 참인 것(진리)을 지향해야 한다는 것입니다. 예컨대 불치병에 걸린 사람의 경우, 의학적인 보고에 따르면 그 병이 치유된 적이 없음에도 특정한 민간요법을 통해서 치유되리라는 믿음을 가질 수 있습니다. 이러한 믿음은 확신은 될 수 있지만 '보증된 믿음'이라 할 수 없습니다. 이 경우에 인식 능력이 기능하지만 그로 인해 발생하는 믿음이 참인 것에 방향이 맞추어져 있지 않고, 다만 그렇게 되기를 바라는 소원과 그로부터 오는 위안에 맞추어져 있기 때문에 이러한 믿음은 보증될 수 없습니다. 그런데 그러한 믿음을 갖는 사람이 자신은 참인 것을 지향한다고 믿고 있고 그러한 믿음의 태도에 대해서 의심의 여지가 없다고 하더라도, 그가 믿는 내용은 실제로 참인 것(진리)을 목표하기보다는 위안을 기대하는 것일 수 있습니다.

네 번째 조건은 앞의 세 조건이 충족된다고 해도 여전히 필요한 조건입니다. 인식 능력이 올바르게 기능하고, 인식 능력이 작동하는 환경이 적합하고, 인식 주체의 믿음을 참인 것을 목표하는 방식으로 산출했다고 하더라도, 만일 인식 능력이 일정한 방식으로 적합한 환경에서 작동하도록 이루어진 설계 자체가 좋지 않다면 이를 통해 산출한 믿음은 여전히 보증을 결여할 수 있습니다. 다시 말해, 설계 계획 자체가 제대로 되어 있어야 합니다. 예컨대 자동차 엔진이 설계 계획대로 적합한 환경에서 상황에 따라 필요한 속도로 돌아간다면 제대로, 올바르게 기능한다고 할 수 있습니다. 하지만 설계 자체가 뛰어나지 않다면 엔진이 아무리 올바르게 기능한다고 해도 그 역량을 최대한 발휘할 수 없습니다. 만일 우리의 인식 능력의 설계가 좋지 않다면 보증된 믿음을 산출할 수 없습니다. 그런데 어떤 설계 계획이 좋은 설계 계획일까요? 플랜팅가는 주어진 설계 계획을 따라 기능한 인식 능력이 산출한 믿음이 참일 수 있는 객관적인 확률이 높을수록 좋은 설계 계획이고 신뢰도 그만큼 커진다고 생각합니다.

보증을 얻는 가장 중요한 원천은 인식 능력이 설계 계획대로 적합한 환경에서 참인 것을 목표해서 실제로 최대한 올바르게 기능하는 데 있습니다. 다시 말해, 어떤 명제에 대한 믿음은 앞에서 열거한 네 조건이 인식 주체에게 실제로 충족되면 보증이 확보됩니다. 네 조건의 충족에 대해서 인식 주체가 반드시 알아야 하는 것은 아닙니다. 네 조건이 제대로 충족되었다는 사실을 인식 주체가 알지 못해도, 만일 네 조건이 실제로 충족된다면 그의 믿음은 보증을 가진다는 것이 플랜팅가의 주장입니다. 네 조건에 대한 명시적인 앎이 결여되어 있더라도 네 조건이 제대로 충족된다면 믿음은 보증된다는 말입니다.

지금까지 논의한 플랜팅가의 보증 이론에 따르면, 예컨대 어린아이에게 믿음에 적용되는 모든 조건에 대한 반성적인 의식이 없더라도, 만일 인식 능력이 적합한 환경에서 참된 믿음을 목표하는 방식으로 제대로 기능한다면 성인과 마찬가지로 보증된 믿음을 가질 수 있습니다. 논변이나 증거가 없더라도 인식 능력 자체가 적합한 환경에서 참된 믿음을 산출하는 방식으로 작동한다면, 그렇게 해서 얻은 믿음은 보증이 된다는 것이지요. 플랜팅가는 이와 같은 방식이 어린아이뿐 아니라 과학자나 철학자에게도 마찬가지로 적용된다고 생각합니다. 만일 우리가 어떤 A를 안다고 한다면, 우리는 그것을 안다는 것을 스스로 알지 못하고도 얼마든지 알 수 있다는 말입니다.

3. 고전적 토대론과 증거론 비판

토대론을 문제 삼기 전에 우리의 시각을 통한 지각 행위를 잠시 살펴볼 필요가 있습니다. 물음은 이것입니다. 우리의 시각을 통한 지각 행위가 제대로 기능하도록 해 주는 것이 무엇인가요? 일반적인 지각의 경우가 그렇듯이, 시각을 통한 지각 행위의 경우에도 역시 경험이 중요합니다. 경험을 통해서 우리는 지각을 하게 되고, 지각을 통해서 지식을 얻게 됩니다. 그런데 경험은 한 가지 종류만 있지 않습니다. 경험에는 칸트, 로크, 흄, 그리고 로데릭 치좀(Roderick Chisholm, 1916-1999)과 같은 현대 영미철학자들이 주목한 감각 경험이 있습니다. 예컨대 나는 정원을 보거나, 책을 보거나, 거리에 달리는 차를 봅니다. 이렇게 할 때 나는 정원에 노출되거나, 책에 노출되거나, 달리는 차에 노출됩니다. 플랜팅가는 이 경우에 치좀에게서 빌려 온 "나는 무엇에 노출된다"(I am appeared to)라는 용어를 사용합니다. 내가 정원을 볼 때, 책을 볼 때, 또는 거리를 달리는 차를 볼 때 무엇을 경험하는지 빠짐없이 서술할 수 없지만, 그럼에도 감각 기관을 통한 지각이 이 과정에서 핵심적인 역할을 하는 것만은 확실합니다. 그런데 플랜팅가는 믿음을 형성할 때 감각 경험 외에도 다른 요소가 개입된다는 사실에 주목합니다. 예컨대 내 책상 위에 책이 쌓여 있는 것을 보고 나는 자연스럽게 "책상 위에 책이 쌓여 있다"는 믿음을 가지게 됩니다. 책상 위에 실제로 책이 쌓여 있으므로 이 믿음은 참된 믿음이고, 감각적인 지각 능력이 제대로 기능한 결과로 얻은 믿음이므로 이 믿음은 나에게 보증된 믿음이라고 할 수 있습니다. 그런데 이 경우에, 나는 책상 위에 있는 책을 보면서 그것들이 아름다움을 자랑하는 꽃이라고는 생각하지 않습니다. 만일 내 책상 위에 있는 것들을 보고 "책상 위에 꽃이 놓여 있다"고 한다면 나는 당장 그것이 잘못된 믿음이라는 것을 의식하게 됩니다. 그러므로 이러한 잘못된 믿음을 가지는 경향이 나에게 생기지 않을뿐더러, 책들을 보고 꽃이라는 믿음을 갖는 일은 이 상황에 어울리지도 않고 자연스럽지도 않습니다. 믿음은 거의 무의식적이고 자동적인 과정을 통해서 보고 들은 것으로부터 형성됩니다. 내가 책을 보았으면 책으로 지각하고, 꽃을 보았으면 꽃으로 지각합니다. 어떤 주어진 상황에서 믿음을 가질 때 이끌림(attractiveness), 어울림(fittingness), 자연스러움(naturalness)의 느낌이 아무런 의식 없이 거의 자동적으로 작동합니다. 이를 통해 나의 믿음이 올바른 믿음이라는 것을 의식하게 됩니다. 이렇게 볼 때 지각을 통한 믿음의 형성에는 단순히 감각적인 지각 경험뿐만 아니라 그외에도 이끌림과 어울림과 자연스러움의 느낌이 개입된다는 것을 플랜팅가는 지적합니다. 물론 이것은 설계 계획과 무관하지 않습니다.

지각에 관한 논의에서 또 하나 중요한 것은, 예컨대 내가 책상 위에 놓인 책들을 보면서 "책상 위에 책이 있다"는 믿음을 가지게 된다면, 이 믿음은 어떤 다른 믿음들로부터 얻은 결론이 아니라는 사실입니다. 책상 위에 책이 있는 것을 보고 "책상 위에 책이 있다"는 믿음을 가지게 되면, 이 믿음은 어떤 다른 명제로부터 추론하거나 나의 경험에 대한 믿음을 통해서 얻은 것이 아니라 그 자체가 '올바르게 기초적'(properly basic)이라고 플랜팅가는 보고 있습니다. 그런데 어떤 방식으로 '기초적'인가 하는 물음이 여기서 제기됩니다.

플랜팅가는 이렇게 말합니다. "만일 '내 책상 위에 책이 있다'고 믿는다고 할 때 왜 그렇게 믿느냐고 누가 나에게 묻는다면, 내가 그렇게 경험을 하니 그렇다고 말할 수밖에 없다. 나의 상상이나 나의 바람이 아니라 내가 앉아 글을 쓰고 있는 책상 위에 실제로 책이 있기 때문에 나는 내가 본 대로 믿을 수 있고, 이러한 믿음은 어떤 다른 무엇으로부터 추론한 것이 아니라 곧장 내가 본 그대로 지각한 것이기 때문에 '기초적'이다." 여기서 플랜팅가는 고전적인 토대론과 예컨대 18세기 스코틀랜드 철학자 토머스 리드(Thomas Reid, 1710-1796)의 이론 사이에 있는 차이를 지적합니다. 고전적 토대론에 따르면 나의 지각 믿음은 연역적으로(데카르트), 귀납적으로(로크) 또는 귀추법적으로(퍼스) 나의 경험에 관한 믿음들을 토대로 수용할 경우, 그리고 그와 같은 믿음들이 나의 믿음을 지지할 경우, 오직 그 경우에만 보증을 가집니다. 그런데 토머스 리드는 만일 나의 믿음이 다른 믿음을 토대로 수용되지 않았다고 하더라도 완벽하게 보증을 가질 수 있다고 주장합니다. 더구나 이 믿음은 나의 직접 경험에 관한 명제들의 지지를 증거주의가 주장하는 것처럼 받거나 받지 않거나 상관없이 나에게 (매우 높은 정도의) 보증을 확보한 믿음입니다. 플랜팅가는 지각 경험의 경우와 마찬가지로 나 자신에 관한 지식이나 기억, 타인의 마음에 관한 지식, 이성을 통한 선험적인 인식, 귀납, 확률 등의 경우에도 수많은 믿음이 명제적 논변이나 추론 없이 그 자체로 실제로 '기초적'일 수 있다고 주장하고 있습니다. 플랜팅가는 이것을 '고전적 토대론'과 구별해서 '리드의 토대론'(Reidian Foundationalism)이라 부르면서 자신이 리드의 토대론을 지지한다고 공언합니다.

두 종류의 토대론에 대한 플랜팅가의 구별을 좀더 살펴볼 필요가 있습니다. 왜냐하면 이것은 플랜팅가의 종교 인식론 형성에 매우 중요한 영향을 주었기 때문입니다. 전통적으로 고전적 토대론은 '올바르게 기초적인 것'(properly basic)을 이렇게 정의합니다.

어떤 믿음은 그것이 '나에게 자명한 것'(self-evident for me)이거나, '내가 빨간 것에 노출되었다'와 같은 믿음이 나의 경험에 관한 방식인 것처럼 '직접적으로 나의 경험에 관한 것'(immediately about my experience)이거나 할 경우, 오직 그 경우에만 나에게 실제로 기초적이다.

토대론은 '기초적인 것'과 '기초적인 것을 토대로 추론된 것'을 나눕니다. 기초적인 것을 토대로 추론된 것은 '기초적인 것'이 보증된 것을 통해 간접적으로 보증됩니다. 그런데 나의 믿음이 기초적이게 되려면 '나에게 자명한 것'이거나 '직접, 다시 말해 어떤 다른 매개를 거치지 않고 곧장 나의 경험에 관한 것'이어야 합니다. 데카르트나 로크의 인식론은 이 점에서 생각을 같이 합니다. 그런데 만일 이런 의미에서의 토대론(고전적 토대론)이 옳다면 우리가 가진 믿음 가운데 아주 일부만 보증될 수 있을 뿐 아니라, 이 두 종류의 믿음에만 '올바른 기초성'(proper basicality)을 제한하는 매우 자의적인 결과를 초래하게 됩니다. 그뿐 아니라 고전적인 토대론은 자기 지시적으로 일관되지 못하며, 스스로도 정당화의 조건을 충족하지 못합니다. 플랜팅가는 토대론을 비판하면서, 만일 한 믿음이 '올바르게 기초적'일 경우에만, 다시 말해 자명하고 나의 경험에 직접 관여하는 경우에만 정당화된다면, 토대론 자체가 자명하지 않을 뿐 아니라 나의 경험에 직접 관여하는 믿음이 아니기 때문에 '올바르게 기초적'이 아니며 따라서 정당화될 수 없다고 합니다.

고전적 토대론이 잘못되었다면, 어떤 종류의 믿음이 올바르게 기초적인가 하는 물음이 제기됩니다. 이 물음은 한 사람의 인식 능력이 언제 제대로 기능하며, 어떤 종류의 명제들을 기초적인 것으로 수용하는가 하는 물음으로 다시 바꾸어 물어볼 수 있습니다. 올바르게 기초적인 믿음에 포함될 수 있는 믿음에는 고전적 토대론이 동의하는 믿음들 외에도 지각 믿음, 기억 믿음, 타인의 심적인 상태에 관한 믿음, 귀납적인 믿음, 증인의 증거에 대한 믿음 등 '많은' 종류의 믿음들이 포함됩니다. 플랜팅가는 쾌락을 제공해 주지 않는다고 타인을 괴롭히는 일은 잘못이라고 생각하는 도덕적인 믿음뿐 아니라, 칼뱅이 말한 '신의식'(sensus divinitatis), 곧 '하나님을 믿는 믿음'도 기초적 믿음에 포함될 수 있다고 생각합니다. 플랜팅가는 과거에 관한 믿음이나 타인의 존재에 관한 믿음이 정당화되려면 명제적 증거가 있어야 한다고 주장하는 고전적인 토대론을 거부하고 오히려 리드의 토대론을 따릅니다.

고전적 토대론과 밀접히 연결된 것이 '증거론'(evidentialism)입니다. 고전적 토대론은 만일 지각을 통해 얻는 믿음이 제대로 형성된다면 언제나 '증거'(evidence)를 토대로 형성된다고 주장합니다. 그렇다면 리드의 토대론을 따르는 플랜팅가는 어떤 종류의 증거도 필요 없다고 주장하는지 여기서 물어볼 수 있습니다. 우리의 지각 경험이나 기억 등을 통해 얻은 믿음이 어떤 증거나 논변 없이 올바르게 기초적이라 주장한다면, 이는 모든 종류의 증거를 거부하는가 하는 물음입니다. 플랜팅가는 그렇지 않다고 봅니다. 다만 고전적 토대론과의 차이는 증거의 개념이 훨씬 넓다는 것입니다. 플랜팅가에 따르면, 리드의 토대론은 단지 명제적인 증거에 한정되지 않습니다. 토머스 리드는 '감각들의 증거'(the evidence of the senses)를 말합니다. 예를 들어,

내가 통영에서 재배한 한라봉을 본다고 합시다. 그런데 한라봉이 제주도에서만 자랄 수 있는 것으로 안다면, 나의 지식과 확신이 너무 강한 나머지, 통영에서 딴 한라봉이 맛이나 생김새나 촉감이 제주도에서 딴 한라봉과 동일한데도 그것이 한라봉이라는 사실을 받아들이지 않고 변형된 유자라고 주장할 수 있습니다. 이 경우에 나에게 분명히 감각을 통한 증거가 있음에도 불구하고 내가 가진 확신과 이론의 강경함 때문에 그러한 증거가 적절성이 없는 것으로 거부될 수 있습니다. 그런데 이런 증거는 명제적 증거는 아니라도 명제적 증거와 비슷한 힘을 가집니다. 그러므로 플랜팅가는 이와 같은 의미의 증거를 거부할 이유는 없다고 생각합니다. 이런 증거, 곧 생김새, 냄새, 촉감 등을 토대로 일정한 믿음을 가질 수 있기 때문입니다. 플랜팅가는 명제적 증거뿐 아니라 감각들의 증거, 증언에 따른 증거, 또 다른 종류의 증거가 얼마든지 가능하기 때문에 '증거'의 개념을 고전적 토대론이 주장하는 것보다 훨씬 더 넓게 보자고 제안합니다.

4. '사실에 관한 반론'과 '권리에 관한 반론'

여러분들이 지금 읽고 있는 이 책의 토대가 된 저서는 초두에서 얘기했듯이 플랜팅가의 "보증 3부작" 가운데 세 번째 책 『보증된 기독교 믿음』입니다. 이 책에서 다루고자 한 주제는 "기독교 믿음의 지적인 또는 합리적인 수용 가능성"입니다. 플랜팅가가 '기독교 믿음'이라 할 때 이 믿음에는 한편으로 유대교와 이슬람과 기독교가 모두 수용하는 '유신론적 요소', 곧 하나님이 존재하고, 하나님이 지성과 의지, 감정과 사랑과 미움을 가진 인격적인 존재이며 우주를 창조하고 보존하고 섭리하는 분이라는 것과, 다른 한편으로 '고유한 기독교 믿음의 요소', 곧 인간은 하나님께 반항하여 죄를 지었기 때문에 해방과 구원이 필요한 존재이며, 하나님이면서 동시에 인간이고 삼위일체의 두 번째 위격이신 유일한 하나님의 아들 예수 그리스도의 희생적인 고난과 죽음, 부활을 통해서 해방과 구원이 마련되었다는 것이 함께 담겨 있습니다. 이 두 요소, 곧 유신론과 고유한 기독교 믿음의 종합을 플랜팅가는 '기독교 믿음'이라 부릅니다. 이 믿음이 합리적으로 수용 가능한 믿음이라는 사실을 '보증'에 관한 인식론적 작업을 한 두 권의 책에 근거해 보여 주는 것이 플랜팅가가 세 번째 책을 쓴 목적입니다. 그러므로 기독교 신앙의 변증이 이 책의 목적이라 해야 할 것입니다.

그런데 여러분이 이 책을 읽을 때 염두에 두면 좋은 것은 기독교 신앙에 대한 반론에 두 가지 서로 구별되는 반론이 있다는 지적입니다. 하나는 '**사실에 관한 반론**'(*de facto* objection)으로, 기독교 믿음이 참(truth)이라는 것에 대해 펼치는 반론입니다. 다른 하나는 '**권리에 관한 반론**'(*de jure* objection)으로, 기독교 믿음이 정당화될 수 없다거나 비합리적이라는 방식으로 펼치는 반론입니다. 이 두 가지 유형의 반론을 플랜팅가는 명확하게 구별합니다. 사실에 관한 반론 가운데 가장 두드러진 예는 우리의 삶의 현실에서 경험할 수 있는 고통과 악으로부터 신의 부재를 증명하고자 하는 노력입니다. 이것을 흔히 '악으로부터의 논변'(argument from evil)이라 부르지요. 악으로부터의 논변은 기독교가 믿는 바에 따르면 인간이 전능하고 전지할 뿐 아니라 자신의 아들을 보낼 정도로 우리를 사랑하는 하나님의 지음을 받은 존재인데, 그럼에도 우리가 사는 세상에는 말할 수 없이 다양하고 많은 인간의 고통과 악이 존재하는 것을 보면 기독교 믿음이 참일 수 없다고 주장합니다. 그뿐 아니라 기독교의 핵심 교리인 삼위일체, 성육신, 속죄 등도 문제가 됩니다. 세 위격과 한 실체를 가진 존재를 일관성 있게 서술할 수 없고, 한 인간 나사렛 예수가 삼위일체의 두 번째 위격일 수 있는 가능성은 논리적으로 있을 수 없으며, 설령 그가 신이라 하더라도 한 사람이 당한 고통으로 다른 사람의 죄를 대신 속죄해 준다는 것은 생각할 수 없다는 주장도 있습니다. 삼위일체 가운데 한 위격인 분이 인간이 되고 죽임을 당해 인간을 죄와 고통에서 건져 낸다는 것은 말할 것도 없고, 초월적인 영역의 존재라든지 세상을 창조하고 통치하는 하나님과 같은 존재가 있을 수 없다는 주장도 '**사실에 관한 반론**'입니다.

이와 구별해서 합리성, 정당화 또는 보증 가능성에 관해서 제기하는 반론을 플랜팅가는 '**권리에 관한 반론**'이라 부릅니다. 이 유형의 반론은 "참이든 거짓이든 상관없이 기독교 믿음은 정당화되지 않는다거나, 비합리적이라거나, 지적으로 존경할 만한 것이 못된다거나, 건전한 도덕에 위배된다거나, 충분한 증거가 없다거나, 혹은 이런저런 이유로 합리적인 수용이 불가능하다거나, 지적인 관점에서 볼 때 기준에 미달한다"는 결론을 유도합니다. 대표적인 것들로는 예컨대 (1) 하나님을 믿는 믿음은 소원 성취의 결과라는 프로이트의 주장, (2) 기독교 믿음에 대한 충분한 증거가 없다고 주장하는 증거론의 주장, (3) 기독교 믿음이 참이고 기독교 믿음과 양립할 수 없는 믿음은 거짓이라고 주장하는 것은 자의적일 뿐만 아니라 심지어는 오만하다고 보는 종교다원주의자들의 주장이 있습니다.

플랜팅가는 **권리에 관한** 반론에서 정말 문제가 되는 것이 무엇인지 묻습니다. 기독교 믿음의 내용에 어떤 잘못이 있기에 정당화될 수 없다든지, 합리적인 수용이 불가능하다든지, 비합리적이라든지 하는 말을 듣게 됩니까? 무엇이 결여되어 있습니까? '정당화되지 못한다'는 것, '비합리적'이라는 것은 도대체 무엇입니까? 플랜팅가는 이 물음을 통해서 **권리에 관한 반론**, 다시 말해 정당화와 합리성의 관점에서 나온 반론이 무엇인지, 그와 같은 반론이 왜 나오는지 명확하게 밝히려고 했습니다. 그는 정당화(justification), 합리성(rationality), 보증(warrant)의 개념을 소상하게 따져 가는 과정을 통하여 **권리에 관한 반론** 가운데 프로이트와 마르크스와 니체가 제기한 기독교 반대가 인식 기능의 올바른 기능과 관련된 것임을 확인하고 이들의 반론에 대한 답변을 시도합니다.

프로이트는 자신이 '소원 성취'(wish-fulfillment)라고 부른 심리학적인 기제에서 유신론 믿음이 발생한 것으로 봅니다. 그는 우리 주변을 에워싼 자연이 냉혹하고 무자비하고 마음을 달랠 수 없는 존재일 뿐 아니라, 우리의 필요와 욕망에 대해서는 전혀 관심이 없는 존재임을 미리 상정합니다. 자연은 우리에게 상처를 주고 두려움을 자아내며 고통을 줍니다. 자연은 우리에게 죽음을 요구합니다. 프로이트는 우리가 이러한 삶의 상황에서 선함과 자비뿐 아니라 능력과 지식에서 이 땅의 아버지를 능가하는 하늘에 계신 아버지를 무의식적으로 만들어 냈다고 봅니다. 하나님을 믿는 믿음은 이런 방식으로 소원 성취의 기제에서 발생한 환상(illusion)이며, 이 환상이 내면화되면서 하나님에 대한 의식이 인간의 본성에서 타고난 것처럼 보이게 되었다는 것입니다. 프로이트는 이 환상이 반드시 거짓일 필요는 없다고 보았습니다. '환상'은 '환각'이나 '착각'과는 다르다는 것이지요. 프로이트는 유신론 믿음이 오류로 증명될 수 있다고 생각하지 않았습니다. 하지만 종교가 우리의 소원 성취 욕구에서 발생한 환상이고, 환상은 일종의 인식적 오류이기 때문에, 종교적 믿음에 대해서 우리가 마땅히 저항할 수 있어야 한다고 생각했습니다. "무지는 무지다. 어떤 것을 믿을 수 있는 권리가 무지에서 나올 수는 없다." "다른 일에 대해서 지각을 가진 사람이라면 그처럼 무책임하게 행동할 수 없고, 그의 의견과 그가 취한 노선에 대해서 그처럼 약한 근거에 만족한 채 머물 수 없다.…종교의 물음들과 관련해서 사람들은 모두 부정직과 지적인 비행의 죄책을 지고 있다." 따라서 그는 종교적 믿음에 저항하지 못하는 것은 지적으로 무책임한 일이며 비난받아 마땅한 일이라고 보았습니다. 정신분석학이 종교로부터 해방을 가져다주는 기능을 할 수 있다는 믿음을 가졌습니다.

마르크스도 종교를 일종의 환상으로 보고 종교를 비판했습니다. 마르크스의 종교 비판의 핵심은 종교적인 믿음이 올바른 세계 의식이 아니라 '전도된 세계 의식', 곧 의식 또는 지성의 기능에 문제가 생겨 발생한 비정상적인 체제로 보는 것입니다. 말하자면 종교는 인식적 오작동의 결과이며, 지적이며 감정적인 건강 상태의 부재에서 온 결과라는 것이지요. 이러한 오작동의 원인은 사회 환경이나 사회 체제가 기능을 잘못한 데 있습니다. 사회 환경과 체제가 제대로 기능한다면 인간이 종교의 환상에서 이미 해방되었으리라 보는 것이지요. 이 점에서 플랜팅가는 마르크스의 종교 비판이 프로이트의 종교 비판과 구별된다고 봅니다. 프로이트가 종교는 환상이라고 할 때, 그 환상을 만드는 기저에는 인간의 '소원 성취'에 대한 꿈이 있습니다. 아버지로부터 보호받고자 하는 유아적인 욕구가 '아버지'를 만들어 냈습니다. 따라서 우리의 인식 기능에 오작동이 발생한 것이라기보다는 아예 처음부터 인식적인 목적에 문제가 있는 것으로, 다시 말해 참된 믿음을 추구하지 않고 오히려 심리적인 위안을 목표한 것이라고 보는 것이지요. 마르크스가 종교를 '전도된 세계 의식'이라 부를 때, 종교를 만들어 낸 의식은 원래 작동해야 하는 방식을 따라 작동한 것이 아니라 잘못된 사회 체제와 사회 환경으로 인해 오작동하고, 그 결과로 종교라는 환상이 빚어진 것이라 보았습니다.

종교에 대한 '프로이트와 마르크스의 불만'을 어떻게 보아야 할까요? 플랜팅가에 따르면, 마르크스와 프로이트는 모두 모종의 능력을 가정하고 있습니다. 현실을 파악하고 만들어 갈 수 있는 인간의 지적인 '힘', 합리적인 '능력' 또는 이성적인 '능력'입니다. 예컨대 지각과 기억과 같은 능력은 이미 플라톤과 아리스토텔레스도 인간에게 구비된 것으로 수용했습니다. 이 능력들은 일종의 '도구'와 같아서 일정한 '목적'과 '기능'이 있습니다. 지적이며 이성적인 능력은 만일 제대로 기능한다면 '참된' 믿음을 산출합니다. 진화론이 주장하는 것처럼 우리 자신을 진화의 산물로 보든, 아니면 만물의 창조자의 창조를 따라 만들어진 존재로 보든, 어떤 경우에든 우리에게 그런 방식으로 작동되도록 계획된 설계를 따라 우리의 인식 능력이 작동할 때 우리의 능력은 올바르게 기능할 수 있습니다. 그리고 우리가 인식 능력을 올바르게 사용할 때 참된 믿음에 도달할 수 있습니다. 그런데 이런 능력 가운데 가장 두드러진 것이 '이성'이며, 이성을 통해 우리는 경험에 앞서, 경험과 독립적으로, 선험적인 믿음을 형성할 수 있습니다. 이성 능력과 더불어 참된 믿음을 우리 안에 산출하는 능력 가운데는 '지각'과 '기억'이 있으며, 여기에 다시 '내성'(introspection)과 '귀납'(induction), '동감'(sympathy), 그리고 타인의 '증언'[testimony, '신뢰'(credulity)], 더 나아가 '도덕감'(moral sense)과 칼뱅이 말한 '신의식'을 포함시킬 수 있습니다. 이러한 인식 능력들은 제대로 기능할 수도 있고 그렇지 않을 수도 있습니다. 이 능력들이 오작동하지 않는다면 참된 믿음을, 아니면 적어도 참된 믿음에 가까운 믿음을 산출합니다. 제대로 올바르게 기능하는 인식 능력은 대부분 참된 믿음을 가져오는 것으로 수용되는 경향이 있습니다. 이것을 일컬어 플랜팅가는 '신뢰 가능성의 추정'(the presumption of reliability)이라고 부릅니다. 물론 여기에 오류와 불일치도 발생할 수 있고, 정치적인 믿음이나 물리학이나 우주론의 경우처럼 우리의 능력이 한계에 부딪치는 곳에서 형성된 믿음에 대해서는 회의론적인 태도를 취할 수도 있습니다. 하지만 우리는 우리의 합리적 인식 능력이 산출한 일상의 믿음들은 여전히 참이라고 생각할 수 있습니다.

그런데 여기서 중요한 것은 '프로이트와 마르크스의 불만'이 우리의 합리적이며 이성적인 능력들과 관련이 있다는 점입니다. 프로이트와 마르크스는 '신뢰 가능성의 추정'을 암묵적으로 수용합니다. 우리의 합리적 인식 능력이 제대로 기능한다면, 그리고 우리가 합리적인 인식 능력을 제대로 사용한다면, 이를 통해 산출되는 믿음은 대부분 참된 것이거나 참된 것에 가깝다는 가정을 다 같이 하고 있다는 것입니다. 그런데 우리의 인식 능력은 제대로 기능하지 않을 수 있고 전혀 합리적이지 않은 믿음을 산출할 수 있습니다. 이 가운데 대표적인 경우는 무엇보다 인식 능력을 사용할 때 우리가 목표하는 것이 참된 믿음을 산출하는 것이기보다는 예컨대 (진화론이 주장하는 것처럼) 생존에 기여하는 속성을 목표하거나, (프로이트가 종교를 설명할 때 말하는 것처럼) 마음의 평안을 위한 것이거나, 위험이 도사리고 있는 세계에서 심리적인 안녕을 누리고자 하는 것일 수도 있습니다. 그럼에도 우리는 대부분 우리의 인식 능력이 제대로 작동한다는 믿음을 가지고 세상을 살아가고 믿음을 형성합니다. 또한 야심 때문에 눈이 어두워져 상황을 정확하게 판단하지 못할 수도 있는데, 이때 야심은 우리의 인식 능력이 제대로 작동하는 것을 막습니다. 예컨대 친구의 정직성에 반대되는 증거가 주어졌는데도 불구하고 친구에 대한 충성심 때문에 친구를 계속 맹목적으로 믿는 오류를 범할 수도 있습니다. 눈이 어두워지는 경우는 충성심뿐 아니라 탐심, 사랑, 탐욕, 분노, 교만, 슬픔, 사회적 압력 때문일 수도 있습니다. 부정직이나 고집스럽게 생각을 바꾸려 하지 않는 마음, 새로운 생각에 대한 반감, 개인의 야망, 성차별 의식이나 인종주의, 동성애 공포증 등이 우리의 인식 능력이 올바로 기능하지 못하도록 방해할 수도 있습니다. 이처럼 우리의 인식 능력이 제대로, 올바르게 기능하는 데 방해하는 것들은 적어도 세 가지입니다. 첫째는 인식 능력이 오작동하거나, 둘째는 인식 능력이 참된 믿음을 목표하기보다는 다른 것을 목표하는 방식으로 사용되거나, 셋째는 탐욕, 야심, 이기심, 슬픔, 두려움, 낮은 자존감, 그리고 그 밖에 다른 감정적 조건들이 우리의 인식 능력을 방해할 경우입니다. 이럴 때 우리는 잘못된 믿음을 산출할 수 있습니다.

플랜팅가는 프로이트와 마르크스의 불만의 핵심이 바로 여기에 있다는 것을 확인해 냅니다. 그들이 기독교를 비판하는 까닭은, 기독교의 핵심 믿음들은 우리의 인식 능력이 진리를 목적으로 제대로 기능해서 산출한 것들이 아니라고 생각했기 때문입니다. 이것은 곧 인식 능력의 '신뢰 가능성의 가정'이 기독교 믿음을 산출한 과정에는 적용되지 않는다는 말입니다. 종교적 믿음을 산출하는 것을 프로이트는

'소원 성취', 마르크스는 '전도된' 사회 체제로 보았습니다. 플랜팅가는 이들을 '불만'의 관점에서 바라봅니다. 우리의 합리적 인식 능력이 제대로 작동하지 못했거나 다른 동기를 가지고 작동했기 때문에 종교적 믿음이 결국 '보증'이 결여된 것으로 보고 이에 관해서 불평했다는 것이지요. 다시 말해, 플랜팅가의 이해에 따르면, 인식 기능이 원래의 설계 계획에 따라 설정된 목적과 기능을 수행해야 함에도 불구하고, 종교적 믿음이 다른 목적을 목표하기 때문에 '환상'을 산출했다는 것이 프로이트의 주장입니다. 따라서 이렇게 산출한 종교적 믿음이 참이라고 또는 거짓이라고 단언할 수 없다고 해도, 참이기보다는 거짓일 확률이 매우 높다고 볼 수밖에 없게 되는 것이지요. 마르크스의 경우도 프로이트와 비슷합니다. 플랜팅가는 종교적 믿음이 우리의 인식 기능의 오작동 때문에 발생하는 것이라는 마르크스의 생각도 결국에는 보증의 요건에 들어가는 '올바른 기능'에 문제가 생겼다고 보았기 때문에 나온 주장이라고 이해합니다. 따라서 프로이트나 마르크스는 기독교 믿음에 '보증'이 결여되어 있다고 볼 수밖에 없었다는 것이지요. 유신론과 기독교 믿음에는 프로이트와 마르크스가 공격한 것처럼 정말 '보증'이 결여되었을까요? 그렇지 않다는 것을 보여 주기 위해 플랜팅가는 유신론 믿음과 관련해서 '아퀴나스/칼뱅 모델'을, 그리고 좀더 고유한 기독교 믿음과 관련해서 '확장된 아퀴나스/칼뱅 모델'을 제안합니다. 이는 플랜팅가의 『지식과 믿음』에서 핵심적인 논의라 할 수 있습니다.

5. '아퀴나스/칼뱅 모델'과 '확장된 아퀴나스/칼뱅 모델'

플랜팅가는 기독교 믿음이 보증된 믿음이라는 것을 보여 주기 위해서 칼뱅과 토마스 아퀴나스의 주장에 기초한 모델을 제시합니다. 토마스 아퀴나스는 "하나님이 존재한다는 것을 일반적으로, 혼란스러운 방식으로나마 아는 것은 우리 안에 본성적으로 심어진 것"이라고 보았습니다. 칼뱅도 "인간의 마음속에 본능적으로 신의식이 존재한다는 것을 우리는 논란의 여지가 없는 사실로 받아들인다. 무지를 핑계거리로 삼지 못하도록 하기 위해서, 하나님은 친히 자신의 신적인 위엄을 어느 정도나마 알 수 있도록 어느 정도의 사고력을 모든 사람 안에 심어 놓으셨다"고 말합니다. 플랜팅가는 토마스 아퀴나스의 '신에 대한 본성적인 지식'과 칼뱅이 말한 '신의식' 또는 '하나님을 아는 능력'이 마치 오감 능력처럼 우리에게 능력으로 주어져 있다고 믿습니다. 우리가 처하는 다양한 상황이나 환경이 우리에게 내재된 이 신의식을 촉발하여 하나님을 믿는 믿음을 우리 안에 산출한다는 것입니다. 이 믿음은 지각으로 생긴 믿음이나 기억에 의해 생긴 믿음과 마찬가지로 어떠한 의도 없이, 자연스럽게 생기는 믿음입니다. 하나님을 믿는 믿음을 산출하는 이 신의식은 인간에게 자연스럽게 널리 퍼져 있어 쉽게 잊거나 무시하거나 파괴할 수 없다는 것입니다.

아퀴나스/칼뱅 모델에 따르면, 하나님에 관한 우리의 본성적 지식은 어떤 논변이나 추론을 통해 얻은 것이 아니라 이보다는 "훨씬 더 직접적으로" 얻은 것입니다. 예컨대 밤하늘을 바라보고 그것이 너무나 크게 넓다는 생각을 한 나머지, 이로부터 하나님과 같은 신적 존재가 있어야 한다는 결론을 얻는 방식이 아니라는 것이지요. 아퀴나스가 말하는 신에 대한 자연적 혹은 본성적 지식이나 칼뱅의 신의식은 하늘을 보고 혹은 너무나 아름답고 질서 있는 숲을 볼 때 우리 마음속에 곧장 믿음이 일어나는 현상을 말하고자 합니다. 상황 때문에 그런 계기(occasion)가 주어지는 것이지, 그것으로부터 결론(conclusion)을 이끌어 내는 것은 아니라고 보는 것이지요. 죄책에 대한 느낌을 통해 하나님을 의식할 수 있지만, 이때 죄책에 대한 느낌이 하나님이 존재한다는 결론의 전제가 되는 것은 아닙니다. 왜냐하면 하나님의 존재에 대한 의식이 죄책의 의식으로부터 논변(argument)를 통해 얻어 낸 것이 아니기 때문입니다. 나는 나의 죄의식을 하나님의 존재에 대한 증거(evidence)로 받아들이는 것이 아니라, 이러한 상황에서 하나님이 나를 기뻐하지 않으신다는 믿음이 나에게 생기고 나는 그러한 상황에 처합니다.

이 점에서 플랜팅가는 신의식이 지각이나 기억 또는 선험적 믿음과 유사하다고 생각합니다. 예를 들어 뒤뜰에 핀 백합꽃을 보게 되면 백합꽃이 피었다는 믿음이 곧장, 어떠한 논변을 거치지 않고서, 의지를 발동하지 않고서 나에게 생깁니다. 이러한 의미에서 백합꽃이 피었다는 나의 믿음은 '기초적'(basic)입니다. 내가 아침에 무엇을 먹었는지 묻는다면, 나는 블루베리를 바른 팬케이크를 먹은 것을 기억하고는 "나는 팬케이크를 먹었다"고 말할 것입니다. 내가 "팬케이크를 먹었다"고 말할 때 기억으로부터 추론한 다음, 그로부터 얻은 결론으로 "팬케이크를 먹었다"고 말하는 것이 아닙니다. 아침에 무엇을 먹었느냐는 질문을 받으면 답이 곧장 마음에 떠오릅니다. 논변과 의지의 결정이 여기에 전혀 개입하지 않습니다. 선험적인 믿음의 경우도 마찬가지입니다. 예컨대 내가 긍정 논법이 타당한 논변 형식이라 믿는 것은 어떤 추론의 결과가 아닙니다. 그러나 나는 그것이 타당한 논변 형식이고 타당한 논변 형식이어야 한다는 것을 곧장 압니다. 이 모든 것은 지각의 경우든, 기억의 경우든, 선험적인 경우든, 생각을 더 펼쳐 나갈 때 출발점이 됩니다. 플랜팅가는 아퀴나스/칼뱅 모델의 신의식도 이 점에서는 동일하다고 믿습니다. 웅장한 산을 보거나 아름다운 꽃을 보거나 서산에 지는 해를 볼 때 그로부터 신의 존재를 빠르게 추론해 내는 것이 아니라, 그와 같은 상황에서, 즉 신의식을 촉발하는 상황에서 하나님에 대한 어떤 믿음이 곧장, 자발적으로 생긴다는 것입니다. 이 믿음은 다른 믿음의 출발점이 됩니다. 나의 지각 경험과 기억, 그리고 선험적 믿음에서 나온 믿음이 어떤 논변이나 증거에서 나온 것이 아니면서 그것을 바탕으로 다른 믿음으로 나아가는 출발점이 될 수 있다는 의미에서 '기초적'이듯이, 이런 의미에서 신의식에 의해 생긴 믿음도 마찬가지로 '기초적'이라는 것이 플랜팅가가 말하고자 하는 핵심입니다.

플랜팅가에 따르면, 아퀴나스/칼뱅 모델은 신의식이 산출한 유신론 믿음이 기초적일 뿐 아니라 '올바르게 기초적'(properly basic)일 수 있음을 보여 줍니다. '올바르게 기초적'이라 할 때 플랜팅가가 염두에 둔 것은 두 가지입니다. 한편으로는 어떤 믿음이 그 관련된 사람에게 (어떤 다른 명제로부터 얻은 증거를 기초로 수용한 것이 아니라 그 자체로) '실로 기초적'(indeed basic)이라는 의미에서 '올바르게 기초적'입니다. 그리고 그 믿음이 '정당화된다'(justified)는 의미에서, 그 믿음을 가진 사람이 인식적 권리의 영역 안에 있다는 의미에서, 무책임적이지 않다는 의미에서, 다시 말해 그 믿음을 그런 방식으로 견지할 때 인식적 의무를 위반하지 않았다는 의미에서 '올바르게 기초적'입니다. 그런데 플랜팅가는 여기서 한 걸음 더 나아가서, 자신의 '보증' 이론과 관련해서 '올바르게 기초적'을 다음과 같이 정의합니다.

S가 P를 (어떤 논변이나 증거에 기초하지 않고 그 자체를 토대로 수용한다는 의미에서) 기초적인 의미에서 수용할 때, 그리고 P가 그런 방식으로 수용할 때 S에게 보증이 있을 때, 오직 그 경우에만 P는 S에게 '올바르게 기초적'이다.

앞에서 말했듯이 지각 믿음은 이런 의미에서 올바르게 기초적입니다. 지각 경험을 기초로 한 믿음은 그런 방식으로 수용되며 그럴 경우 보증이 확보됩니다. 지각 믿음들은 대부분 인식 능력이 진리를 성공적으로 목표하는 설계 계획에 따라 적합한 환경에서 올바르게 기능한 결과로 산출된 믿음입니다. 기억에서 산출한 믿음의 경우와 선험적 믿음, 그 외 다양한 믿음도 지각 믿음의 경우와 동일한 의미의 '올바른 기초성'이 적용됩니다. 다른 믿음들의 증거론적 기초를 토대로 믿음이 보증을 얻는 경우는, 플랜팅가에 따르면, 광범한 지식의 영역 가운데 지극히 작은 작은 부분에 한정됩니다. 그럼에도 플랜팅가는 믿음이 기초적이면서도 보증되지 못하는 경우들이 있음을 인정합니다. 예컨대 인식 기능에 오류가 발생하거나, 분노나 탐욕이나 야심 때문에 인식 능력이 방해를 받거나, 믿음의 산출을 통제하는 설계 계획이 참된 믿음의 산출을 목적으로 삼지 않고 위로나 생존을 목적으로 삼을 때 오류가 발생할 수 있습니다. 이때는 당연히 보증될 수 없습니다. 아퀴나스/칼뱅 모델에 따르면, 신의식이 산출한 유신론 믿음도 보증과 관련해서 올바르게 기초적일 수 있습니다. 이것은 곧 믿음을 가진 사람이 그 믿음을 갖게 된 것에 대해서 인식적인 권리의 영역에 있을 뿐 아니라(정당화의 조건을 충족시켰을 뿐 아니라), 지식의 충분조건이 되는 '보증'을 확보했다는 말입니다. 따라서 신의식이 제대로 작동할 때 그로 인해 산출한 믿음은, 충분히 견고하고 강할 때 '지식'을 구성합니다. 이렇게 보면 플랜팅가가 말하는 신의식에 따라 산출한 유신론 믿음은 '확신', '신념', '의견', '신앙'에 머물지 않고 지각과 기억, 선험적인 이성 작용에 기초한 믿음이 그렇듯이 '지식'의 위상을 가집니다.

그런데 여기서 놓치면 안 될 점이 있습니다. 아퀴나스/칼뱅 모델에 따르면 신의식이 죄와 죄의 결과로 인해서 타협되거나 약화되거나 환원되거나 질식되거나 덮히거나 방해받을 수 있다는 사실입니다. 성령의 활동으로 신앙과 거듭남으로 인해 신의식이 회복될 수 있지만, 본성적인 상태에서 신의식은 범위가 좁아지고 부분적으로 억압될 수 있습니다. 어떤 이유로 인해서 능력 자체가 병들 수 있고 부분이나 전체가 무능해질 수 있습니다. 따라서 플랜팅가는 '인식적 질병'(cognitive disease)이라 할 수 있는 것들이 있다고 봅니다. 눈멀음, 귀먹음, 옳은 것을 틀린 것과 구별해서 말할 수 있는 능력의 부재, 정신 건강 상실 등이 가능하듯이, 신의식과 관련해서 비슷한 질병이 생길 수 있습니다. 마르크스와 프로이트는 종교적 믿음을 일종의 인식적 질병의 산물로 보려고 했습니다. 그들의 관점에서 보면 하나님을 믿는 믿음은 비합리적입니다. 합리적 능력이 제대로 작동하지 못했기 때문에 실패했다고 보는 것이지요. 그런데 플랜팅가의 아퀴나스/칼뱅 모델은 마르크스와 프로이트를 완전히 뒤집어 놓는 방식입니다. 플랜팅가가 보기에 인식 능력의 오작동을 보이는 쪽은 오히려 불신자입니다. 왜냐하면 그들이 하나님을 믿지 못하는 것은 그들에게 내재한 신의식이 제대로 기능하지 않기 때문입니다.

플랜팅가에 따르면, 프로이트는 어디에서도 유신론 믿음이 진리를 목표하지 않음을 보여 주지 못했습니다. 이것을 보여 줄 수 있는 어떤 논변이나 이유를 프로이트는 제시하지 않은 것입니다. 프로이트는 "신은 존재하지 않는다. 그러므로 유신론 믿음은 거짓이다"라는 자신의 믿음을 당연히 옳은 것으로 전제하고, 이로부터 유신론 믿음이 보증이 결여되었고 따라서 비합리적이라고 주장했습니다. 만일 유신론이 거짓이라면 프로이트의 논리는 설득력을 얻을 수 있습니다. 프로이트는 유신론이 거짓임을 보여 주기보다는 다만 사실로(de facto) 전제했을 뿐이고, 이를 근거로 유신론이 권리상으로(de jure) 보증이 결여된 것이라 주장합니다. 프로이트의 유신론 비판은 실제로는 그의 무신론에 의존합니다. 따라서 플랜팅가는 프로이트의 비판이 무신론을 수용하지 않는 사람에게는 어떠한 설득력도 없다고 결론을 내립니다.

플랜팅가가 프로이트와 관련해서 펼치는 중요한 논점 가운데 하나는, 프로이트가 유신론 믿음이 거짓이라고 먼저 가정하고 그것이 소원 성취에 대한 욕구에서 나왔기 때문에 보증이 없다는 방식으로 추론했다는 지적입니다. 플랜팅가는 이런 방식의 전개가 논리적 관점에서 보면 문제가 되지만, 적어도 프로이트의 직감은 옳았다고 평가합니다. 만일 유신론 믿음이 거짓이라면 유신론 믿음에는 보증이 결여되었을 가능성이 높을 수밖에 없습니다. 왜냐하면 어떤 믿음이 거짓이라면 그 믿음에는 지식이 될 수 있는 충분한 보증이 있을 수 없기 때문입니다. 그러므로 만일 유신론 믿음이 거짓이라면 거기에는 지식이 될 수 있는 '정도'의 보증이 결여될 수밖에 없습니다.

여기서 곧장 다른 물음이 등장합니다. 유신론 믿음이 '참'이라면 충분히 보증되는가 하는 물음입니다. 플랜팅가는 "그렇다"고 답합니다. 유신론 믿음이 참이라면 그 믿음은 보증을 가질 가능성이 매우 높습니다. 왜냐하면 만일 유신론이 참이라면 하나님과 같은 분이 실로 존재해서 우리를 자신의 형상으로 지으시고(따라서 그의 모습을 닮아 지식을 가질 능력이 우리에게 있고), 우리를 사랑하시고, 우리가 그를 알고 사랑하기를 원하시고, 그를 알고 사랑하는 것이 우리의 목적이 된다고 할 수 있기 때문입니다. 만일 이 모든 것이 참이라면 그의 현존을 우리가 의식하고 그에 대해서 우리가 무엇인가를 알 수 있게 하셨을 것입니다. 만일 그렇다면 하나님과 같은 분이 존재하고, 그분은 우리의 창조주이시고, 우리는 그분에게 순종과 예배의 빚을 지고 있고, 그분은 예배를 받으실 만한 분이며, 그분은 우리를 사랑하시는 분이라는 것과 같은 참된 믿음을 가질 수 있는 방식으로 우리를 창조하셨다고 생각하는 것이 자연스럽습니다.

만일 지금까지 말한 것이 모두 참이라면, 하나님을 믿는 믿음을 산출하는 인식의 과정을 설계자가 미리 계획하셨다고 생각하는 것이 자연스럽습니다. 그러면 논의의 대상인 믿음은 성공적으로 진리를 목표하도록 만들어진 설계 계획을 따라 올바르게 기능하는 인식 능력에 의해 산출될 것이고, 그 믿음은 보증될 것입니다. 그런데 이 지점에서 플랜팅가는 멈추어 섭니다. 지금까지 말한 것이 연역적으로 타당한 것이 아니기 때문에, 확실하지 않을 뿐 아니라 우리의 인식 능력이 오작동할 가능성도 있기 때문입니다. 그럼에도 플랜팅가는 연역적 의미에서의 확실성은 없더라도, 귀납적으로 볼 때 만일 유신론이 참이라면 유신론 믿음이 보증을 얻을 확률이 매우 높다고 결론짓습니다.

플랜팅가는 보증의 문제 또는 합리성의 문제가 유신론의 참과 거짓의 문제에 달려 있다고 보고, 정당화 내지 합리성의 문제는 결국 '사실에 관한' 문제에 달려 있다는 결론을 내립니다. 만일 하나님을 믿는 믿음이 누리는 '보증'이 이런 방식으로 그 믿음의 진리, 그 믿음의 '참'과 연관된다면, 유신론 믿음에 '보증'이 있는가 하는 물음은 결국 유신론 믿음이 '참'인가 하는 물음과 떼어서 생각할 수 없습니다. 그렇다면 이제 '권리에 관한' 물음은 '사실에 관한' 물음과 별개로 다룰 수 없게 됩니다. 플랜팅가는 이것이 중요한 문제라 생각합니다. 왜냐하면 만일 프로이트와 마르크스의 것과 같은 반신학적인 반론이 성공하려면 유신론이 '참'이 아님을 보여 주어야 하기 때문입니다. 따라서 플랜팅가는 유신론을 공격하려는 사람은 합리성이나 정당화의 문제를 거론할 것이 아니라, 실제로 유신론이 거짓임을 증명해야 한다고 주장합니다. 그런데 플랜팅가가 보기에 지금까지 어떤 반론도 기독교 신앙을 포함한 유신론이 거짓이라고 논증하지 않았습니다. 유신론은 '거짓'이라고 일단 전제해 두고 유신론 믿음이 정당화될 수 없다거나 보증되지 않는다고 주장했을 뿐이라는 것이지요.

이 맥락에서 두 가지 물음이 제기됩니다. 플랜팅가가 칼뱅을 따라 주장하듯이 만일 하나님이 모든 사람에게 신의식을 주셨다면, 그리하여 하나님이 존재하고 하나님이 모든 사람을 사랑한다는 사실을 모든 사람이 알게 했다면, 하나님을 모르는 사람들이 왜 그렇게 많습니까? 다시 말해, 무엇 때문에 불신(unbelief)이 생기는 것입니까? 이어서, 아퀴나스/칼뱅 모델은 유신론 믿음이 보증된다는 것만 보여 줄 뿐 기독교 믿음이 보증된다는 것은 보여 주지 못하는 것이 아닌가 하는 물음도 등장합니다. 요컨대, 불신의 근거 또는 기원과 고유한 기독교 믿음의 내용이 보증될 가능성의 물음이 제기됩니다. 이 물음을 다루기 위해 플랜팅가는 자신의 모델을 확장하여 "확장된 아퀴나스/칼뱅 모델"이라 부릅니다. 이 모델을 통해 플랜팅가는 '신의식'에 기초한 "아퀴나스/칼뱅 모델"이 담을 수 없었던 고유한 기독교 믿음의 정당화, 합리성, 그리고 보증을 보여 줍니다.

확장된 모델의 출발점은 첫째로 하나님이 우리 인간을 하나님 형상으로 지었다는 것입니다. 하나님 형상으로 지음을 받았다는 사실의 핵심 요소는 인간도 하나님과 마찬가지로 지성과 의지를 가진 인격적인 존재라는 점입니다. 믿음을 가질 수 있고, 이해할 수 있고, 사랑과 미움을 포함한 감정을 가지고, 목적을 설정하며 의도를 가지고, 목적과 의도를 실행할 수 있는 능력이 있다는 점에서도 인간은 하나님을 닮은 존재입니다. 플랜팅가는 이것을 '넓은 의미의 하나님 형상'이라 부릅니다. 아퀴나스/칼뱅 모델의 '신의식'은 이 범주에 들어갑니다. 그런데 인간은 원래 하나님을 깊고 친밀하게 아는 지식을 가진 존재로, 하나님의 선하심에 대한 감사를 포함해서 하나님을 향한 올바른 감정을 가진 존재로 지음을 받았습니다. 그러므로 인간은 사랑할 수 있는 것을 사랑하고 미워해야 할 것을 미워할 수 있었습니다. 인간은 무엇보다 하나님을 알고 사랑하는 존재였습니다. 이것을 플랜팅가는 '좁은 의미의 하나님 형상'이라 부릅니다.

그런데 인간은 이 상태에 머물지 않았습니다. 따라서 확장된 모델에는 원래 모델에 없었던 요소가 들어옵니다. 다름 아니라, 인간의 타락으로 죄가 인간의 삶에 들어온 것입니다. 따라서 인간은 구원이 필요하지만 이 구원을 인간의 노력으로 스스로 이루어 낼 수 없게 되었습니다. 죄는 인간에게 감정적 결과와 인지적 결과, 이 두 가지 결과를 가져왔습니다. '감정적 결과'로 인해 인간은 하나님을 사랑하지 않고 오히려 자신을 사랑하게 되었습니다. 인간에게 있었던 하나님과 하나님의 놀라운 아름다움과 영광, 사랑할 만한 가치를 아는 원래의 지식이 죄가 미친 '인지적 결과'로 인해 거의 파괴되어 버렸습니다. 따라서 하나님과 사랑하고 친밀하게 사귐을 나눌 수 있었던 좁은 의미의 형상은 "거의 파괴되었고"(nearly destroyed), 하나님을 알고 하나님에게 영광을 돌릴 수 있던 넓은 의미의 형상은 "손상되고 왜곡되었"(damaged, distorted)습니다. 이로 인해 넓은 의미의 형상에 속한 '신의식'도 손상되고 훼손되어, 하나님을 자연스럽고 본성적으로 알 수 있던 능력을 거의 상실했습니다. 죄는 더욱더 힘을 발휘하여 '신의식'이 발휘되는 것에 저항하고, 오히려 반대 방향을 원하게 되었습니다. 이것이 확장된 모델의 두 번째 요소입니다. 여기서 불신의 기원을 찾을 수 있습니다.

셋째로, 확장된 모델은 죄와 죄의 파괴적인 결과로부터 인간이 풀려나 구원을 받을 수 있는 해결책을 하나님이 준비하셨다는 내용을 포함합니다. 해결책은 하나님의 아들 예수 그리스도의 삶과 구속적 고난, 죽음과 부활을 통해서 마련된 것입니다. 그리스도의 죽음과 부활이 우리에게 가져오는 결과가 구원입니다. 이 구원에는 여러 가지가 개입되지만, 그 가운데서 무엇보다 거듭남과 새로워짐으로 현세에서 시작하여 내세에서 열매를 맺을 때까지 우리 안에서 하나님 형상을 다시 회복하는 과정이 들어갑니다.

이것이 플랜팅가가 제안하는 확장된 모델이 담고 있는 이야기의 흐름입니다. 이제 이 이야기가 단순히 이야기로 남지 않고 현실에서 실현될 수 있는 길이 무엇인가요? 고유한 기독교 믿음이 꿈이나 환상이 아니라 '보증된 믿음'(지식)의 위상을 가지려면 이 이야기와 상응하여 갖추어야 할 조건들이 무엇인가요? 이 물음과 관련해서 플랜팅가는 두 단계로 나누어 그의 논의를 전개합니다. 첫째 부분은 확장된 모델의 '인지적 측면'과 연관된 것이고, 둘째 부분은 확장된 모델의 '감정적 측면'과 연관된 것입니다. 인지적 측면과 관련해서 플랜팅가는 세 가지를 지목합니다. 첫째, 하나님은 선지자들과 사도들을 성령으로 감동시켜 우리에게 **성경**을 주셨다는 사실입니다. 둘째, 십자가와 부활 사건 이전에 그리스도가 약속하신 **성령**을 하나님이 보내셨다는 것입니다. 셋째, 우리 인간과 관련해서 성령의 주된 사역은 우리 가운데 **신앙**의 선물을 주시는 것입니다. 이것이 플랜팅가가 그리는 확장된 모델의 개요입니다. 성경 말씀을 통하여 주시는 성령의 내적 증거와 실제적인 감화 감동으로 하나님이 우리 안에 심어 주시는 신앙으로, 우리는 우리의 인간적인 기능을 온전히 회복하여 하나님을 알고 사랑하고 순종하며 살아갈 수 있다는 것입니다. 이와 같은 논의로 플랜팅가는 『지식과 믿음』 마지막 세 장에서 기독교 믿음의 '파기자'로 등장할 수 있는 세 주제(역사 비평, 종교 다원주의, 악과 고통의 문제)를 다룹니다. 그리고 마지막에 가서 만일 기독교 믿음이 (그가 믿는 것처럼) 참이라면 기독교 믿음은 보장된다고 말합니다. 다시 말해, 기독교 믿음은 합리적이고 말이 되며 믿을 만한 것이라 주장합니다.

저의 간략한 소개로 이 책이 여러분의 공부에서 첫걸음이 되는 데 조금이라도 도움이 되었기를 바랍니다. 더 깊은 공부를 원하는 분들은 플랜팅가가 이 책에 앞서 2000년에 낸 『보증된 기독교 믿음』을 가지고 공부하시기 바랍니다.

6. 앨빈 플랜팅가는 누구인가?

끝으로 플랜팅가에 관해서 잠시 언급하겠습니다. 플랜팅가는 영미 분석철학 전통에서는 누구나 인정하는 철학자입니다. 그는 1957년 예일 대학교에서 철학 강사 생활을 시작하여 1958년부터 1963년까지 미시간주 디트로이트에 있는 웨인 주립대학교에서 철학 교수를 지냈고, 1963년부터 1982년까지 자신의 모교 캘빈 칼리지에서 교수를 지냈습니다. 1982년부터 2010년까지 인디애나주 사우스벤드에 있는 노터데임 대학교에서 오브라이언 석좌교수를 지냈으며, 은퇴 후에는 다시 캘빈 칼리지로 돌아와 해리 젤레마 석좌교수가 되어 몇 년간 가르쳤습니다. 플랜팅가는 미국 철학회 회장과 미국 기독교철학자회 회장을 지내기도 했고, 기포드 강좌를 두 번(1987년, 2005년)이나 맡았을 뿐 아니라 그 외에도 30여 곳에서 특별 강의를 하고 세계 각지의 8개 대학교에서 명예박사 학위를 받기도 했습니다. 또한 그는 18권의 저서와 150여 편의 논문을 썼습니다.

철학자로서 플랜팅가의 기여는 기독교 신앙의 합리성을 탐구하고 변호한 일입니다. 『신과 타자의 정신들』(God and Other Minds, 1967)과 『필연성의 본질』(The Nature of Necessity, 1974)에서 플랜팅가는 하나님의 존재를 수용하는 기독교 신앙이 비합리적이지 않음을 변호하였고, 『신·자유·악』(God, Freedom and Evil, 1974)에서는 악의 존재로부터 무신론을 이끌어 내는 논변에 대항해서 그의 유명한 '자유의지 논변'을 펼쳤습니다. 1984년에는 그의 논문 "이성과 하나님을 믿는 믿음"(Reason and Belief in God)에서 개혁주의 인식론의 기초가 되는 논변들을 펼치기 시작하여 마침내 그의 3부작 『보증: 현재의 논쟁』

(*Warrant: the Current Debate*, 1993)과 『보증과 올바른 기능』(*Warrant and Proper Function*, 1993), 그리고 『보증된 기독교 믿음』(*Warranted Christian Belief*, 2000)에서 그의 인식론을 완성합니다. 2011년에는 과학과 신앙의 관계를 다루는 『갈등이 실제로 어디에 있는가』(*Where the Conflict Really Lies*)를 출판했습니다.

플랜팅가는 예일 대학교에서 박사과정을 마칠 때 사르트르와 카뮈 등 당시 유명했던 실존철학자들의 윤리학에 관한 논문을 썼습니다. 말하자면, 오늘날의 통상적인 분류를 따르면 '유럽 대륙철학'을 논문 주제로 삼았다고 말할 수 있습니다. 그러나 웨인 주립대학교에서 철학을 가르치기 시작하면서 이른바 '분석철학'을 하는 동료들을 만나면서 이 방법론을 익히게 되고, 분석철학 방식으로 철학 문제에 접근하게 됩니다. 캘빈 칼리지로 옮긴 뒤에는 '화요토론회'를 철학과 교수들과 함께 시작하여 여기서 교수 상호 간의 철학 훈련을 하게 됩니다. 이 작업에 함께한 사람이 플랜팅가와 더불어 미국의 대표적인 기독교철학자 니콜라스 월터스토프입니다. 그런데 월터스토프가 (인식론과 존재론, 철학신학과 종교철학 관련 작업을 많이 했지만 이 가운데 특히) 예술철학과 정치철학, 그리고 심지어 예배철학에 이르기까지 주로 실천철학에 크게 기여한 반면, 플랜팅가는 형이상학과 철학신학, 그리고 인식론을 중심한 이론철학에 크게 기여하였습니다. 이 노력과 수고를 인정받아 플랜팅가는 마더 테레사, 조너선 삭스, 장 바니에, 달라이 라마, 그리고 한국의 한경직 목사님 등이 받은 바 있는 '종교계의 노벨상'인 템플턴상을 2017년에 받았습니다.

10년 전까지만 해도 플랜팅가는 암벽등반을 취미로 즐겼습니다. 이 책에 산과 등반에 관한 예가 나온 것은 그의 취미와 연관되어 있습니다. 그는 어릴 때부터 다녔던 북미 기독개혁교회(Christian Reformed Church)를 떠난 적이 없고, 어느 지역으로 가든지 이 교단의 교회에서 소박한 봉사자로 평생을 보냈으며, 지금도 예배 참석을 삶의 기쁨 가운데 한 부분으로 누리고 있습니다. 매우 논리적이고 합리적으로 사고하는 분이지만, 학부 때 잠시 하버드 대학교에 다니던 시절에 하늘이 열리는 체험을 한 뒤로는 신비적인 체험도 적지 않게 했습니다. 특히 산에서 혼자 텐트를 치고 지낼 때 하나님의 임재를 실제로 종종 경험한다는 이야기를 2009년에 서강대학교 강연차 방한했을 때 저와 북한산을 오르면서 들려주기도 했습니다. 그는 이제 대학과 학회 활동을 벗어나 캘빈 신학교와 캘빈 칼리지가 자리잡은 미시간주 그랜드래피즈에서 그의 아내와 함께 조용히 여생을 보내고 있습니다. 월터스토프도 작년에 이 도시로 돌아와 살면서 두 사람은 가끔 함께 맥주를 마시면서 시간을 보내기도 합니다.

옮긴이 박규태는 번역을 직업 삼아, 글쓰기를 즐거움 삼아 살고 있다. 번역한 책으로 『그리스도와 지성』, 『두 지평』, 『조직신학』(이상 IVP), 『바울과 팔레스타인 유대교』(알맹e), 『바울의 종말론』(좋은씨앗)을 포함하여 50여 권이 있다.

지식과 믿음

초판 발행_ 2019년 8월 28일
초판 2쇄_ 2023년 7월 25일

지은이_ 앨빈 플랜팅가
옮긴이_ 박규태
펴낸이_ 정모세

펴낸곳_ 한국기독학생회출판부
등록번호_ 제2001-000198호(1978.6.1)
주소_ 04031 서울시 마포구 동교로 156-10
대표 전화_ (02)337-2257 팩스_ (02)337-2258
영업 전화_ (02)338-2282 팩스_ (02)080-915-1515
홈페이지_ www.ivp.co.kr 이메일_ ivp@ivp.co.kr
ISBN 978-89-328-1718-7

ⓒ 한국기독학생회출판부 2019

책값은 뒤표지에 있습니다.
무단 전재와 복제를 금합니다.